सोचिये और अमीर बनिये

THINK & GROW RICH

का हिन्दी अनुवाद

नेपोलियन हिल

ट्रू साइन

प्रकाशक: ट्रू साइन पब्लिशिंग हाउस
पता : SY. No. 21/2 & 21/3, सोननहल्ली,
कृष्णराजपुरा, बेंगलुरु, कर्नाटक – 560049, भारत

ईमेल : books@truesign.in
वेबसाइट : www.truesign.in

सोचिये और अमीर बनिये
लेखक: नेपोलियन हिल

ISBN : 978-93-90852-53-6

संस्करण : 2023

विषय क्रम

सोचो और अमीर बनो
मूल संस्करण के लिए लेखकीय

इस पुस्तक के हर अध्याय में उन धन-प्राप्ति के रहस्यों का जिक्र किया गया है जिनके द्वारा 500 से अधिक बेहद धनाढ्य व्यक्ति अश्व धन पैदा कर सके और जिनके बारे में मैंने काफी समय तक विश्लेषण कर फिर अपने निष्कर्ष निकाले हैं।

सबसे पहले लगभग 25 वर्ष पूर्व उनके बारे में मेरा ध्यान ऐंड्रूज कार्नेगी द्वारा आकर्षित किया गया था। तब मैं बच्चा ही था जब चतुर एवं प्रिय वृद्ध स्पोर्टमैन ने ये विचार मेरे दिमाग में डाले थे। फिर वे प्रसन्न मुद्रा में मेरे सामने एक कुर्सी पर बैठ गए थे यह देखने के लिए कि मैं उनकी कही गई बातों की पूरी महत्ता समझ भी पाया हूं या नहीं।

जब उन्होंने देखा कि मेरी समझ में उनके विचार आ गए हैं, तो पूछा कि क्या मैं बीस वर्ष या उससे अधिक का समय, इनको दुनिया के सामने लाने में लगा सकता हूं कि नहीं, जिससे कि इन रहस्यों से अनभिज्ञ लोग असफलताओं को ही नहीं झेलते रहें। मैंने कहा कि मैं ऐसा कर सकूँगा। श्री कार्नेगी के सहयोग से मैंने अपना वादा निभाया है।

हजारों लोगों के व्यावहारिक-परीक्षण में खरे उतरने वाले रहस्यों को इस पुस्तक में उजागर किया गया है। इनका प्रयोग जीवन के हर क्षेत्र में हो सकता है। यह श्री कार्नेगी का विचार था कि यह जादुई सूत्र- जिसने उन्हें आशातीत समृद्धि प्रदान की- उन साधारण लोगों की पहुँच में भी आनी चाहिए जिनके पास धन कमाने के साधनों पर शोध करने का समय नहीं है। उनको उम्मीद थी कि इस सूत्र की परख मैं जीवन के हर क्षेत्र के लोगों के लिए करूंगा। उनका ही विचार था कि इसके बारे में हर स्कूल

व कॉलेज में पढ़ाया जाना चाहिए तथा यदि इन्हें सही ढंग से पढ़ाया गया तो शैक्षणिक तंत्र में भी एक क्रांति आ जाएगी तथा स्कूलों में बिताया जाने वाला समय भी लगभग आधा रह जाएगा।

श्री चार्ल्स एम. श्वाब तथा अन्य उन्हीं के जैसे युवकों को श्री कार्नेगी का अनुभव आश्वस्त कर गया कि स्कूलों व कॉलेजों में बताए गए धन-उपार्जन संबंधी व्यावसायिक पढ़ाई या धनी होने के तरीके लगभग व्यर्थ ही हैं। वे इस निष्कर्ष पर इस कारण से पहुंचे क्योंकि ऐसे कई नवयुवकों को उन्होंने अपने व्यवसाय में लिया, जिनकी स्कूलों में पढ़ाई नगण्य थी परन्तु इस सूत्र के लागू करने का ज्ञान हो जाने के पश्चात उनमें गजब नेतृत्व शक्ति पैदा हो गई। इसके अलावा उनकी कोचिंग से हर उस व्यक्ति ने खुद सफलता पाई जिसने इसके निर्देशों का पालन किया था।

'फेथ' या 'विश्वास' के अध्याय में एक विशाल कम्पनी 'यूनाइटेड स्टेट्स स्टील कॉरपोरेशन' की अद्भुत कहानी का जिक्र किया गया है। इस कम्पनी को बनाने और चलाने वाला एक युवक था जिससे श्री कार्नेगी ने कहा था कि उनका फार्मूला पूरी तरह प्रभावी होगा बशर्ते कि इसका प्रयोग करने वाले इसको अपने जीवन में लागू करने को तैयार हों। यह युवक था चार्ल्स एम. श्वाब जिसने इस फार्मूले के जरिए धन और अवसर दोनों के क्षेत्र में असाधारण सफलता पाई। मोटा-मोटी कहें तो इस फार्मूले के इस्तेमाल से लगभग छह अरब डॉलर कमाए गए।

यह तथ्य- उन सभी को ज्ञात है जो श्रीमान कार्नेगी को जानते हैं-जो काफी कुछ बताते हैं कि इस पुस्तक के पठन-पाठन से आपको क्या-क्या हासिल हो सकता है **बशर्ते आपको यह ज्ञात हो कि आप क्या चाहते हैं।**

पिछले लगभग बीस वर्ष की परख-प्रक्रिया से गुजरने के पूर्व भी लाखों लोगों ने इस ज्ञान से लाभ उठाकर श्री कार्नेगी की योजना अनुसार काम किया था। कुछ ने तो लाखों कमाए। आप लोगों ने इन सूत्रों के द्वारा अपने घरों में समरसता और शांति प्राप्त की। एक पादरी ने तो उसका इतनी योग्यता से इस्तेमाल किया कि एक माल में 75 हजार डॉलर से ज्यादा की आय प्राप्त की।

सिनसिनाटी के एक दर्जी आर्थरनैश का धंधा लगभग दिवालियेपन की हालत तक पहुंच गया था। उसने अपने धंधे को 'परीक्षण-पशु' (गिनी पिग) की तरह प्रयुक्त कर

इस फॉर्मूले को लगाया और धंधा खूब चमकाया। आर्थर नैश तो अब नहीं हैं परन्तु वह धंधा खूब चल रहा है। यह परीक्षण इतना मशहूर हुआ कि स्थानीय अखबारों एवम् पत्रिकाओं ने लाखों डॉलर मूल्य की तो मुफ्त प्रशंसा ही प्रदान की।

यह रहस्य फिर डल्लास के स्टूआर्ट ऑस्टिन वियर को प्राप्त हुआ। वह इसके लिए इतना तैयार थे- कि इन्होंने अपना पेशा छोड़कर कानूनी पढ़ाई की और महती सफलता प्राप्त की।

मैंने इस रहस्य. के बारे में जैनिंग रैन्डोल्फ को भी बताया था जिस दिन वे कॉलेज से स्नातक होकर निकले थे। उन्होंने उसका इस्तेमाल इतनी खूबी से किया कि आज वह 'कांग्रेस के सदस्य' के तौर पर अपना तीसरा सूत्र पूरा कर रहे हैं और यदि इन्होंने इसका आगे भी सही प्रयोग किया तो 'व्हाइट हाउस' भी उनके लिए दूर नहीं होगा।

एक अन्य व्यक्ति हैं श्री के.जी., चैपलिन जो ला-सैले एक्सटेंशन विश्वविद्यालय के एडवरटायजिंग प्रबन्धक थे। तब इनका संस्थान कोई खास नहीं चल रहा था। अब वह विश्वविद्यालय के प्रेसीडेन्ट हैं। इस संस्थान में इन्होंने फॉर्मूले का प्रयोग इतने ढंग से किया कि आज शिक्षण संस्थानों में 'ला-सैले' का नाम देश के संस्थानों में हो गया है।

मैं जिस रहस्य का जिक्र कर रहा हूं, जिसका हवाला इस पुस्तक में सैकड़ों बार किया गया है उसका कोई स्पष्ट नाम नहीं है- शायद ढँका-छिपा-बेनाम होने के कारण यह ज्यादा कारगर रहता है **क्योंकि वो तैयार हैं और इसकी तलाश में हैं** वे इसे ढूँढ़ ही लेंगे। इसी कारण श्री कार्नेगी ने चुपचाप इसे मेरी तरह उद्धारित किया था- इस नाम रहित रहस्य को।

यदि आप इसका प्रयोग करने को तैयार हैं तो इसको आप लगभग एक बार हर अध्याय में पाएंगे। मैं यह स्पष्ट करने में अपना विशेषाधिकार इस्तेमाल करता हूं कि जब आप तैयार होंगे तो वह आपको मिल जाएगा। लेकिन जब आप इसे अपनी तरह से खुद तलाशेंगे, तो आपको ज्यादा फायदा मिलेगा।

जब यह पुस्तक तैयार की जा रही थी तब मेरे बेटे ने, जो कॉलेज के अंतिम वर्ष की तैयारी कर रहा था, अचानक दूसरे अध्याय की पांडुलिपि उठा ली और इस रहस्य को खुद ही खोज लिया। उसने इसका इस्तेमाल इस खूबी से किया कि सीधे-सीधे उसे

जिम्मेदारी भरा महत्वपूर्ण पद मिल गया तथा वेतन भी आम आदमी को मिलने वाली तनख्वाह से कहीं ज्यादा। उसकी पूरी कथा को दूसरे अध्याय में बताया गया है। जब आप उसे पढ़ लेंगे तो आपके मन में कोई ऐसा भाव- जो शायद अभी होगा-नहीं होगा कि यह किताब अतिशयोक्तिपूर्ण दावे करती है। मुझे विश्वास है कि मेरे पुत्र की कथा अभी तक मिली किसी भी निराशा या असफलता की हताशा दूर करने में सक्षम सिद्ध होगी। भले ही बीमारी या शारीरिक अक्षमता असफलता का कारण हो, मेरे पुत्र की कथा जिसमें कार्नेगी का फार्मूला- प्रयोग वर्णित है, आपके लिए निराशा के रेगिस्तान में आखिरी आशा की किरण बनकर उभरेगी।

इस रहस्यमय सूत्र या फार्मूले का प्रयोग प्रेसीडेन्ट वुडरो विल्सन ने द्वितीय विश्वयुद्ध में किया था। इसको उस युद्ध में लड़ने वाले हर सिपाही को बताया गया, ट्रेनिंग के आवरण के माध्यम में छुपा कर। प्रेसीडेन्ट वुडरो विल्सन ने स्वयम् मुझे बताया कि युद्ध में जरूरी धन इकट्ठा करने में भी इस सूत्र का प्रभाव काफी कारगर सिद्ध हुआ था।

लगभग बीस वर्ष पूर्व माननीय मैनुअल एल. क्वेजोन (तब फिलीपीन्स द्वीप समूह के रेजीडेन्ट कमिश्नर) ने भी इसी रहस्य से प्रेरित होकर अपने लोगों की स्वतंत्रता के लिए अभियान छेड़ा था। अंततः वे अपने उद्देश्य में सफल हुए, फिलीपीन्स स्वतंत्र हुआ और इस स्वतंत्र राष्ट्र के वे ही पहले प्रेसीडेन्ट बने।

इस रहस्य के बारे में एक अद्भुत बात यह है कि जो इसे प्राप्त कर लेते हैं वह बहुत कम प्रयत्न के साथ भावों तथा सफलता की आँधी में उड़ने लगते हैं। उनके लिए फिर असफलता तो जैसे असंभव ही हो जाती है। यदि आपको अभी भी कुछ संदेह है तो उन नामों का इतिहास स्वयम् परख लें जिनका नाम इस पुस्तक में आता है। तब आप स्वतः ही आश्वस्त हो जाएंगे सफलता के इस रहस्य से।

लेकिन यहां यह बात बिल्कुल सत्य नहीं है कि नहीं से कुछ भी अच्छा है। जिस रहस्य का मैं लगातार हवाला दे रहा हूँ बिना कोई मोल दिए प्राप्त नहीं होता, हालांकि वह मूल्य उसकी तुलना में बहुत कम होता है जो आप प्राप्त करते हैं। न यह धन से खरीदा जा सकता है न इसे प्राप्त करने के बाद आप इसे गँवा सकते हैं। इसके दो कारण हैं- यह दो हिस्सों में प्राप्त होता है। पहला हिस्सा तो उनके पास होता ही है जो उसे प्राप्त कर चुके हैं और दूसरा जो इसके लिए तैयार हैं।

जो तैयार हैं उनके लिए भी यह काफी कारगर होता है। शिक्षा से इसका कोई सरोकार नहीं है। मेरे जन्म होने से बहुत पहले यह थॉमस ए. एडीसन के पास था जिन्होंने इसका बड़ी चतुराई से प्रयोग किया और विश्व के अग्रगण्य अन्वेषक हो गए। यह भी ज्ञातव्य है कि उनकी मात्र तीन महीने ही स्कूली शिक्षा चल पाई थी।

यह रहस्य एडीसन के एक व्यापारी-सहयोगी को मालूम था। प्रारंभ में तो वे मात्र साल के 12,000 डॉलर ही कमा पा रहे थे- बाद में तो उन्होंने बड़ा धन कमाया और जब सक्रिय व्यवसाय से सेवानिवृत्त हुए तो उस समय भी एक युवा की तरह लग रहे थे। इनकी कथा प्रथम अध्याय के प्रारंभ में ही दी गई है। इससे आपको पूरा भरोसा हो जाएगा कि धन-सम्पत्ति एवम् वैभव आपकी भी पहुँच में है, आप जो चाहते हैं वह बन सकते हैं तथा न सिर्फ धन वरन् प्रसिद्धि, मान्यता और सुख उन सबके लिए प्राप्त है जो इन आशीषों को प्राप्त करने के लिए पूरी तरह दृढ़-प्रतिज्ञ हैं।

मैं इसे कैसे करूं, मैं जानता हूं? इस पुस्तक को खत्म करते-करते आपके पास इस प्रश्न का उत्तर होगा। यह आपको या तो पहले अध्याय में मिलेगा या इस पुस्तक के अंतिम पृष्ठ पर।

जब श्री कार्नेगी के अनुरोध पर मैं बीस वर्ष तक इस विषय पर शोधकार्य कर रहा था, तब मैंने सैकड़ों प्रसिद्ध व्यक्तियों की जीवन उपलब्धियों का विश्लेषण किया। उनमें से ज्यादातर लोगों ने यह स्वयं माना कि उन्हें सफलता कार्नेगी के इस रहस्य की बदौलत ही प्राप्त हुई थी। उन लोगों में शामिल हैं:

हेनरी फोर्ड
विलियम रिगले जूनियर
जॉन वानामेकर
जेम्स जे. हिल
जॉर्ज एस. पार्कर
ई. एम. स्टैटकर
हेनरी एल. डोहर्टी
साइरस एचके-कर्टिस
जॉर्ज ईस्टमैन
थ्योडोर रूजवेल्ट
जॉन डब्लू. डेविस
इलबर्ट हूबर्ड
विस्वर ब्राईट
विलियम जेन्निंग्स ब्रायन

डॉ. डमटिड स्टारर जोर्डन
जे. आडगेन आर्मर
चार्ल्स एम. श्वॉब
हैरिस एफ. विलियम्स
डॉ. फ्रैन्क्र गुवसाउलुस
डैनियल विलर्ड
किंग जिलेट
राल्फ ए. वीक्स
जज डेनियल टी. राईट
जॉन डी. रॉकफैल्लर
थॉमस एः एडीसन
फ्रैंक ए. वान्डरलिप
एफ-डब्ल्यू. वुलवर्थ
कर्नल रॉबर्ट ए. डॉलर
एडवर्ड ए. फिलीन
एडविन सी. बार्न्स
आर्थर ब्रिसबेन
बुडरो विल्सन
डब्लू. एम. हार्वड टैफ्ट
लुथर बरबैंक
एडवर्ड डब्लू. बॉक
फ्रैंक ए. मुन्से
इल्बर्ट एच. गैरी
डॉ. एलेक्जेन्डर ग्राहम बेल
जॉन एच. पैटरसन
जुलिएस रोजेन बॉल्ड
स्ट्रअर्ट आस्टिन वियर
डॉ. फ्रैन्क क्राने
जॉर्ज एम. एलेक्जैन्डर
जे. जी. चैपलिन
जेन्निंग्स रैनडोल्फ
आर्थर नैश
क्लेरेन्स डारो

यह नाम उन सैकड़ों प्रसिद्ध अमेरिकियों के हैं जिन्होंने कार्नेगी रहस्य को समझकर आर्थिक और अन्य क्षेत्रों में प्रचुर मात्रा में यश प्राप्त किया। वस्तुतः यह नाम तो मात्र उन हजारों नामों के अंश मात्र हैं जो कार्नेगी फार्मूले के कारण जीवन में उच्च पदों पर पहुँचे। सच कहूँ तो मैं ऐसे किसी आदमी को नहीं जानता जो इस रहस्य का जानकार रहा हो और अपनी रुचि के क्षेत्र में शिखर पर नहीं पहुँच पाया हो। बल्कि, यह कहना ज्यादा ठीक है कि मैं ऐसे किसी व्यक्ति को नहीं जानता जिसने बगैर इस रहस्य के ज्ञान

को जाने किसी भी क्षेत्र में उल्लेखनीय सफलता पाई हो। इन दोनों कारणों के आधार पर मैं यह निष्कर्ष निकाल सकता हूं कि इस रहस्य का ज्ञान उस कुल ज्ञान से ज्यादा आवश्यक है जिसे हम साधारण रूप से संज्ञा 'शिक्षा' से सम्बोधित करते हैं।

आखिर शिक्षा है क्या ? इसका उत्तर पूरे विस्तार से दिया गया है।

जहाँ तक स्कूल जाने की बात है, ऊपर उल्लिखित लोगों में बहुत थोड़े लोग ही स्कूली पढ़ाई कर पाए थे, वह भी बहुत थोड़े समय के लिए। जॉन वानामेकर ने मुझे बताया था कि उनको स्कूली शिक्षा वैसे ही मिली थी जैसे कोई पानी में सवारी 'पानी छिटकाती हुई निकल जाए'। हेनरी फोर्ड तो कभी भी हाई स्कूल तक भी नहीं पहुंच पाए, कॉलेज जाने का तो प्रश्न ही नहीं। मैं स्कूली पढ़ाई का मूल्य घटा नहीं रहा हूँ बल्कि यह कह रहा हूं कि वे लोग, जिन्होंने इस रहस्य को समझ कर अपने जीवन में इसको लागू किया, कई महत्वपूर्ण पदों और स्थितियों तक अपने जीवन में ही पहुंच-सके, चाहे उनकी स्कूली शिक्षा नगण्य ही क्यों ना रही हो। अर्थात् इस रहस्य के ज्ञान के सामने स्कूली शिक्षा या औपचारिक शिक्षा का कोई प्रयोजन नहीं रह जाता। जैसे-जैसे आप इस किताब को पढ़ते जाएंगे, जिस रहस्य का मैं बार-बार हवाला दे रहा हूँ, वह पेज से उछलकर आपके सामने तनकर खड़ा हो जाएगा, बशर्ते कि आप उसका स्वागत करने को तैयार हों। तब आप उसे तुरन्त पहचान लेंगे। चाहे उसके लक्षण आपको पहले या अंतिम अध्याय में मिलें, जब यह सामने आए तो थोड़ा रुकें और ठहरें क्योंकि साक्षात्कार का यह क्षण आपके जीवन का एक क्रान्तिकारी बदलाव- बिन्दु साबित हो सकता है।

अब हम प्रथम अध्याय में प्रवेश करने वाले हैं जिसमें आपको मेरे प्रिय मित्र की कहानी मिलेगी। उन्होंने उदारता से इस रहस्य को पहचाना और व्यापार में चमत्कारिक सफलता प्राप्त की। इनकी कथा पढ़ते हुए आप पाएंगे कि यह रहस्य जीवन की हर दुरूह समस्या का समाधान निकाल सकता है। समस्याएं वे ही हैं जो हम में से सभी अपने जीवन में झेलते हैं। यानी वे जिसके द्वारा हम अपनी रोटी-कमाते हैं, आशान्वित होकर साहस के साथ काम करते हैं, धन इकट्ठा करते हैं और जीवन का सुख भोगते हैं।

इस पुस्तक को पढ़ते समय आप याद रखें कि यह पुस्तक तथ्यों पर आधारित है व कोई काल्पनिक-कथा नहीं है। इसका उद्देश्य है एक सार्वभौमिक सत्य का उद्घाटन

जिसके जरिए **जो सीखने को तैयार हैं कि क्या करें और कैसे करें?** इसके माध्यम से उन्हें **एक नई शुरुआत करने की प्रेरणा प्राप्त होगी।**

आप प्रथम अध्याय पढ़ना प्रारंभ करें उसके पूर्व मैं एक सुझाव देना चाहता हूँ जिससे आपको कार्नेगी-रहस्य को पहचानने का एक सुराग मिल सकता है। वह यह है: **हर बड़ी उपलब्धि, सारी अर्जित संपदा की शुरुआत एक विचार-एक आइडिया से ही होती है।** यदि आप इसके लिए तैयार हैं तो समझिए आधा रहस्य तो आपको ज्ञात हो ही गया। अब जैसे ही बाकी हिस्सा सामने आएगा, आपका दिमाग उसे तुरंत पहचान लेगा।

– नेपोलियन हिल, 1937

1

विचार-शक्ति

वह आदमी जिसने 'विचार' किया थॉमस ए, एडीसन के साथ भागीदारी करने का

सच है कि 'विचार वस्तुएं हैं' और वह भी शक्तिशाली वस्तुएं-खास तौर पर जब उनसे उद्देश्य की स्पष्टता, लगन और उन्हें धन-सम्पदा या अन्य भौतिक चीजों में बदलने की अदम्य इच्छा भी जुड़ी हो।

लगभग तीस वर्ष पूर्व एडविन सी. बार्न्स ने यह सत्य खोजा कि आदमी वाकई विचारों से अमीर हो सकता है। यह सत्य एक बार में ही नहीं धीरे- धीरे उन पर उद्घाटित हुआ था जब उनके मन में महान एडीसन के व्यापारी-सहयोगी बनने की अदम्य इच्छा जागृत हुई थी।

बार्न्स की इस अदम्य इच्छा की एक खासियत थी कि वह स्पष्ट थे। वह एडीसन के साथ काम करना चाहते थे, उनके लिए नहीं। अब इसको ध्यानपूर्वक देखें कि कैसे उन्होंने अपनी इस इच्छा को एक वास्तविकता में बदला। तभी आप उन तेरह सिद्धान्तों को भी भली प्रकार समझ पाएंगे जिससे वे धनाढ्य बने।

सबसे पहले जब उनके मन में यह इच्छा कौंधी तब वे कतई ऐसी स्थिति में नहीं थे कि इसे कार्यान्वित कर पाते। दो बड़ी समस्याएं उनके सामने थी, न वे एडीसन को जानते थे और न ही उनके पास न्यूजर्सी से आरेंज तक पहुँचने का रेल का किराया था।

बेशक ये समस्याएं ज्यादातर आदमियों को अपनी इच्छा पूर्ण करने से हतोत्साहित कर सकती थीं। लेकिन श्री बार्न्स की यह इच्छा कोई साधारण इच्छा नहीं थी। वह इतने दृढ़प्रतिज्ञ थे कि इस यात्रा को उन्होंने मालगाड़ी के जरिए पूरा किया और आरेंज मालगाड़ी से पहुँचे।

वहां जाकर वे श्री एडीसन की प्रयोगशाला में गए और अपना मंतव्य घोषित किया कि वे वहाँ इस महान अन्वेषक के साथ व्यापार करने को आए हैं। वर्षों बाद उनसे इस पहली मुलाकात का हवाला देते हुए श्री एडीसन ने बताया, ''वह मेरे सामने था एक साधारण-सा फटेहाल आदमी परन्तु उसके चेहरे पर एक अदम्य संकल्प था अपनी बात पूरी करने का। वर्षों तक कई आदमियों के साथ हुए अनुभव ने मुझे बताया कि जब कोई इतनी गहरी इच्छा करता है कि अपना पूरा भविष्य ही दाँव पर लगा दे, वह जरूर सफल होता है। उसका संकल्प देखकर मैंने उसे यह मौका दिया। बाद की घटनाओं से सिद्ध हो गया कि मैंने कोई गलती नहीं की थी।'' उस समय एडीसन ने उस युवा बार्न्स से क्या कहा कोई अहमियत नहीं रखता बनिस्बत उस विचार के जो एडीसन के मन में आया। यह एडीसन का अपना अवलोकन था। यह मौका प्रदान करने के पीछे बार्न्स की वेश-भूषा, शक्ल इत्यादि का इतना योगदान नहीं था जितना उसके मन में उठती विचार-श्रृंखला का। यदि इस कथन की महत्ता हर पाठक के मन में स्पष्ट ना हो सके तो निश्चित ही बाकी इस पूरी किताब को पढ़ने की जरूरत ही नहीं होगी।

वैसे प्रथम इन्टरव्यू के पश्चात ही बार्न्स को एडीसन के साथ भागीदारी नहीं मिली थी। उसे सिर्फ एक मामूली भत्ते पर एडीसन के दफ्तर में काम मिल गया था। काम भी एडीसन के अनुसार कोई ज्यादा महत्त्व का नहीं था- परन्तु बार्न्स के लिए वह बड़ी महत्ता रखता था क्योंकि उस काम के जरिए बार्न्स को अपना 'माल' (योग्यता) अपने भावी 'भागीदार' को दिखाने का अवसर मिला था।

कई महीने गुजर गए। कुछ खास नहीं हुआ जिससे बार्न्स को लगता कि वह अपने मूल लक्ष्य के निकटतर आ रहे हैं। लेकिन उनके मन में कुछ हो रहा था- मन ही मन उसकी एडीसन के साथ व्यापारी-सहयोगी होने की कामना तीव्रतर होती जा रही थी।

मनोविश्लेषकों का मानना है कि 'जब कोई आदमी किसी चीज को प्राप्त करने को पूरी तरह तैयार होता है, तब ही वह उसके सामने मूर्त रूप में प्रकट हो जाती है।' बार्न्स न सिर्फ व्यापारिक सहयोग के लिए तैयार था, उसका संकल्प भी था कि वह तब तक **तैयार रहेगा जब तक उसको उसका वांछित लक्ष्य नहीं मिल जाता।**

उसने कभी खुद से यह नहीं कहा, "अरे- छोड़ो! मुझे लगता है कि मुझे यह सब छोड़कर कहीं सेल्समैन ही होना पड़ेगा।" इसके साथ ही वह यह भी कहता रहा: "मैं एडीसन के साथ व्यापारिक सहयोग करने आया था और यही मैं करके रहूँगा, भले ही इसके लिए मेरी पूरी उम्र लग जाए।" वाकई में वह यही चाहता था। यदि आदमी अपने उद्देश्य में पूरी तरह स्पष्ट हो तो उसकी जीवन-गाथा ही बदल जाती है। यदि वह अपने उद्देश्य के लिए एक जुनून-सा पैदा कर ले; तब ही वह प्राप्त हो पाता है। हो सकता है बार्न्स को अपनी मन:स्थिति का उस समय पूरी तरह ज्ञान न हो मगर उसकी यह लगन, उद्देश्य की स्पष्टता तथा इच्छा की दुर्दमनीयता ने उन सारे विरोधों का सफाया कर दिया जो कभी उसको आक्रान्त भी करते थे।

लेकिन जब अवसर आया तो उस रूप में, जिसमें बार्न्स ने आशा न की थी, न उस सबके जैसा उसने सोचा था। कहते हैं कि मौका हमेशा छिपकर और दुर्भाग्य का बाना ओढ़कर ही आता है- मानो हमारी हार का प्रतीक हो, जबकि होता है उसका उल्टा। शायद इसी कारण लोग इसे पहचान भी नहीं पाते।

तब एडीसन ने दफ्तरी काम के लिए एक नई मशीन की ईजाद को सम्पूर्ण किया था जो उस समय 'एडीसन डिक्टेरिंग मशीन' (अब एडीफोन के रूप में) जानी जाती थी। एडीसन के सेल्समैन इस ईजाद को लेकर ज्यादा उत्सुक नहीं थे। उनका मानना था कि इसे बेचने में बड़े पापड़ बेलने पड़ेंगे। बार्न्स ने अपना अवसर इसमें देखा। जो प्रच्छन्न रूप में आया उस मशीन के जरिए, जिसके बारे में सिवाय उसके अन्वेषक (एडीसन) और बार्न्स के अलावा अन्य कोई भी आश्वस्त नहीं था। बार्न्स को लगा कि वह एडीसन की यह डिक्टेरिंग मशीन बेच सकता है। उसने एडीसन से यही कहा और उसे मौका मिला। उसने न सिर्फ वह मशीन बेची परन्तु इतनी सफलता प्राप्त की कि एडीसन ने बार्न्स को सारे देश में उसका विवरण और विपणन करने का अनुबन्ध

कर लिया। तभी यह व्यापारिक नाता बुलन्द हुआ था : 'एडीसन द्वारा बनाई और बार्न्स द्वारा लगाई मशीन!'

यह उन दोनों के व्यापारिक गठबन्धन का सूत्रपात था जो तीस वर्षों से ज्यादा अवधि तक कायम रहा। इससे न सिर्फ बार्न्स ने खूब पैसा कमाया वरन् महत्त्वपूर्ण बात यह सिद्ध हुई कि एक आदमी अपने "सोच से अमीर बन सकता हैं।"

बार्न्स की यह इच्छा कितना धन दे गई! यही रकम जानना मुश्किल है परन्तु बीस-तीस लाख डॉलर से कम क्या कमाई हुई होगी। लेकिन इससे बड़ी बात उसको यह मालूम हुई कि एक स्पष्ट कामना अदम्य इच्छा बन कर मूर्त रूप में प्रकट हो सकती है यदि सही सिद्धान्तों का उपयोग किया जाए।

बार्न्स ने सिर्फ एक इच्छा की थी महान एडीसन के साथ काम करने की और करोड़पति हो गया। उसके पास शुरू में क्या था सिवाय अपनी इच्छा की अनुभूति के और दृढ़-प्रतिज्ञता के कि 'इसको पूरा करके ही मानूँगा।'

उसके पास शुरू में न धन था लगाने को, न ज्यादा शिक्षा न कोई प्रभाव। परन्तु उसमें आगे बढ़ने की लगन थी, स्वयं पर विश्वास था और विजयी होने की प्रबल इच्छा शक्ति! इन तीन बड़े हथियारों से वह संसार के सर्वाधिक महान अन्वेषक के साथ जुड़ने वाला 'नम्बर वन' आदमी बन सका।

अब हम एक ऐसी स्थिति को देखेंगे और उस व्यक्ति का अध्ययन करेंगे जिसके पास ठोस सबूत थे इच्छाओं के, परन्तु सब कुछ गँवा बैठा, क्योंकि वह अपने वांछित लक्ष्य से तीन कदम पीछे ही रह गया था।

सोने से तीन फीट दूर

असफलता का एक आम कारण होता है एक अस्थायी हार मिलते ही मैदान छोड़कर भागना। यह गलती शायद हर आदमी कभी न कभी तो करता ही है।

जब गोल्ड-रश (सोने की खोज) का जमाना था, तब अगर आर यू डार्बी पश्चिम की ओर भागे 'खुदाई करके अमीर बनने की!' उनको कतई मालूम नहीं था कि पृथ्वी से कहीं अधिक सोना आदमी के दिमाग से खोद कर निकाला जा सकता है। उन्होंने

कुदालें लेकर अपना भाग्य आजमाना प्रारंभ किया। मेहनत तो बहुत थी परन्तु उनकी सोने के प्रति पिपासा भी दुर्दमनीय थी। हफ्तों की मेहनत के बाद उन्हें चमकदार धातु की थोड़ी–सी मिट्टी प्राप्त हुई। उन्हें एक मशीन चाहिए थी जो उस धातु–मिट्टी (ओर) की सतह तक जा सके। चुपचाप अपनी खान को छोड़कर वह अपने घर विलियम बर्ग, मैरीलैण्ड को वापस चले गए तथा अपने रिश्तेदारों को बताया कि खान मिल गई परंतु उसे खोदने के लिए मशीन चाहिए। उन लोगों ने वांछित मशीन के लिए धन एकत्रित किया तथा उसे वहाँ भिजवा दिया। तब डर्बी के अंकल उन्हें साथ लेकर खान (माइन) में वापस काम पर लौटे।

फिर उस धातु–मिट्टी की पहली खेप 'पिघलाने' के लिए भेजी गई जहाँ से रिपोर्ट आई कि वह खान तो कोनोराडो की सबसे समृद्ध खान है। एकाध ऐसे और खान निकल आए तो मशीन का सारा कर्ज चुक जाएगा और फिर खुद का मुनाफा होगा।

जैसे–जैसे ड्रिलिंग मशीन नीचे धँसती जाती और उनके चाचा की उम्मीद ऊपर उठती जाती। तभी अचानक मिट्टी से सोने का चूरा आना बन्द हो गया। उनका स्वप्न टूट गया। यद्यपि उन्होंने बहुत खुदाई की पर सोना फिर नजर ही नहीं आया। अंत में उन लोगों ने तय किया कि बहुत हो गया, अब वापस घर चलो! कुछ सौ डॉलरों में मशीन को बेच करके वे ट्रेन में वापस अपने घर चले गए। मशीन को खरीदने वाला एक फालतू इन्सान ही लगता था। वैसे फालतू आदमी मूर्ख ही होते हैं, पर यह नहीं था। उसने माइनिंग के इंजीनियर को बुला कर कुछ गणना कराई। उस इंजीनियर ने बताया कि पिछली योजना इसलिए असफल रही थी क्योंकि इसके पिछले स्वामी को खानों का कोई ज्ञान नहीं था। उसकी गणना से मालूम पड़ा कि यदि डार्बी और उनके चाचा सिर्फ तीन फीट और खुदाई करते तो उन्हें खूब सोना मिलता। उस व्यक्ति को वहीं सोना प्रचुर मात्रा में प्राप्त हुआ। उसे उसने लाखों डॉलरों में बेचा। चूंकि उसने सही विशेषज्ञ से राय ली। मशीन खरीदने के लिए ज्यादातर धन तो आर यू डार्बी ने ही उपलब्ध करा दिया था, तभी जब वह जवान था। बाकी रिश्तेदारों और पड़ोसियों ने उसे धन दिया था क्योंकि उनको उस पर भरोसा था। बहुत बाद में डार्बी ने भी अपनी शक्ति से कई गुणा कमाई की जब उसे ज्ञात हुआ कि कैसे तीव्र इच्छा से सोना प्राप्त

किया जा सकता है, हालांकि वह बोध उसे तब हुआ जब वो जीवन-बीमा के धन्धे में आया। वैसे धीरे- धीरे कर उसने अपना ऋण पूरा चुका दिया था।

उसे यह चुभन महसूस हुई कि किस प्रकार उसने एक बड़ा खजाना गँवा दिया जब वह अकूत सोना प्राप्त करने से मात्र तीन फीट दूरी पर ही था। लेकिन इस अनुभव से उसने सबक सीख, "यह ठीक है कि मैं सोने से तीन फीट पीछे ही रुक गया पर अब जीवन-बीमा में चाहे कोई कितना भी मना करे मैं उन्हें बीमा बेच कर ही रहूँगा।"

आज डार्बी उन खास पचास लोगों के समूह में है जो साल भर में कम से कम दस लाख डॉलरों का बीमा तो बेच ही लेते हैं। अपने 'भौंदूपन' से सीख लेकर अब उसने 'डटा रखना' सीख लिया। हर बड़ी सफलता के पूर्व इस प्रकार की अस्थायी असफलताएं तो आती ही है। जब भी मनुष्य पर हार का भूत हावी होता है तो उसका पहला कदम होता है: 'भागो! ज्यादातर लोग ऐसा ही करते हैं।'

500 लोगों से अधिक बेहद सफल व्यक्तियों ने मुझे बताया है कि बड़ी से बड़ी सफलता, असफलता के बाद ही मिलती है। असफलता एक छलावा है जिसे सफल लोगों को असफलता का भय दिखाने में मजा आता है।

लगन के पचास-सेन्ट के सबक

जीवन में मिले कड़े अनुभवों की सीख से डार्बी को एक सही पाठ मिला कि मना करने का मतलब हमेशा 'न' ही नहीं होता।

एक दिन अपग्रह में वह अपने चाचा को एक पुरानी मील में गेहूँ पीसने में मदद कर रहा था। चाचा का एक बड़ा फार्म था जिसमें कई 'आध बटाई' वाले लोग रहते थे। तभी चुपचाप द्वार खुला और एक श्यामल वर्ण की लड़की वहाँ आई और चुपचाप दरवाजे के पास बैठ गई।

उनके चाचा ने उस लड़की से रुखाई से पूछा: "तुम्हें क्या चाहिए?" उसने धीमे से कहा, "मेरी माँ ने कहा कि पचास सेन्ट उसे दे दें।" "मैं कुछ नहीं दूँगा।" चिल्ला कर बोला, "वापस घर जाओ!" 'ठीक है!' पर वह लड़की हिली भी नहीं!

चाचा अपने काम में मगन हो गया और उसने यह नहीं देखा कि वह लड़की वहाँ से गई नहीं है। अचानक उनकी नजर पड़ी और चिल्ला कर बोला, ''तुम गई नहीं। मैं कुछ नहीं दूँगा। अब जाओ नहीं तो मैं तुम्हारी पिटाई करूँगा।''

लड़की ने फिर भी यही कहा, ''ठीक है!'' पर हिली नहीं। अब चाचा ने उस बारे को हटाया जिसमें वो अनाज का आटा भर रहे थे और एक डंडा लेकर उस लड़की की तरफ बढ़े। उस इलाके में गोरे लोगों की अवमानना काले लोग नहीं कर सकते थे। डार्बी को लगा कि वह एक हत्या के चश्मदीद गवाह बनने वाले हैं। उन्हें मालूम था कि उसके चाचा बड़े क्रोधी और तुनुक मिजाज हैं। परन्तु उनको आता देखकर वह लड़की दृढ़ता से खड़ी हो गई और पूरी जोर से चीखी: ''मेरी मां को पचास सेंट चाहिए ही!''

चाचा अचानक रुका... उस लड़की की आँखों में देखा तथा डंडा एक तरफ रख कर जेब से आधा डॉलर निकाल कर उस लड़की को दे दिया।

लड़की वह लेकर दरवाजे की तरफ गई परन्तु उसकी आँखें चाचा को देखती रहीं जिन पर अभी-अभी उसने विजय प्राप्त की थी। जब वह चली गई तो चाचा दस मिनट तक खिड़की के बाहर निहारता रहा। वह उस घटना पर विचार कर रहा था।

डार्बी भी इसी घटना के बारे में सोच रहा था। यह एक काली लड़की की एक गौर वर्ण वयस्क व्यक्ति पर विजय का पहला नारा था। उसने सोचा कि वह लड़की ऐसा कैसे कर पाई, चाचा को क्या हुआ कि उन्होंने अपना खूँखारपन छोड़कर एक सीधे मेमने का रूप ले लिया? उस लड़की में ऐसी कौन सी शक्ति थी कि वह उन पर हावी हो सकी। ऐसे ही सवाल डार्बी के मन में उठ रहे थे जिनका जवाब उन्हें तब मिला जब यह पूरी कथा उन्होंने मुझे सुनाई थी। इत्तेफाक से यह कथा उसी जगह सुनाई गई थी जहाँ यह घटना हुई थी। मैं भी इस घटना के बाद 25 वर्षों तक उस शक्ति की समीक्षा करता रहा था जिसने एक कमजोर बेपढ़ी-लिखी श्याम वर्ण कन्या को एक संपन्न गौरवर्ण के वयस्क पर विजय दिलाई थी।

जब हम एक पुरानी 'मिल' के पास खड़े हुए थे, तब डार्बी ने पूरी कहानी सुनाई इस असाधारण विजय की, और पूछा: ''आपका क्या ख्याल है। वह कौन-सी ऐसी ताकत थी जिसने मेरे चाचा को इस प्रकार हतप्रभ कर पराजित कर दिया था?''

इस प्रश्न का उत्तर इसी पुस्तक में वर्णित सिद्धान्तों में मिल जाएगा। उत्तर पूरा तथा सम्पूर्ण है- पूरे विवरण के साथ और निर्देशों से लैस जिससे कोई भी इसे पूरी तरह समझ सके और उस ताकत का समग्रता से प्रयोग कर सके जो उस बच्ची को अचानक मिल गई थी।

अपने दिमाग को पूरी तरह खोलकर रखेंगे तो आपको उस खास शक्ति का पूरा हवाला मिल जाएगा जिसकी झलक आगे के अध्याय में भी प्राप्त होगी। इसी पुस्तक में कहीं आपको वह विचार भी मिलेगा जो आपकी समझ को प्रख्यात कर देगा और आपके ही फायदे के लिए वह असीमित शक्ति आपको भी प्रदान करेगा। इसकी जागरूकता इस अध्याय में भी आपके दिमाग में कौंध सकती है या आने वाले अध्यायों में यह चमक स्पष्ट हो सकती है। यह समय आपको अपने विगत की हार या असफलताओं में ले, बाकी और ऐसा सबक देगी जिसे आप हार की भ्रांति में भुला बैठे थे।

जब मैंने मित्र डार्बी को इस शक्ति के बारे में अवगत कराया तो उन्हें भी... अपने पिछली तीस वर्षो के जीवन-बीमा के सेल्समैन के अनुभव की याद आई और माना कि इस सबक के कारण ही उनको इस क्षेत्र में सफलता मिली जो उन्होंने उस कमजोर कन्या से प्राप्त किया था।

डार्बी ने कहा: ''अब भी मेरे संभावित ग्राहक ने मुझे बिना पॉलिसी खरीदे टालने की चेष्टा की तभी मुझे उस पुरानी मिल के पास खड़ी हुई उस लड़की का चेहरा दिखा। मानो उसकी बड़ी-बड़ी आँखें अवज्ञा से भरी हुई- और मैंने स्वयं से कहा: ''यह सेल तो मुझे करनी ही है। सच कहूँ तो ज्यादातर मेरी बिक्री (जीवन-बीमा पॉलिसी की) उन्हीं लोगों ने स्वीकार की जिन्होंने पहले साफ 'न' कह दिया था।''

उसने अपनी गोल्ड माइन में तीन फीट से मिलने वाली हार का भी जिक्र किया, परन्तु कहा. ''वह हार तो मानों एक छिपा हुआ वरदान था। उसी ने मुझे बताया कि चाहे कितना भी विरोध हो, डटे रहो। यह वह सबक था जो मुझे किसी भी सफलता के लिए सीखना ही था।

यह डार्बी की कथा लाखों पाठकों द्वारा पड़ी जाएगी- उनके द्वारा भी जो जीवन-बीमा का काम करते हैं। यह लेखक बताना चाहता है कि मि. डार्बी के यह दोनों अनुभव उनके द्वारा हर साल दस लाख डॉलरों से ज्यादा की बीमा पालिसी बेचने में महती सहायक रहे हैं।

जीवन कभी अजनबी है तो कभी बिल्कुल जाना-पहचाना। सच कहूँ तो सफलता और असफलता की जडें हमारे आम अनुभवों में निहित रहती हैं। डार्बी के अनुभव साधारण और सीधे-सादे होते हुए भी उनकी नियति के निधरिक भी थे- इसलिए उनके लिए उतने ही महत्त्वपूर्ण थे जितना कि जीवन स्वयं! इन दो ड्रामाई अनुभवों से उनको इसलिए फायदा प्राप्त हुआ क्योंकि उन्होंने उनका गहन विश्लेषण किया था और उनसे जरूरी सबक भी सीखा था। लेकिन वह अहमी क्या करे जिसके पास न ऐसा रुझान ही है न समय कि वह अपनी असफलताओं को विश्लेषित कर सफलता का सूत्र प्राप्त कर सके। वह कैसे सीखे वह कला जिसके द्वारा असफलता को सफलता प्रदान करने वाले अवसर की सीढ़ियाँ बना दें?

उन्हीं प्रश्नों के उत्तर तलाशने के लिए यह पुस्तक लिखी गई है। उनका उत्तर उन तेरह सिद्धान्तों के वर्णन में निहित है। लेकिन याद रहे, कि जब आप इसे पढ़ें तो हो सकता है आपके दिमाग में भी कोई विचार, ध्यान या तरकीब कौंधे जिससे आप अपनी जिन्दगी की विभिन्नता पर विचार करने को बाध्य हो जाएं। सफलता प्राप्ति के लिए मूल विचार तो यही संकल्प है। इस पुस्तक में दिए गए सिद्धान्त भी आपके दिमाग में ऐसे ही विचार उठाएंगे जिससे उपयोगी मुक्ति, तरकीब या प्लान आपके दिमाग में उभरते रहे।

आगे बढ़कर इन सिद्धान्तों का विवेचन करने से पूर्व; मेरे विचार से आपको हक है एक सुझाव प्राप्त करने का.. ''**जब धन-सम्पदा आनी शुरू होती है तो इतनी शीघ्र और इतनी अधिक मात्रा में आती है कि लगे कि ये सब कमजोरी के वर्षों में कहाँ छिपी रही थी**'' यह एक अद्भुत कथन लग सकता है खास तौर पर उस आम धारणा के संदर्भ में जिसके अनुसार धन-सम्पदा उनके पास ही आती है जो बहुत समय तक और कड़ी मेहनत करते रहते हैं।

जब आप '**सोचो** और **अमीर बनो**' प्रक्रिया प्रारंभ करते हैं तो आप पाएंगे कि धन-सम्पत्ति की शुरुआत मानसिक स्थिति से ही होती है जिसमें मेहनत से ज्यादा आवश्यक है उद्देश्य की स्पष्टता। आप में से शायद हर आदमी जानना चाहेगा कि धन सम्पदा देने वाली मानसिक स्थिति कैसे प्राप्त की जाए। मुझे 25 वर्षों के गहन शोध और 25000 लोगों के जीवन-विश्लेषण में बूझना पड़ा क्योंकि मैं भी जानना चाहता था कि आदमी इतना धनी कैसे बन पाता है। सत्य तो यह है कि बिना उस शोध के यह पुस्तक लिखी भी नहीं जाती।

उस संदर्भ में एक महत्त्वपूर्ण सत्य का उल्लेख लाजिमी है :

वह व्यापारिक मंदी जो 1929 में प्रारंभ हुई थी, अपनी विनाशकारी भूमिका तब तक निभाती रही जब तक प्रेसीडेन्ट रूजवेल्ट ने अपना पद नहीं संभाला। उसके बाद तो यह मंदी जैसे गायब ही होने लगी। जिस प्रकार एक बिजली वाला थियेटर में लाईट्स उतनी धीरे- धीरे ऊँची करता है कि आप महसूस ही नहीं कर पाते कि प्रकाश ने कब अंधकार निगल लिया, उसी प्रकार तब के समय का भय लोगों के मन से हरता गया और एक विश्वास बन कर उभरा।

आप जरा बारीकी से देखें तो पाएंगे कि जैसे ही इस पुस्तक में वर्णित सिद्धान्तों के दर्शन पर आप महारत हासिल करते हैं, आपकी आर्थिक स्थिति सुधरने लगती है और जो काम भी आप करेंगे वह आपके लाभ के लिए एक संपदा बनता जाएगा। ऐसा होना कतई असंभव नहीं है।

वस्तुतः मानवता की सबसे बड़ी कमजोरी है, आम आदमी का शब्द 'असंभव' से वाकफियत। आदमी को सदैव ज्ञात रहता है कि कौन से नियम कारगर नहीं होंगे। उसे मालूम रहता है कि कौन से काम नहीं हो सकते। यह किताब उन्हीं लोगों के द्वारा लिखी गई है जो उन नियमों की तलाश में है जिन्होंने दूसरों को सफल बनाया, तथा जो उन नियमों को जानने के लिए अपना सब कुछ करने को तत्पर रहते हैं।

कई वर्षों पूर्व मैंने एक उम्दा शब्द-कोश खरीदा और पहला काम ? किया कि उससे शब्द 'असंभव' उड़ा दिया। आपके लिए यह कोई मूर्खता का काम नहीं होगा।

सफलता उनको मिलती है जो **सफलता के प्रति जागरूक** होते हैं।

और असफलता उनके हिस्से में जाती है जो **असफलता के प्रति ज्यादा सचेत रहते हैं।**

इस पुस्तक का मूल उद्देश्य सभी के मन से **असफलता को जागृत चेतना** को हराकर **सफलता के प्रति जागरूक** करना है। एक अन्य कमजोरी ज्यादातर लोगों में पाई जाती है, हर व्यक्ति, स्थिति को अपनी धारणा और विश्वास के पैमाने से नापता है। कुछ लोग जो इस पुस्तक को पढ़ेंगे. कतई विश्वास नहीं करेंगे कि कोई भी मात्र **सोचने से अमीर** हो सकता है। वे सम्पत्ति व सफलता के बारे में सोच ही नहीं पाते क्योंकि उनकी आदत पड़ गई है गरीबी, अभाव, तकलीफ, असफलता और हार के विचारों में डूबे रहना।

इन दुर्भाग्यशाली व्यक्तियों के बारे में सोचना मुझे उस प्रसिद्ध चीनी महानुभाव की याद दिलाता है जो अमेरिका में अमेरिकी ढंग से शिक्षा ग्रहण करने आया था। उसने शिकागो के विश्वविद्यालय में दाखिला लिया। एक दिन प्रेसीडेन्ट हार्पर की इस पूर्वी सज्जन से कुछ क्षण को मुलाकात हुई और उन्होंने इससे पूछा कि उसे अमेरिकियों की सबसे खास बात क्या लगी?

''मैं बताऊँ,'' उस चीनी ने कहा:''आप सबकी आंखों का एक विचित्र झुकाव! सभी की आँखों में एक सा झुकाव लगता है।'' अच्छा, और हम अमेरिकी चीनियों की आँखों के बारे में क्या कहते हैं?

वस्तुतः जो हमारी समझ में नहीं आता उस पर हम विश्वास ही नहीं करना चाहते। हम समझते हैं कि हमारी सोच की सीमाएं सबसे सही सीमाएं हैं- यानी **दूसरों की आंखें थोड़ी टेढ़ी हैं, क्योंकि वे हमारी आँखें जैसी नहीं है।** लाखों लोग हेनरी फोर्ड के भाग्य हुनर और जो भी कुछ कारण हो उसकी सफलता से ईर्ष्या करते हैं। शायद उन लाखों में कोई एक समझ पाया हो उसकी सफलता का रहस्य और जो उसे जानते हैं वे उसके स्पष्ट, सीधी और साधारण होने के कारण शायद शर्म से उसका उल्लेख नहीं करते। एक साधारण उदाहरण इस 'रहस्य' को स्पष्ट कर दिया।

कुछ वर्ष पूर्व फोर्ड ने तय किया था कि वह अपनी, आधुनिक समय में प्रसिद्ध 'वी- 8' मोटर बनाएंगे। उन्होंने उसके लिए आठ सिलेंडर वाला एक ही ढाँचे में एक

इंजन लगाने का विचार किया और अपने इंजीनियरों से कहा कि उस इंजन का डिजाइन तैयार करें। यद्यपि डिजाइन तो कागज पर उतारा गया परन्तु सारे इंजीनियर एक ही मत के थे कि एक ढाँचे में आठ सिलेंडरों वाला इंजन फिर नहीं आ पाएगा।

''फोर्ड ने कहा,''कैसे भी हो, ऐसा करो!''

''लेकिन'' इंजीनियर बोले :''यह असंभव है!''

''काम शुरू करो,'' फोर्ड ने आदेश दिया:''और काम तब तक करते रहो जब तक कि सफलता नहीं मिलती। समय की कोई सीमा नहीं है।''

इंजीनियर ऐसा ही करने लगे। यदि उन्हें फोर्ड की नौकरी में रहना था तो उनके लिए कोई और काम नहीं था। छह महीने बीत गए- तब भी कुछ नहीं हो पाया। इंजीनियरों ने हर संभव प्रयत्न कर के देख लिया पर कुछ भी नहीं हो पाया। योजना ''असंभव'' ही रही।

साल के अंत में फोर्ड ने अपने इंजीनियरों से बातचीत की तो उन्होंने बताया कि उन्हें कोई रास्ता नहीं मिला जिसके जरिए वे मालिक का आदेश पूरा कर सकें।

''काम करते रहो,'' फोर्ड ने घोषणा की''यदि मुझे यह डिजाइन चाहिए तो मैं ऐसा इंजन प्राप्त करके ही रहूँगा।''

इंजीनियरों ने काम चालू रखा.... और एक दिन, मानो एक जादुई करिश्मा हुआ और वह रहस्यमय डिजाइन तैयार हो गया।

यानी फोर्ड की ''दृढ़-प्रतिज्ञता' एक बार उन्हें फिर विजय श्री दे गई।

यद्यपि इस कथा का विवरण वर्णित नहीं किया गया है, परन्तु कथा का सार और निष्कर्ष सही है। यदि आप भी **अपने सोच से अमीर बनना** चाहते हैं और फोर्ड की अरबों की कमाई का रहस्य जानना चाहते हैं, तो ऐसा ही करें। आपको ज्यादा दूर की कौड़ी लाने की कोई जरूरत नहीं है।

हेनरी फोर्ड सफल रहा क्योंकि वह जानता है कि सफलता का सूत्र क्या है और इसे कैसे लागू करें। फोर्ड की इस विजय-गाथा को पढ़ते हुए आप उन पंक्तियों को चुन

लें जिसमें उसकी सफलता का रहस्य निहित है। यदि आप ऐसा कर सकें और हेनरी फोर्ड को अमीर बनाने वाले सिद्धान्तों रेखांकित कर पहचान सकें, तो आप भी अपने मनचाहे क्षेत्र में उसके जैसी सफलता प्राप्त कर सकते हैं।

"आप अपने भाग्य के स्वामी हैं, अपनी आत्मा के कप्तान हैं, क्योंकि.."

जब कवि हेनले ने इस महान पंक्ति को लिखा तो उसे लिखना चाहिए था कि हम अपने भाग्य के स्वामी हैं; आत्मा के कप्तान है "क्योंकि हमारे पास हमारे विचारों को नियंत्रित करने की ताकत है।

उसे हमें बताना चाहिए था कि वह आकाश तत्व जिसमें यह पूरी पृथ्वी, जिसमें हम रहते हैं, घूमती है. वास्तव में एक ऊर्जा का प्रकार है जो बहुत शीघ्रता से कपित होती है और हमारे दिमाग में उठे विचारों के अनुसार यह स्वयं को ढाल लेती है तथा सहज रूप से प्रभावी होकर यह हमारे विचारों को उनका भौतिक मूल रूप प्रदान कर देती है।

यदि कवि ने हमें यह महान सत्य बता दिया होता तो हमारी समझ में भी आ जाता कि हम क्यों अपने भाग्य के स्वामी हैं तथा अपनी आत्मा के कप्तान हैं। उसे पूरे जोर से स्पष्ट करना चाहिए था कि यह शक्ति ध्वंसात्मक या रचनात्मक विचारों में कोई भेदभाव नहीं करती और प्रेरित करती है कि हम अपनी चाह के अनुसार धनी या दीन हो जाएं।

उसे बताना चाहिए था कि हमारे दिमाग हमारे प्रभावी विचारों से चुम्बकीय हो जाते हैं और हम वैसा ही सोचने लगते हैं जैसा हम चाहते हैं।

उसे बताना चाहिए था कि प्रचुर मात्रा में धनार्जन करने के पूर्व हमें अपने दिमाग को धन प्राप्ति हेतु तीव्र इच्छा से पूरी तरह प्रेरित करना चाहिए और हमें धन के प्रति इतना जागरूक कर दे कि वही इच्छा हमें इस उद्देश्य की प्राप्ति के लिए योजना बनाने पर मजबूर कर दे।

लेकिन हेनले तो कवि था कोई विचारक या दार्शनिक नहीं। इसलिए उसने इस महान सत्य को कविता के रूप में अभिव्यक्त करके संतोष प्राप्त कर लिया और जो उसको मानने वाले हैं उन्हें स्वतंत्र छोड़ दिया कि इस सत्य की अपनी रुचि के अनुसार व्याख्या कर लें।

धीरे-धीरे यह सत्य हम पर खुलता गया और अब यह स्पष्ट हो गया है कि इस पुस्तक में वर्णित सिद्धान्तों का रहस्य हमारे आर्थिक भाग्य का विधाता है।

अब हम पहले सिद्धान्त की परख करने को तैयार हैं। अपना दिमाग खुला रखिए और पढ़ते समय यह याद रखें कि इन सिद्धान्तों का जन्मदाता कोई एक आदमी नहीं है। उन सिद्धान्तों का निचोड़ उन 500 लोगों के जीवन-अनुभवों से लिया गया है जो वाकई में बड़ी मात्रा में दौलत एकत्रित करने में सफल रहे- ये लोग गरीबी में पैदा हुए, बहुत थोड़ी या नगण्य शिक्षा-प्राप्त की और बिल्कुल प्रभावशाली नहीं थे। परन्तु ये सिद्धान्त उन लोगों के लिए काम आए। आप भी अपने लाभ के लिए उन्हें कार्यान्वित करने में सक्षम हैं।

आपको ऐसा करना दुरूह नहीं बल्कि आसान ही प्रतीत होगा। आगे का अध्याय पढ़ने के पूर्व में आपको बताना चाहता हैं कि उसमें तथ्यात्मक सूचना निहित है जो आपकी आर्थिक नियति को पूरी तरह बदल सकती है, जैसा कि महती परिवर्तन उन दो लोगों के जीवन में यह लगा चुकी है जिसका वर्णन इसमें किया गया है।

मैं आपको यह भी बताना चाहता हूँ उन दो लोगों और मेरे बीच इस तरह के रिश्ते हैं कि उनकी बताई सूचना से मैं खिलवाड़ कर ही नहीं सकता था- चाहे मैं ऐसा चाहता तो भी। उनमें से एक मेरा 25 वर्षों से ज्यादा समय से अभिन्न मित्र रहा है तथा दूसरा तो मेरा पुत्र ही है। उन दोनों की असाधारण सफलता- जिसका मूल कारण अगले अध्याय में वर्णित सिद्धान्त है- उन सिद्धान्तों में निहित महती शक्ति को रूपांतरित करना है और इसीलिए इस व्यक्तिगत सम्बन्ध को सबके सामने लाने का औचित्य भी बनता है।

15 वर्ष पहले मैंने सलेम कालेज, सलेम वेस्ट व जीनिया में एक दीक्षान्त-भाषण दिया था जिसमें मैंने द्वितीय अध्याय में दिए गए सिद्धान्त का प्रचुरता से हवाला दिया था। उसका प्रभाव इतना पड़ा कि एक नव-स्नातक ने हवाला दिया था- उसको दर्शन का हिस्सा ही बना लिया। वह युवा आदमी आज कांग्रेस (एक प्रकार की संसद का सदस्य है तथा आज के प्रशासन-तंत्र का एक महत्त्वपूर्ण हिस्सा है। उस किताब के प्रकाशक के पास जाने के ठीक पहले उसने मुझे अपने एक पत्र में आगे के अध्याय के दिए सिद्धान्त के बारे में अपनी राय लिखकर भेजी थी। उसने यह बात इतनी स्पष्टता

से कही है कि मैंने उसे इस आमुख का हिस्सा बनाना ठीक समझा। उससे आपको संभावित फायदों का एक स्पष्ट हवाला मिल सकेगा।

''प्रिय नेपोलियन,

वर्तमान कांग्रेस के सदस्य के रूप में मेरी सेवा ने मुझे लोगों के मन में गहराई से पैठ बनाने का मौका दिया है और इसी संदर्भ में मैं एक सुझाव देना चाहता हूँ जो शायद हजारों योग्य लोगों के लिए फायदेमन्द साबित हो सके।''

क्षमा मांगते हुए मैं यह बताना चाहता हूँ कि यदि इस सुझाव पर काम किया गया तो शायद आपके लिए यह वर्षों की मेहनत और जिम्मेदारी का कारण बने। फिर भी मैं यह सुझाव दे रहा हूँ क्योंकि मैं जानता हूँ कि आप लोगों को उपयोगी सेवा देने के लिए कितने तत्पर रहते हैं।

''सन् 1922 में आपके सलेम कॉलेज में दीक्षान्त- भाषण दिया था। तब मैं वहाँ स्नातक बनने वाले समूह में शामिल था। आपके उस भाषण ने मेरे दिमाग में एक विचार डाला जिसके कारण ही मुझे अपने देश के लोगों की सेवा करने का मौका मिला और यही विचार मेरे भविष्य को उज्जवल बनाने में भी कारगर सिद्ध होगा यदि मुझे आगे की सफलता मिलती रहती है।''

''मेरा सुझाव यह है कि आप अपने उस दीक्षान्त- भाषण को एक पुस्तक का रूप प्रदान करें जिससे, अमेरिका के लोगों को आपके अनुभव और महान व्यक्तियों के साथ सहयोग का लाभ मिल सके; उन लोगों के अनुभव का लाभ- जिन्होंने अमेरिका को विश्व का सबसे धनी देश बनाया है।''

''मुझे आपका भाषण ऐसे याद है मानो अब ही दिया गया हो, जिसमें आपने हेनरी फोर्ड द्वारा प्रयुक्त तरीकों का हवाला दिया था। हेनरी फोर्ड की स्कूली शिक्षा नगण्य थी। उनके पास न धन था न प्रभावशाली मित्रों का सहयोग परन्तु फिर भी वह इतनी बुलन्दी पर पहुँचने में कामयाब रहे। आपके भाषण समाप्त करने के पूर्व ही मैंने तय कर लिया था कि चाहे कितनी भी परेशानियाँ पेश आए 'मैं भी जीवन में कुछ करके दिखाऊँगा।'''

"अगले कुछ वर्षा में कई बच्चे अपनी स्कूली पढ़ाई पूरी कर लेंगे। शायद उनमें से हर एक को वैसा ही व्यवहारिक संदेश चाहिए होगा जैसा कि आपसे मुझे मिला था। यह काम आप ही कर सकते हैं क्योंकि आपने कितने ही लोगों की कितनी समस्याओं का समाधान ढूँढ़ा है। उससे उन बच्चों को भी क्षत लाभ मिलेगा।"

"यदि कोई संभावना हो कि आप इतनी महान सेवा लोगों को प्रदान कर सके तो मेरा एक और सुझाव है कि हर किताब के साथ एक आपका बनाया हुआ 'पर्सनल एनालिसिस चार्ट' भी हो जिससे उस किताब को खरीदने वाले को स्वयं का पूरा हाल समझ में आ सके और मेरी तरह वे भी समझ सकें कि सफलता की राह में क्या- क्या रोड़े की तरह उभर सकता है।"

"इस प्रकार आपकी पुस्तक में पाठकों के सामने उनकी कमियों और गुणों का निष्पक्ष आकलन होगा और उनकी भी समझ में आ जाएगा कि सफलता एवम् असफलता के बीच में क्या फर्क होता है।"

"अब लाखों लोग मन्दी के दौर के बाद दुबारा जीवन में जमना चाहते हैं। मैं अपने व्यक्तिगत अनुभव से कह सकता हूँ कि ये सभी ईमानदार लोग आपको अपनी समस्याएं बताने और उनका आपसे समाधान प्राप्त करने का खुले दिल से स्वागत करेंगे।"

"आपको ज्ञात ही है कि जीवन में दुबारा जमने वालों को क्या–क्या परेशानियों से दो–चार होना पड़ता है। आज अमेरिका में हजारों लोग ऐसे हैं जो जानना चाहेंगे कि किस प्रकार अपने विचारों को धन–सम्पदा में बदल सकते हैं? कैसे बिना धन के काम की शुरुआत की जा सकती है और किस प्रकार घाटे को नफा में बदला जा सकता है। अगर ऐसा कोई कर सकता है तो वह आप ही हैं।"

यदि आप अपनी किताब छपवाएं तो मैं चाहता हूँ कि प्रकाशित होने के बाद उसका प्रथम खरीदार मैं ही होऊँ- जिस, पर आपके हस्ताक्षर हो। मेरा विश्वास कीजिए शुभ कामनाओं सहित।

आपका शुभेच्छु
जैन्निंग्स रैन्डोल्फ

अमीर बनने की ओर
उठाएं पहला कदम

2

धन-संपत्ति की ओर पहला कदम

सारी उपलब्धियों का प्रारंभ-बिन्दुः धन-संपत्ति की ओर पहला कदम

तीस वर्ष से अधिक समय पूर्व जब एडविन सी बार्न्स मालगाड़ी से आरेंज, न्यू जर्सी में उतरे तो उनकी वेश- भूषा फटेहालों-सी थी परन्तु उनके विचार एक राजा जैसे थे।

जब वह स्टेशन की पटरियों से थामस ए, एडीसन के दफ्तर की ओर जा रहे थे तब उनका मस्तिष्क बहुत सक्रिय था। वह मानसिक रूप से एडीसन के पास में पहुँचे हुए थे। वे सुन रहे थे खुद को कहते हुए कि उनकी एक मात्र अदम्य इच्छा है कि वे एडीसन के व्यापारिक सहयोगी बन सकें। उस महान अन्वेषक के साथ काम करने की उनकी तीव्र कामना थी।

बार्न्स की यह इच्छा मात्र एक आशा नहीं थी- न सिर्फ एक कामना- वरन् एक धड़कती हुई इच्छा जो हर भाव पर हावी थी। और वह बिल्कुल स्पष्ट थी।

जब वह एडीसन के निकट पहुँचे, तो उनके पास क़ोई नई इच्छा नहीं थी, यह तो काफी समय से उनके सीने में धड़क रही थी। शायद सबसे पहले यह एक कामना के रूप में ही उनके दिमाग में उभरी हो- पर एडीसन के सामने पहुँच कर यह मात्र कामना ही नहीं रह गई थी।

कुछ वर्ष पश्चात् एडविन सी बार्न्स फिर एडीसन के सामने थे- उसी दफ्तर में जहाँ उसकी पहली मुलाकात हुई थी। इस समय तक उनकी इच्छा एक हकीकत बन चुकी थी। अब वे, जिस बार्न्स को जानते थे, उनसे रश्क करते हैं क्योंकि जीवन ने उन्हें एक अनूठा 'ब्रेक' प्रदान किया था। आज लोग सिर्फ उनकी कामयाबी या विषय देखते हैं, उन परेशानियों को नहीं जो उन्हें सफलता पाने के लिए झेलनी पड़ी थी।

वस्तुत: बार्न्स को सफलता प्राप्त हुई क्योंकि उन्होंने एक स्पष्ट लक्ष्य को प्राप्त करने के लिए अपनी सारी शक्ति, सब कुछ लगा दिया था। वह उसी दिन से ही एडीसन के सहयोगी नहीं बन गए थे जिस दिन वह उनसे मिले थे। उनको पहले बहुत छोटा काम करना पड़ा था- लेकिन वह संतुष्ट थे कि वे अपने लक्ष्य प्राप्ति की दिशा में पहला कदम उठा चुके थे।

उस पहली मुलाकात के पाँच वर्ष बाद उनको मनचाहा अवसर प्राप्त हो पाया था। उससे पूर्व तो इच्छा पूरी होने का कोई आसार भी नहीं नजर आ रहा था। सिवा उनके सभी उनको एडीसन के व्यापार-चक्र में लगा एक साधारण पुर्जा ही समझ रहे थे। परन्तु खुद बार्न्स **उसी समय से स्वयं को एडीसन का भागीदार समझ रहे थे**- यानी जिस दिन से वे वहाँ काम पर लगे उसी दिन से।

एक स्पष्ट इच्छाशक्ति का यह एक अनूठा उदाहरण था। बार्न्स ने अपना लक्ष्य प्राप्त किया क्योंकि उनकी एडीसन के भागीदार बनने की तीव्र इच्छा थी। उन्होंने एक योजना बनाई और **अपना सभी-कुछ उस पर न्यौछावर कर दिया।**

वह अपनी इसी इच्छा को तब तक अपने मन में पालते रहे जब तक कि वह एक जुनून बनकर एक स्पष्ट तथ्य न बन गई।

जब वह आरेंज पहुंचे तो उन्होंने खुद से कभी नहीं कहा, "कि मैं एडीसन को राजी कर लूँगा- मुझे कैसी भी एक नौकरी देने के लिए।"बल्कि उन्होंने कहा, "मैं एडीसन से मिल कर उन्हें एक नोटिस दूँगा कि मैं उनके साथ व्यापार करने आया हूँ।" उन्होंने ऐसा कुछ नहीं कहा, "मैं दूसरे मौकों पर भी निगाह रखूँगा अगर एडीसन के संस्थान में मुझे कोई मनचाहा काम नहीं मिल पाया।" परन्तु उन्होंने खुद से यह जरूर कहा, "मैं कुछ भी करूँगा- जो भी एडीसन कहेंगे लेकिन मैं उसका व्यापारिक सहयोगी बन कर

ही दम लूँगा।'' ''दुनिया में एक ही चीज है मेरे लिए- वह है एडीसन का व्यापारिक सहयोगी बनना- उसके लिए चाहे कुछ भी हो मैं अपना पूरा भविष्य दांव पर लगा दूँगा और वह स्थिति प्राप्त करके ही मानूँगा।''

यानी बार्न्स ने वापसी के सारे रास्ते भी अपने लिए बंद कर लिए थे। अब वह स्थिति थी- जीतते या बर्बाद हो जाते।

बार्न्स की सफलता- गाथा का यही सार था। जैसे बहुत पहले एक सेनानायक को एक किला जीतना ही था जो सागर पार था। उसने अपनी सारी सेनाओं को जहाजों पर चढ़ाकर पार करवा दिया और फिर जहाजों को जलवा दिया। तब उसने अपने सैनिकों से कहा, ''ये जहाज मैंने इसलिए जलवा दिए हैं क्योंकि अब हम वापस नहीं जाएंगे। या तो यहाँ जीतेंगे या सब खत्म हो जाएंगे।''

हर वो आदमी जो किसी काम में सफल होता है, ऐसा ही करता है। जब वापसी का कोई जरिया नहीं रहता तब ही वह पूरी ताकत से अपना मनचाहा पद प्राप्त कर पाता है। यदि थोड़ी भी वापसी की गुंजाइश रहेगी तो वह पूरी शक्ति से आगे नहीं बढ़ पाएगा। यही अदम्य इच्छा को पूरी करने का एक मात्र तरीका है जो सफलता-प्राप्ति के लिए एक अपरिहार्य साधन है।

एक बार शिकागो में ऐसी भयंकर आग लगी कि व्यापारियों के सारे गोदाम, जो स्टेट स्ट्रीट पर थे, जलकर खाक हो गए। अब सारे व्यापारियों में बातचीत हुई कि क्या किया जाए? कहीं और बेहतर जगह जाकर फिर से काम किया जाए या यहीं दुबारा अपने गोदाम तैयार किए जाएं। सिवा एक के सबकी यही राय थी कि कहीं और जाकर नया काम शुरू किया जाए। परन्तु वह जो एक वहाँ रुकने को तैयार था, ''मैं तो यहीं रुककर अपने गोदाम फिर से बनाऊँगा। आप देखना मैं यहीं सबसे बड़ा स्टोर बनाऊँगा चाहे ऐसे कितने भी हादसे होते रहे।''

यह लगभग 50 वर्ष पहले की घटना है। आज वह स्टोर उठ कर खड़ा है मानो **अदम्य इच्छा** की मूर्तिमान इमारत हो। इसका निर्माता मार्शल फील्ड, भी वही कर सकता था जो औरों ने किया। जब भविष्य धूमिल लगे और मेहनत की बहुत दरकार हो तब ज्यादातर लोग विजय नहीं सोचते हैं। पर यहीं मार्शल फील्ड और अन्य

व्यापारियों का फर्क सामने आता है और यही जुनूनी जिद एडविन सी बाना को बाकी हजारों उद्यमियों से अलग करती है। एडीसन के साथ काम करने वाले हजारों रहे होंगे परन्तु कोई भी एडविन सी. बार्न्स की सफलता का मुकाबला नहीं कर पाया। यही जुनून सफलता और असफलता या असाधारण सफलता और आम सफलता का फर्क उजागर करता है।

पैसे की चाह तो हर आदमी को होती है लेकिन क्या लाख कामना करने से धन हाथ में आ जाता है? लेकिन जब यह कामना एक अदम्य इच्छा बन कर जुनून बन जाती है तो धन प्राप्ति की स्पष्ट योजना बनती है और तरीके सूझने लगते हैं। यदि इस जुनून के साथ लगन भी रहे तो ऐसा आदमी असफलताओं से डरे बिना अपने लक्ष्य में सफल होता है और धन-सम्पत्ति प्राप्त करता है।

धन-प्राप्ति की इस अदम्य और जुनूनी इच्छा को मूर्त रूप प्रदान करने के लिए कुछ व्यावहारिक कदम उठाने की जरूरत होती है। जिन्हें नीचे स्पष्ट किया गया है।

प्रथमः पहले अपने दिमाग में पूरी तरह सुनिश्चित करें कि आपको कितना पैसा चाहिए? सिर्फ यह कहना काफी नहीं कि "मुझे बहुत सारा पैसा चाहिए।" आपको एक स्पष्ट रकम की कामना होनी चाहिए। (उसके पीछे एक मनोवैज्ञानिक कारण है जो आगे आने वाले अध्याय में स्पष्ट किया जाएगा)।

द्वितीयः यह भी स्पष्ट सोचें कि आप इस निश्चित रकम के बदले में आप क्या कुछ कुर्बान करने को तैयार हैं? ('कुछ भी या कुछ नहीं ' से काम नहीं चलने वाला)

तृतीयः एक तारीख तय कीजिए कि कब तक आप चाहते हैं कि वह रकम आपके हाथ में हो, जो आपको चाहिए ही।

चतुर्थः अपनी इस इच्छा को पूरी करने के लिए एक स्पष्ट योजना निर्धारित करें और चाहे आप तैयार हो या न हों उस पर काम तुरन्त करना प्रारंभ कर दें।

पंचमः अब स्पष्ट शब्दों में उसको लिख लीजिए कि आपको कितनी रकम चाहिए, कब तक चाहिए तथा उसको प्राप्त करने में आप क्या कुछ देने को तैयार हैं और उसके लिए आपने क्या स्पष्ट योजना बनाई है।

षष्ठः अब अपने इस स्पष्ट लिखे कथन को दिन में कम से कम दो बार दुहराएंः पहली बार जब सुबह सोकर उठें और दूसरी बार जब रात को सोने जाएं। जब आप उसको पढ़ें- **महसूस करते हुए विश्वास करें कि मानो यह रकम आपके पास आ चुकी है।**

यह महत्त्वपूर्ण है कि उन छह कदमों के साथ दिए गए निर्देशों को अक्षरशः पालन करें- खास तौर पर छठवें कदम के साथ जो निर्देश दिए गए हैं।

आपकी शिकायत हो सकती है कि यह असंभव है ऐसा महसूस करना कि रकम मेरे पास आ गई है जबकि वस्तुतः नहीं आई है।। इस स्थिति में आपकी अदम्य इच्छा आपकी सहायता करेगी। यदि आपको वाकई धन की चाह है और आपकी इच्छा एक जुनून का रूप ले चुकी है तो आपको स्वयं को समझाने में ज्यादा मेहनत नहीं लगेगी कि आप इसको निश्चित ही प्राप्त कर लेंगे। आपका लक्ष्य धन-प्राप्ति है और इसके लिए पूरी तरह दृढ़-प्रतिज्ञ होना भी जरूरी है।

जो धन के बारे में पूरी तरह जागरूक रहते हैं, बड़ा पैसा जोड़ते हैं। दिमाग में यह बात सुन-सुन के बैठ चुकी हैं कि आपको यह धन पाना ही है। इच्छा की अदम्यता आपको स्वयं ही आश्वस्त कर देगी मानो रकम आपके पास ही है। जो लोग मानव मस्तिष्क के कार्य सिद्धान्तों से नावाकिफ हैं वे जरूर कह सकते हैं कि यह निर्देश अव्यावहारिक हैं। लेकिन यह उनके लिए खास तौर पर सहायक सिद्ध होंगे जो उनके श्रम की महत्ता नहीं समझ पा रहे। यह कदम एंड्रूज कार्नेगी की खोज हैं जिन्होंने बतौर एक साधारण श्रमिक, स्टील मिल, से काम शुरू किया था परन्तु उस बेहद मामूली शुरुआत के बावजूद उन्हीं कार्य-सिद्धान्तों पर काम करते हुए अरबपति हो गए थे।

यह ज्ञान भी सहायक सिद्ध होगा कि इन छह कदमों का बारीक विश्लेषण स्वयं थॉमस ए. एडीसन ने भी किया था और उनको बेहद कारगर माना था न सिर्फ धन प्राप्ति की राह में वरन् किसी भी स्पष्ट लक्ष्य को प्राप्त करने के लिए। उन्होंने स्वयं उनकी संस्तुति की थी।

उन कदमों को उठाने में किसी भी 'कड़ी मेहनत' की कोई दरकार नहीं है- न कोई कुर्बानी की ही माँग है। उनको लागू करने के लिए किसी खास की भी जरूरत नहीं है।

लेकिन उनको सही प्रकार से लागू करने के लिए प्रखर कल्पना- शक्ति तो चाहिए ही। क्योंकि तभी आपकी समझ में आएगा कि धन-प्राप्ति किसी तुक्के, किस्मत या नियति के भरोसे नहीं छोड़ी जा सकती। यह सफलता भी आवश्यक है कि जिन्होंने अकूत धन कमाया उन्होंने अपनी इच्छा-शक्ति, स्वप्नशीलता और जुनून का पूरा इस्तेमाल करके ही ऐसा किया था। कोई भी धनाढ्य तुक्के से नहीं बना था।

यहाँ पर समझ लें कि आप कभी खूब धन नहीं कमा सकते यदि आपके अन्दर इसके लिए दहकती इच्छा न हो और यह विश्वास न हो कि आप इसको निश्चित रूप से प्राप्त कर सकते हैं।

यह भी सही है कि सृष्टि की उत्पत्ति से ही इस बात के हवाले मिलते हैं कि हर बड़ा नेता एक स्वप्नदर्शी जरूर होता है। ईसाईयत आज विश्व की सर्वाधिक ताकतवर कौम है तो इसलिए क्योंकि इसका संस्थापक भी एक स्वप्नदर्शी ही था। उसने कल्पना से इस कौम का भविष्य मानसिक और आध्यात्मिक धरातल पर देखा था और वही आज मूर्तरूप पा चुका है।

सत्य यह है कि यदि आप अकूत या महाधनी होने की वास्तविकता को स्वयं कल्पना में नहीं दे सकते तो आप अपना बढ़ता हुआ बैंक-बैलेन्स भी नहीं देख पाएंगे।

यदि अमेरिकी इतिहास पर दृष्टिपात करें तो स्पष्ट होगा कि विगत में अमेरिका में कभी भी स्वप्नदर्शी के लिए व्यावहारिक सत्य प्राप्त करने के इतने मौके नहीं थे जितने कि आज उपलब्ध हैं। पिछले छह वर्षों की आर्थिक अवनति ने सभी लोगों को एक ही स्तर पर ला फेंका था। अब एक नई दौड़ की शुरुआत होने वाली है। आगामी इस वर्षों में बड़ी-बड़ी किस्मतें खुलने वाली है। अब उस दौड़ के नियम परिवर्तित हो चुके हैं। एक **अब बदले हुए विश्व** में निवास कर रहे हैं। जिसमें अवाम के पक्ष में ही हवा है। जिनको किसी मौके की आशा नहीं है वे ही इस युग में विजेता होंगे क्योंकि स्थितियाँ ही कुछ ऐसी है। वह मन्दी खाने पर है जिसमें वृद्धि और विकास मानो पक्षाघात ग्रसित हो गया था।

अब इस विश्व की माँग है नए विचार, नए तरीके और नए नेता। जो इस धन-प्राप्ति की दौड़ में शामिल है उनको इस स्थिति से काफी प्रोत्साहन प्राप्त हो रहा है। अब युग

को दरकार है नव शिक्षण- पद्धति, नव विपणन रणनीति और नए साहित्य की, रेडियो के लिए नए फीचर्स की। लेकिन इस पूरी दौड़ में विजयी होने के लिए सबसे अधिक जिस तत्व की दरकार है, वह है उद्देश्य की स्पष्टता, अपनी कामना का पूर्ण एवम् स्पष्ट ज्ञान तथा उन सबको प्राप्त करने के लिए एक दहकती हुई इच्छा।

व्यापारिक मंदी के दौर ने जहाँ एक युग को मृत घोषित किया वहीं दूसरे युग का सूत्रपात भी किया। इस बदले विश्व में व्यावहारिक स्वप्नदर्शी चाहिए जिनमें इच्छाशक्ति और क्षमता भी हो अपने स्वप्नों को मूर्तरूप देने की। यह स्वप्नदर्शी हर युग में और हमेशा सभ्यता के ढाँचा- निर्माता रहे हैं और रहेंगे।

जो धन प्राप्ति के लिए उत्सुक है उन्हें याद रखना चाहिए कि विश्व के वास्तविक नेता वही लोग रहे हैं जो अपनी अमूर्त कामनाओं को ठोस वास्तविकताओं में बदल सकें और उन आवेग युक्त विचारों को गगनचुम्बी इमारतों शहरों, फैक्ट्रियों, हवाई जहाजों, स्वचालित वाहनों और हर उस सुविधा में बदल सकें जिससे जीवन में आसानी रहे।

सहनशक्ति एवम् खुला दिमाग आज के स्वप्नदर्शी की व्यावहारिक जरूरतें हैं जिनको नए विचारों से भय लगता है वह तो काम शुरू करने के पूर्व ही हार मान लेते हैं। सत्य तो यह है कि आज से ज्यादा अधिक समय ऐसे नव-निर्माता के लिए कभी प्रोत्साहक नहीं रहा। यह ठीक है कि 'कवर्ड वैगन' यानी अलग से कुछ लगाने के जमाने जैसे अब हालात कतई नहीं है और कोई भयावह परीक्षा से भी गुजरने की दरकार नहीं है लेकिन उनके सामने विशाल व्यापारिक, वाणिज्यिक और औद्योगिक विश्व खड़ा है जिसको सही ढाँचे में ढालकर नई दिशाओं की ओर ले जाने की परम आवश्यकता है।

जो धन-दौलत में अपना हिस्सा सुरक्षित करना चाहते हैं उनको चाहिए कि अपनी स्वप्नदर्शिता के अनुरूप मेहनत में किसी का गलत प्रभाव न पड़ने दें। उन्हें यदि ऐसा करना है तो उन्हें उन विगत के प्रथम-निर्माताओं की भावना को आत्मसात करना पड़ेगा जिन्होंने इस सभ्यता को मूल्यवान बनाया और अपने देश में सही मौके प्राप्त कर इसके बाजारों और खदानों को समृद्ध किया है।

हमें यह- नहीं भूलना चाहिए कि कोलम्बस एक 'अनजाना विश्व' ढूंढ़ने निकला था और उसके लिए इसने अपने जीवन का सब कुछ दाँव पर लगा दिया था- और अंततः उसे खोज ही लिया।

कोपरनिकस ने स्वप्न देखा था ब्रह्माण्ड में कई लोकों की संभावना का और उन्हें स्पष्ट करके दिखाया। जब उसने पहले यह कहा तो लोगों ने उसे 'अव्यवहारिक', 'सनकी' इत्यादि कहा परन्तु बाद में उसने स्वयं को सच साबित कर दिया- बल्कि सारा विश्व उसी की बात मानने लगा और एक बार पुनः इसके मन की सत्यता साबित हुई कि: "**सफलता को माफी माँगने की कोई दरकार नहीं तथा असफलता में कोई बहाना स्वीकार्य नहीं।**"

यदि किसी चीज में आपका पूर्ण विश्वास है कि आप सही हैं तो निस्संकोच उसको करें। अपने स्वप्नों को चरितार्थ करें बिना इसकी परवाह किये कि आपकी क्षणिक असफलता पर 'वे' क्या कहेंगे क्योंकि उन्हें मालूम नहीं' '**हर असफलता में एक अतुलनीय सफलता का बीज छिपा होता है।**'

हेनरी फोर्ड एक गरीब एवम् लगभग अशिक्षित व्यक्ति था जिसने एक घोड़ा-विहीन गाड़ी का स्वप्न सँजोया था। उसने उपलब्ध साधनों से काम करना प्रारंभ किया तथा बिना सही मौके के या इन्तजार करने के अपने काम में जुट गया और आज उसी के स्वप्न का चरितार्थ रूप सारी दुनिया में मोटरकार के रूप में घूमता रहता है। चूंकि उसे अपने सपनों को सत्य बनाने की चेष्टा में कोई भय नहीं लगता था, उसने जितने पहियों को घुमाया है उतने तो संसार में किसी अन्य ने नहीं घुमाए होंगे।

थॉमस एडीसन ने बिजली से चलने वाले एक चिराग का सपना देखा था और दस हजार से अधिक असफल प्रयासों के बावजूद उसने अपना लक्ष्य पाया। ऐसे जो व्यावहारिक स्वप्नदर्शी होते हैं 'पलायन नहीं करते।'

राईट ब्रदर्स ने एक ऐसी सवारी की कल्पना की थी जो हवा में उड़ सके- अब उन्हीं के स्वप्न की वास्तविकता सारे विश्व में उड़ती फिर रही है।

व्हेल ने 'सिगार' स्टोर्स की पूरी एक शृंखला की कामना की थी और आज 'यूनाईटेड सिगार स्टोर्स' अमेरिका के हर कोने में उपलब्ध है।

लिंकन का सपना था काले दासों को मुक्ति मिले और अपने स्वप्न की इस वास्तविकता- उत्तरी एवम् दक्षिणी अमेरिका के मिलन में- देखने के लिए वह कुछ वर्षों द्वारा ही वंचित रहा। (उसकी मृत्यु के पश्चात् ही यह कामना एक सत्य बन गई)

मार्कोनी ने एक ऐसे तंत्र की कल्पना की थी कि जो आकाश तत्त्व के अमूर्त बलों की सही दिशा निर्देशित कर सके। अब वायरलैस एवम् रेडियो सेटों की दुनिया भर में मौजूदगी उसकी इस कल्पना को सत्य का उद्घोष दे रहे हैं। मार्कोनी के इस प्रयोग से हवेली और झोपड़ी काफी पास-पास आ गए। लगभग सारे विश्व के देश एक दूसरे के पड़ोसी-से हो गए हैं। इसके द्वारा अमेरिका का राष्ट्रपति एक अल्पाधिक सूचना द्वारा अरबों-खरबों लोगों से एक साथ वार्तालाप कर सकता है। दिलचस्प तथ्य यह भी है इस संदर्भ में कि मार्कोनी के 'कतिपय मित्र' ने उसको जेल भिजवाने और पागलों के अस्पताल तक पहुँचाने का पूरा प्रबंध किया था जब उसने घोषणा की कि उसने एक ऐसे सिद्धान्त की खोज की है जिसके द्वारा बिना तार के वह संदेश एक जगह से दूसरी जगह प्रेषित कर सकता है। बिना भौतिक साधनों के ऐसा करना अविश्वसनीय लगा और इसीलिए उसके दोस्तों को यकीन नहीं आया था। आज के युग में तो ऐसे स्वप्नदर्शी उन लोगों से भी बेहतर काम कर सकते हैं।

अब विश्व नई खोजों का सिर्फ आदी ही नहीं हो गया है वरन् वह नए खोजकर्ताओं को, नव स्वप्नदर्शियों को, पुरस्कृत करने के लिए आतुर भी रहता है।

''हर महान से महान अन्वेषण शुरुआत में मात्र एक स्वप्न ही होता है।''

''बीज में वृक्ष और अण्डे में पक्षी तथा आत्मा के विशाल दर्शन में एक फरिश्ता जागृत रहता है- क्योंकि वास्तविकता का बीज सपने में ही पड़ता है।''

अरे विश्व के स्वप्नदर्शियों। जागो! उठो! और अपने मन की इच्छा पूरी करो। अब तुम्हारा सितारा बुलन्दी पर है। मन्दी ने तुम्हारे सामने एक मौका पेश किया है जिसका तुम्हें इन्तजार था। उसने लोगों में सौम्यता, सहनशक्ति और खुला दिमाग दिया है। इस विश्व में मौकों की भरमार है। ऐसा हाल तो पहले कभी भी नहीं रहा था।

दहकती हुई इच्छा ही वह प्रस्थान-बिन्दु है जिससे कोई स्वप्नदर्शी उड़ान भरता है। सपने उदासीनता, आलस तथा महत्वाकांक्षा के अभाव में जीवित नहीं रहते।

अब यह विश्व स्वप्नदर्शियों पर न हँसता है न उन्हें अव्यावहारिक कहता है। यदि आपको कोई गलतफहमी हो तो टेनेसी में जाकर देखें कि किस प्रकार एक स्वप्नदर्शी राष्ट्रपति ने अमेरिका की समग्र जल शक्ति को नियंत्रित कर दिया है। कुछ ही वर्षों पूर्व युद्ध सपना एक सबक से ज्यादा कुछ नहीं लगता था।

मन्दी के दौरान आप उदास रहे, हारते रहे तथा अपनी तमन्नाओं का खून करते रहे। साहस रखें क्योंकि इस अनुभव ने आपके अन्दर एक ऐसी आध्यात्मिक धातु भर दी है जिससे आपके स्वप्नों का मूल्य अतुलनीय हो गया है।

याद रखें कि जो भी विश्व में सफल रहे हैं उनकी शुरुआत कभी अच्छी नहीं रही, न आगे थी। कई हृदय-निवारक अवरोधों के बाद ही वे अपने गंतव्य तक 'पहुँच' पाए हैं। ऐसे लोगों की जिन्दगी में निर्णायक बदलाव बिन्दु किसी न किसी परेशानी के जरिए ही आता है जब वे स्वयं से पूरी तरह 'परिचित' हो जाते हैं।

जॉन बुनयन की प्रसिद्ध कृति 'दी पिलग्रिम्स प्रोग्रेस', जो अंग्रेजी साहित्य की सर्वोत्तम कृत्तियों में से एक मानी जाती है, का सृजन उसने तभी किया था जब. धर्म संबंधी अपने विचारों के लिए उसको दंडित किया गया था और कारागार में डाल दिया गया था।

ओ. हेनरी ने अपनी सुषुप्त प्रतिभा को तब पहचाना जब वह दुर्भाग्यवश, ओहियो के कारागार में बन्दी था। जब दुर्भाग्य ने उसे त्रास दिया तो उसने अपनी कल्पना को जागृत किया और जाना कि वह कोई दयनीय अपराधी नहीं, वरन् एक महापुरुष है। जीवन की गति विचित्र है लेकिन असीमित बुद्धि की गति और भी विचित्र है जिसके धारक अपनी योग्यता को पहचानने से पूर्व कई दण्डात्मक स्थितियों से गुजरते हैं। तब ही वे अपनी वह क्षमता पहचानते हैं जिससे वह कल्पना शक्ति के जरिए अपने उपयोगी विचार ढूंढ़ पाते हैं। विश्व का महान अन्वेषक एडीसन एक वैज्ञानिक पहले एक फटेहाल टेलीग्राफ आपरेटर था। वह असंख्य बार असफल रहा था- "जब उसकी मेधा जागी तो उसने महान खोज कर दी।"

चार्ल्स डिकेन्स ने काले बर्तनों पर लेबल लगाने से काम शुरू किया था। उसके प्रथम प्रेम की त्रासदी उसकी आत्मा की गहराई में उतर गई थी जिसने अंतत: उसे विश्व

का एक महानतम लेखक बनाया। फिर उसने 'डेविड कापरफील्ड' एवम् अन्य महान रचनाओं का सृजन किया तथा अपने पाठकों को अनूठी निधि प्रदान की। वैसे ज्यादातर प्रेम में असफलता आदमी को पियक्कड़ एवम् दुश्चरित्र बना देती है क्योंकि ऐसे लोगों को यह समझ नहीं आ पाता कि कैसे इस शक्तिशाली प्रेम भाव को सृजनात्मक रूप में ढालें।

हेलेन कैलर तो अपने जन्म के तुरन्त बाद ही गूंगी- बहरी और अंधी हो गई थीं। लेकिन उतनी जबरदस्त विकलांगता के बावजूद वह विश्व के इतिहास में इतना महान दर्जा प्राप्त कर सकी। उसका जीवन एक जीता-जागता प्रमाण है कि कैसे हार एक वास्तविकता नहीं बन सकती जब तक उसको स्वयं ही स्वीकार नहीं कर लिया जाए।

रोबर्ट बर्न्स एक बेपढ़ा-लिखा देहाती था, गरीबी से अभिशापित और पियक्कड़। लेकिन उसने अपने मनोभावों को कविता में उतार कर उस विश्व को ज्यादा समृद्ध किया- उसने जग-उपवन से काँटे हटा कर वहाँ गुलाब खिलाए थे।

बुकर टी वाशिंगटन गरीबी में पैदा हुआ। जाति और शरीर वर्ण के कारण एक अपाहिज-सा व्यक्ति था। लेकिन चूंकि उसके पास सहनशीलता और हर विषय के लिए एक खुला दिमाग रहा था- चूंकि वह एक स्वप्नदर्शी था, उसने समग्र मानव जाति पर अपनी छाप छोड़ी।

बीथोवन बहरा और मिस्टन अंधा था लेकिन उनका नाम इस विश्व में सदा जीवित रहेगा क्योंकि उनके अन्दर अपने विचारों को व्यवस्थित कर सपनों को हकीकत में बदलने का माद्दा था।

इसलिए अगले अध्याय में प्रवेश करने के पूर्व अपने मन में एक नई आशा, विश्वास, साहस और सहनशीलता की ज्योति जगा लें। यदि आप में ये चिंगारियां हैं और वर्णित सिद्धान्तों का मर्म समझने का ज्ञान है तो आपको जरूरत का सब सामान सही मौके पर प्राप्त हो जाएगा। इमरसन के शब्दों में: ''हर उक्ति, पुस्तक और शब्द आपकी सहायतार्थ आपके मस्तिष्क में उभरेगा उन खुली खिड़कियों के माध्यम से जो आपके सामने होंगी तथा हर प्रिय मित्र आपकी मदद को आपके गले में बांहें डालकर खड़ा होगा।'' यही फर्क है सिर्फ 'कामना' करने और उसका प्रतिफल प्राप्त करने में।

कोई भी किसी चीज को तब तक नहीं पा पाता जब तक वह उसे पाने को तैयार न हो। दिमाग में अपनी निष्ठा के प्रति पूरी आस्था होनी चाहिए। दिमाग को सदा खुला रखें क्योंकि बाद में दिमाग, विश्वास, साहस और निष्ठा के मानक नहीं हो सकते।

याद रखें जीवन में लक्ष्य ऊँचा रखने के लिए कोई खास प्रयत्न नहीं करना पड़ता। दयनीयता और गरीबी पाने के लिए जो कुछ करना होता है उससे कुछ ज्यादा समृद्धि और वैभव पाने के लिए भी नहीं करना पड़ता। एक महान कवि ने इस सार्वभौमिक सत्य को निम्न प्रकार प्रकट किया है–

''मैंने जीवन से एक दमड़ी माँगी
मुझे वह भी नहीं मिली;
मैंने कुछ भी किया, पर;
मेरा तुच्छ खजाना नहीं बढ़ा।

क्योंकि जीवन एक ऐसा कठोर मालिक है
जो वही देता है जो हम माँगते हैं;
लेकिन एक बार जब वेतन तय हो गया
तो फिर हमें हर काम करना पड़ेगा!
जब मैंने जीवन से मजदूरी चाही
वही मुझे मिली,
तब मेरी समझ में आया
कि जीवन वह सब बखुशी हमें देता है?
जो हम वाकई उससे चाहते हैं!''

संकल्प–प्रकृति को हरा देता है

इस अध्याय के क्लाइमैक्स पर मैं एक ऐसे आदमी का पाठकों से परिचय कराना चाहता हूँ जो मेरे अनुसार बिल्कुल असाधारण व्यक्ति था। मेरा उससे परिचय लगभग 26 वर्ष पूर्व हुआ था, उसके जन्म होने के थोड़े समय बाद ही। वह विश्व में जब आया तो उसके पास कौन जैसी कोई चीज नहीं थी। जब डॉक्टर को दिखाया तो उसका मत था 'हो सकता है यह सारी जिन्दगी दूंगा– 'बहरा ही रहे।'

मैंने डॉक्टर के इस मत को चुनौती दी। आखिर यह मेरा अधिकार है क्योंकि मैं उस बच्चे का बाप था। मैंने भी व्यक्तिगत रूप से एक मत बनाया और संकल्प लिया परन्तु उसे मैंने अपने हृदय तक ही सीमित रखा। मैंने तय किया कि यह मेरा बेटा अवश्य ही देख-सुन सकेगा तथा बोलेगा भी। प्रकृति मुझे एक कर्ण-रहित बच्चा तो दे सकती है पर इसको एक असाध्य कमजोरी मानने को बाध्य नहीं कर सकती।

मैंने तय कर लिया कि मेरा बच्चा बोलेगा, सुनेगा और देखेगा। मुझे विश्वास था कि कोई न कोई रास्ता जरूर सूझेगा। मेरे दिमाग में इमरसन की अमर पंक्तियां बार-बार गूँज रही थीं: ''हर चीज का उद्देश्य होता है हमें विश्वास का सबक देना। हमारा काम तो सिर्फ उस उद्देश्य को स्वीकारना मात्र है। हम सभी के लिए मार्गदर्शन होता है और यदि हम गौर -से सुनें तो हम सही शब्द भी ग्रहण कर लेंगे।''

सही शब्द क्या? इच्छा! सबसे ज्यादा मेरी इच्छा ही थी कि मेरा बच्चा गूंगा बहरा न रहे। जब से मैंने यह इच्छा की तब से यह दृढ़ से दृढ़तर ही होती गई।

कई वर्षों पूर्व मैंने लिखा था, ''हमारी सीमाएँ वहीं होती हैं जो हम अपने मस्तिष्क में निर्धारित कर लेते हैं।'' अब पहली बार मैंने सोचा कि क्या यह एक वास्तविक सत्य है। अपने नवजात शिशु के सामने पर बिस्तर पर लेटे-लेटे मैं यह सोच रहा था। बच्चे में श्रवण शक्ति नहीं थी। फिर भी यदि उसने सुनना और बोलना सीख लिया तो भी वह जीवन भर अंगहीन तो रहेगा ही। निश्चित ही यह वह सीमा थी जो बच्चे के दिमाग में नहीं थी।

अब मैं क्या करता! मैं चाहता था कि कैसे भी बच्चे के दिमाग तक मैं अपनी दहकती इच्छा पहुँचा सकूं। काश! यह बिना कान वाला बच्चा मेरी अदम्य इच्छा समझ पाता। मैंने सोचा कि जब यह बच्चा थोड़ा समझदार हो जाएगा मैं इसके दिमाग में अपनी वह इच्छा कूट-कूट के भर दूँगा। फिर माँ-प्रकृति अपनी तरह से इसे एक वास्तविकता! बनाएगी।

ये सब बातें मेरे मन में उभर रही थीं पर मैंने इन्हें मन में ही रखा और किसी के सामने जाहिर नहीं किया- लेकिन अपने इस प्रण को कि मैं अपने बेटे को मूक और बधिर नहीं रहने दूँगा- नित्य मन ही मन दुहराता रहा।

जैसे जैसे बच्चा बड़ा होने लगा उसे आस-पास की चीजों की समझ होने लगी। मैंने देखा कि उसके पास सुनने की बहुत थोड़ी ताकत थी। जब वह चलने-फिरने की आयु तक पहुंचा तो उसने बोलने का कोई प्रयत्न नहीं किया लेकिन हम उसकी चेष्टाओं से समझने लगे कि वह थोड़ा बहुत सुन सकता था। यही मैं जानना चाहता था। मुझे भरोसा था कि यदि वह थोड़ा सुन सकता है तो ज्यादा भी सुनने लगेगा फिर कुछ ऐसा हुआ जिसने मुझे आशा की एक किरण दी। यह बिल्कुल अप्रत्याशित ढंग से हुआ।

हमने एक विक्टरोला (बाजा ग्रामोफोन) खरीदा। अब उस बच्चे में उसका संगीत सुना तो वह हर्ष से उत्साहित-सा हो गया और उस बाजे पर अपना हक जता लिया। कुछ ही दिन बाद उसकी रुचि के कौन-से रिकार्ड हैं, उसका ज्ञान हो गया। उनमें से एक रिकार्ड था, "इट्स एक लॉन वे टु टिपपेररी"। एक बार उसने इस रिकार्ड को बार-बार बजाया तथा लगभग दो घंटे तक बजाता रहा। वह विक्टरोला के सामने अपने दाँत पीस कर खड़ा रहा। उसकी इस आदत का महत्त्व हमें बाद में मालूम पड़ा जब हमने 'बोन कण्डक्शन' सिद्धान्त के बारे में सुना।

जब उसने उस विक्टरोला पर अपना अधिकार जमा लिया तो मैंने देखा कि जब मैं उसके कान के पीछे की मास्टाइड बोन को छूकर बोलता था- यानी मेरे होंठ उसके कान के पास उभरी हड्डी के पास होते थे- तब वह मेरी आवाज ज्यादा साफ सुन पाता था। इससे मुझे एक दिशा मिली और मैं अपनी अदम्य इच्छा- कि मेरा पुत्र कहीं मूक और बधिर न रह जाए- को वास्तविकता बनाने में जुट गया। उस समय वह अटक-अटक कर कुछ शब्द बोलने का प्रयत्न भी करने लगा था। यद्यपि पूरा माहौल तो हतोत्साहित करने वाला था परन्तु निष्ठा समर्पित इच्छा के लिए कुछ भी असंभव नहीं होता।

जब मैंने देखा कि वह मेरी आवाज बहुत कुछ सुनने समझने लगा है तो मैंने धीरे- धीरे अपनी अदम्य इच्छा- कि वह ठीक से बोल- सुन सके- उसके दिमाग में भरना प्रारंभ कर दिया। मैंने शीघ्र ही देखा कि उसे सोने के पूर्व कहानियाँ सुनने में बड़ा आनन्द आता है तो मैंने ऐसी कहानियाँ गढ़ने का प्रयत्न किया जो उसमें आत्म-विश्वास, कल्पना-शक्ति तथा सुनने-बोलने की ज्वलंत इच्छा भरने में सहयोगी हों।

एक ऐसी ही कहानी को मैंने ड्रामाई रूप से नया रंग देने का प्रयत्न किया। इसका उद्देश्य था कि उसके दिमाग में यह विचार भर दूँ कि उसकी बीमारी कोई रोग नहीं वरन् उसके लिए एक 'एसेट' (संपदा) भी हो सकती है। यद्यपि मुझे इस उक्ति पर पूरा भरोसा था कि, "हर विपत्ति अपने साथ कुछ न कुछ समान फायदा उठाने के बीज भी पैदा करती है," मुझे यह कबूल करना है कि मुझे तब तक समझ में नहीं आ रहा था कि किस प्रकार कमजोरी एक ताकत बन सकती है। फिर भी, मैंने अपना प्रयास जारी रखा और सोने के समय सुनाने वाली कथाओं में रोज नए रंग भरकर उसे सुनाता रहा। यह आशा भी करता रहा कि वह दिन शीघ्र आए जब उसकी यह परेशानी दूर हो।

यद्यपि तर्क मुझे चेता रहा था कि जहाँ कर्णहीनता हो वहाँ सुनने का सहज तरीका किस प्रकार खोजा जा सकता है लेकिन निष्ठा चालित इच्छा ने इस तर्क को अलग फेंक दिया और मुझे अपना प्रयत्न चालू रखने को प्रेरित करती रही। अब जब मैं उस स्थिति का आज विश्लेषण करता हूँ मैं समझता हूँ कि चमत्कारी परिणाम के पीछे मेरे पुत्र का मुझ पर विश्वास एक बड़ा योगदान दे रहा था। मैंने उसे जो कुछ भी बताया, उस पर उसने कोई सवाल नहीं किया। मैंने उसको स्पष्ट किया कि जो कुछ उसके पास है वह उसके बड़े भाई के पास नहीं है और उसका कारण कई तरह से उस पर स्वयं स्पष्ट होगा। उदाहरणार्थ उसके कान न होने के कारण स्कूल में शिक्षकगण उसके प्रति अधिक सतर्क रहेंगे तथा उस पर ज्यादा ध्यान भी देंगे। ऐसा शिक्षकों ने किया भी। उसकी माँ (मेरी पत्नी) उसके साथ जाकर यह सुनिश्चित भी करती थी कि उसके शिक्षक ऐसा ही करें। जब वह बड़ा हो गया और अखबार बाँटने का काम करने लगा (उसका बड़ा भाई अखबार बाँटने का व्यापार पहले से ही करने लगा था) तो उसको जीवंतता का माद्दा अधिक था। इसका कारण सहानुभूति मात्र नहीं था कि उसके कान नहीं थे।

धीरे-धीरे हमने महसूस किया कि उसकी श्रवण-शक्ति में इजाफा हो रहा है। इसके अलावा अपनी परेशानी से वह आक्रान्त भी नहीं लगता था। अब वह लगभग सात वर्ष का हुआ तो उसने पहले वे लक्षण दिखाए जिससे लगा कि हमारी तरकीब सफल हो रही है। कई महीनों तक उसने अखबार बाँटने के काम के लिए अपनी माता से अनुरोध किया पर उसे अनुमति नहीं प्राप्त हुई। उसकी माता को लग रहा था कि इस बहरे लड़के का खुली सड़क पर घूमना इसे ज्यादा असुरक्षित न कर दे।

आखिरकार उसने पूरा मामला अपने हाथ में ले लिया। एक दिन वह नौकरों के साथ रसोई की खिड़की पर चढ़ कर बाहर पहुँचा और पास के एक मोची से 6 सेन्ट लेकर अखबार खरीदे और उन्हें बेचने लगा। ऐसा वह शाम तक करता रहा। फिर उसने अपना हिसाब किया- 6 सेन्ट मोची को वापस करने के पश्चात उसने 42 सेन्ट कमाए। जब रात को हम घर वापस पहुँचे तो वह सो रहा था- उसकी कमाई उसके हाथ में मजबूती से दबी थी।

उसकी माँ ने उसकी मुट्ठी खोल कर सेन्ट के सिक्के निकाले और भावातिरेक में रोने लगी। पर मुझे यह सही नहीं लगा- अरे अपने बेटे की पहली विजय पर यह अश्रुपात कैसा? मेरी प्रतिक्रिया बिल्कुल उलट थी- मैं जी भर कर प्रसन्न हुआ कि मेरी तरकीब कामयाब सिद्ध हुई और उसमें मेरी निष्ठा ने अपना जौहर दिखाया।

परन्तु उसकी माँ को लग रहा था कि उसके पुत्र ने धन कमाने के लिए अपनी जान को जोखिम में डाला था। परन्तु मेरा विचार था कि वह एक स्व-निर्भर व्यापारी है तथा उसका अपने प्रति विश्वास 100 प्रतिशत बढ़ गया था। वह अपनी ही पहल पर व्यापार में गया और विजयी रहा। मुझे इसकी प्रसन्नता थी कि उसमें वह अपनी योग्यता को पहचानने की काबिलियत है जो उसके साथ सदैव रहेगी। बाद की घटनाओं ने उसे पूरी तरह सिद्ध भी कर दिया। जब उसके बड़े भाई को कोई चीज चाहिए होती तो जमीन पर लोट-पोट होकर अपनी लातें फटकारना और अपनी मनचाही चीज प्राप्त कर लेता था। परन्तु हमारा 'छोटा बहरा' बालक ऐसा कुछ भी नहीं करता था। वह उस मनचाही चीज को प्राप्त करने के लिए योजना बनाता, धन प्राप्त करता और फिर वह चीज स्वयं ही खरीदता था। अभी तक वह ऐसा ही करता है। मेरे छोटे पुत्र ने वाकई मुझे सिखाया कि अपनी कमजोरी को किस प्रकार अपना लक्ष्य प्राप्त करने के लिए मजबूत सीढ़ियां बनाया जा सकता है। उन मजबूरियों या कमजोरियों को बाधाएं नहीं वरन् प्रगति का बहाना समझना चाहिए।

वह छोटा बहरा बालक उसी स्थिति में स्कूली और कालेज की शिक्षा हासिल करता रहा- अपने शिक्षकों को बिना सुने- जब तक कि वे उसके कान के पास आकर जोर से न चीखें। वह बहरों के स्कूल में नहीं वरन् साधारण स्कूल में ही गया था।

हम उसको (बहरों के लिए प्रयुक्त) चिह्न- भाषा सीखने भी नहीं देना चाहते थे। हम चाहते थे कि वह साधारण जीवन ही जिए तथा आम बच्चों की तरह सब में घुले-मिले। हम अपने निर्णय पर डटे रहे यद्यपि इसके बारे में हमारी स्कूल-प्रबन्धकों से तीखी बहसें होती रही थीं। जब वह हाई स्कूल में था तब हमने उसके लिए एक बिजली की 'हीयरिंग एड' भी खरीदी परन्तु उसके लिए वह बेकार ही रही। बाद में शिकागो के डॉ. जे. गॉर्डन विलसन ने जब उसका एक तरफ का ऑपरेशन किया तो मालूम पड़ा कि प्रकृति ने ही उसका श्रवण-तंत्र नहीं बनाया है।

लेकिन जब वह अपनी कालेज-शिक्षा के अंतिम सप्ताह में था (उस ऑपरेशन के लगभग 18 वर्ष बाद) तब ऐसा कुछ हुआ जो उसके जीवन की एक युगांतरकारी घटना बन गई। वैसे लगा तो एक तुक्का ही परन्तु हुआ यह कि परीक्षण के लिए उसके पास बिजली की एक और हियरिंग एड भेजी गई। चूंकि ऐसा पहला परीक्षण कारगर सिद्ध नहीं हुआ था वह काफी उदासी से इस नई हियरिंग ऐड को परख रहा था। अन्त में अचानक उसने वह यंत्र लापरवाही से उठाकर अपने सिर पर रख दिया। जैसे ही उसे बैटरी से जोड़ा मानो चमत्कार ही हो गया। एक जादुई करिश्मे से उसकी साधारण श्रवण-शक्ति प्राप्त करने की इच्छा एक वास्तविकता बन गई। पहली बार उसने उसी प्रकार सुना जैसे कोई भी साधारण आदमी सुनता है। ''वाकई खुदा बड़ा साजकार है और करिश्मे करता है।''

अपनी बदली हुई दुनिया में हर्षातिरेक से लगभग आनन्दित हो, वह सीधा टेलीफोन के पास गया और अपनी माँ से बिल्कुल आतम से बात की और उनकी बात साफ सुनी। दूसरे दिन से उसको अपने कॉलेज के प्रोफेसर और शिक्षकों की आवाज बिलकुल सही प्रकार से सुनाई पड़ने लगी। पहले तो वह उनको तभी सुन पाता था जब वे उसके बिल्कुल पास आकर चीखते थे। अब तो वह किसी से भी खूब बातचीत कर सकता था। उसकी दुनिया तो बिलकुल ही बदल गई थी। उसने प्रकृति की गलती को वैसे ही स्वीकार नहीं किया और प्रकृति को भी मजबूर कर दिया कि वह अपनी गलती सुधार ले।

यद्यपि हमारी इच्छा अब कारगर होने लगी थी परन्तु अभी पूरी जीत नहीं हो पाई

थी। अभी उस बालक को अपनी कमजोरी को एक निश्चित फायदे के रूप में बदला बाकी था।

बिना अपनी प्राप्ति की उपलब्धि की महत्ता जाने अपनी नई दुनिया की खुशी में पागल, उसने 'हियरिंग ऐड' बनाने वाली कंपनी को एक खत लिखा जिसमें अपना मधुर अनुभव भी वर्णित किया। पता नहीं क्या उस पत्र में जाहिर था या छिपा था, उस कंपनी ने उसे न्यूयॉर्क आने का निमंत्रण भेज दिया। जब वह वहाँ फैक्टरी में घूम रहा था, साथ में वहाँ का चीफ इंजीनियर भी था। पता नहीं उस लड़के को वहाँ से वह प्रेरणा कौंधी कि उसने एक सुझाव दिया- जिसने उसकी कमजोरी को एक खास फायदे का सौदा बना दिया जो उसे सारी जिन्दगी खुशी और धन देने वाला सिद्ध होना चाहिए था।

उस सुझाव का असली सार यह है: यदि वह अपनी कथा और अचानक श्रवण शक्ति के सुधार के बारें में अपने अनुभव लिख सके तो इससे उसके जैसे लाखों लोगों को बड़ा लाभ प्राप्त होगा। तभी उसने निर्णय लिया कि वह अपनी बाकी जिन्दगी बहरों की सेवा में व्यतीत करेगा। फिर एक महीने तक वह गहन-शोध में व्यस्त रहा जिसमें उसने इस हियरिंग ऐड के मार्केटिंग के तरीकों पर मनन किया और सारे विश्व के बहरों से सीधे संप्रेषण के रास्ते तलाशे। जब संपर्क कायम हो गया तो उसने अपनी द्विवर्षीय योजना बनाई जो उसके शोध पर आधारित थी। जब उसने अपनी योजना उस कंपनी को बताई तो उसे एक ऐसा पद प्रदान किया गया, जिसके द्वारा वह अपनी महत्त्वाकांक्षा को चरितार्थ कर सकता था।

जब वह काम करने गया तो उसने सपने में भी नहीं सोचा था कि नियति ने उसको हजारों बधिरों का उद्धारक बना दिया है। बिना उसकी सहायता के वे हजारों अपनी खामोश दुनिया में सर पटकते रहते। जब वह इस हियरिंग ऐड बनाने वाली कंपनी के साथ काम करने लगा तो एक दिन उसने मुझे उसकी कंपनी द्वारा चलाए गए एक क्लास को चलाने के लिए बुलवाया। उद्देश्य तो वही था, बधिरों को सुनने की सहूलियत प्रदान करना। मैंने ऐसा शिक्षण पहले कभी नहीं किया था इसलिए मुझे थोड़ा संशय था कि कहीं इसमें मेरा समय बर्बाद ही न हो। लेकिन यहाँ एक प्रदर्शन दिखाया गया जिसने मेरी उस सोच, जिससे मैं बहरों के मन में सुनने की इच्छा को ज्वलन्त

रखने के लिए आतुर था, को एक नया और विस्तृत आयाम प्रदान किया। मैंने देखा कि मेरी ही तरकीब का प्रयोग कर बहरों को सुनने और बोलने की कला सिखाई जा रही थी। यही वह तरकीब थी जिसके द्वारा मैं पिछले ही वर्षों से अपने बहरे पुत्र को बहरेपन से बचाने का प्रयत्न करता रहा था।

इस प्रकार नियति का चक्र घूमा कि न सिर्फ मेरा पुत्र ब्लेयर ही अपनी श्रवण-शक्ति प्राप्त कर सका वरन् मैं और उसने मिलकर एक ऐसा अभियान चलाया जिससे सिद्ध हो गया कि 'जन्मजात बहरापन' डेफ म्यूरिज्म को सुधार कर लाखों बहरों को श्रवण-शक्ति प्रदान की जा सकती है। अगर यह एक के लिए हुआ तो औरों के लिए भी निश्चय ही हो जाएगा।

इसमें कोई संदेह नहीं कि यदि मैं और ब्लेयर की माँ उसके मन में यह इच्छा न मरने देते तो वह अभी तक बहरा ही रहता। जैसा पहले मैं उल्लेख कर चुका हूँ ब्लेयर के जन्म के समय ही डॉक्टर ने साफ कह दिया था कि यह बच्चा आजन्म गूंगा और बहरा रह सकता है। कुछ हफ्तों पहले इन मामलों के विशेषज्ञ डा. इरविंग वूरहीज ने ब्लेयर की पूरी जाँच की। उसको सुनकर वाकई में नाखुश हुआ कि ब्लेयर आराम से सुन-बोल सकता है क्योंकि उसके परीक्षण के अनुसार, "सैद्धान्तिक रूप से यह युवक बोल-सुन नहीं सकता था।" यद्यपि एक्स-रे की तस्वीर स्पष्ट दिखा रही थी कि उसकी खोपड़ी में कानों के लिए कोई छेद ही नहीं है। ऐसा प्रतीत होता है कि ब्लेयर के मन में हमारे द्वारा भरी तीव्र इच्छा ने प्रकृति को भी अपनी गलती सुधारने पर मजबूर कर दिया और उसने मस्तिष्क एवम् श्रवण-तंत्र के मध्य की खाई पार की। इस तथ्य को अभी तक चिकित्सा क्षेत्र के विशेषज्ञ स्वीकार नहीं कर पा रहे कि आखिर यह किस प्रकार हो पाया। यदि मैं इसकी कल्पना करूँ कि प्रकृति ने यह करिश्मा कैसे दिखाया है तो शायद अनुचित होगा। लेकिन इस अनुभव ने मेरा विश्वास दृढ़ कर दिया कि यदि किसी आदमी में ज्वलंत इच्छा को निष्ठा का सहारा मिल जाए तो उसके लिए कुछ भी असंभव नहीं रह जाता।

सत्य तो यह है कि अदम्य इच्छा के पास कई छिपे मार्ग हैं अपने आपको ठोस रूप में चरितार्थ करने के लिए। ब्लेयर के मन में ऐसी इच्छा उठी और उसे श्रवण-शक्ति

प्राप्त हो गई। वस्तुतः उसका यह अभिशाप औरों के लिए एक वरदान सिद्ध हो गया। अब वह लोगों का उद्धारक बन गया है और वह कम्पनी उसे एक मोटे वेतन का पद भी दिए हुए है।

वे 'सफेद झूठ' जो मैंने उसके दिमाग में उसके बचपन में भरे थे- कि उसका बधिरपन उसकी कमजोरी नहीं वरन् एक वरदान सिद्ध होगा, सही साबित हुआ। वस्तुतः यदि अदम्य इच्छा को गहरी निष्ठा का आधार मिल जाए तो हर सपना हकीकत बन सकता है। यह गुण तो हर कोई मुफ्त में प्राप्त कर सकता है, यदि मन में ऐसी प्रबल कामना हो।

लोगों के साथ मेरे लम्बे अनुभव में मुझे वाकई में ऐसा कोई मामला नहीं मिला जो इससे ज्यादा इच्छा की अदम्यता और निष्ठा का करिश्मा दिखा सके। प्रायः लेखक उन विषयों पर लिखने का प्रयत्न करने की गलती करते हैं जिनके बारे में उन्हें अपने अनुभव से कोई गहरा ज्ञान या सीख नहीं मिली है। मैं इसे अपना सौभाग्य ही समझता हूँ कि इच्छा की प्रबलता की परीक्षा में मुझे कहीं अपने आपकी तलाश नहीं करनी पड़ी- मेरे अपने ने ही मुझे यह मौका दे दिया। शायद यह भी नियति का ही एक करिश्मा था यह सब मेरे पुत्र के जीवन में दिया और अदम्य इच्छा शक्ति का परीक्षण हो गया। यदि कोई इच्छा शक्ति प्रकृति को अपनी गलती सुधारने पर मजबूर कर सकती है तो यह मानने में कोई संशय नहीं है कि उसके सामने कोई नहीं टिक सकता।

मैंने ब्लेयर के मन में यह इच्छा भर दी और उसकी सबसे बड़ी खामी उसके लिए एक वरदान बन गई। उसकी इच्छा फलवती हो गई। जिस तरीके से यह इच्छा पूरी हुई वह कोई ज्यादा मुश्किल नहीं- उसके तीन मुख्य हिस्से हैं: पहले मैंने अपने विश्वास को इच्छा के साथ जोड़ा और इसे मैंने अपने पुत्र के दिमाग में बैठा दिया। दूसरा मैं लगातार इस इच्छा के बारे में उसको सचेत कर उसे भी प्रेरित करता रहा और तीसरा- **उसने मुझ पर पूरा विश्वास किया।**

जब यह अध्याय अपनी पूर्णता की ओर बढ़ रहा था तभी मैडम श्यूमैन-हींक की मृत्यु की खबर आई। इस खबर में एक छोटा पैराग्राफ था जिसने इस महिला की गायिका के संग में महती सफलता का हवाला दिया। मैं इस पैराग्राफ का उद्धरण देना चाहता हूँ क्योंकि उसमें भी इच्छा की प्रबलता का सुराग दिया गया है।

अपने कैरियर की शुरुआत में मैडम श्यूमैन-हींक वियना-कोर्ट ऑपेरा में अपनी आवाज के परीक्षण के लिए गई परन्तु वहाँ के डायरेक्टर ने इसका परीक्षण नहीं किया। उस अजीब सी फटेहाल लड़की को देखकर उस डायरेक्टर ने काफी रुखाई से कहा: "तुम्हारी कैसी शक्ल और कैसा व्यक्तित्व है, क्या कभी तुम गायिका में सफल हो सकती हो ? मेरी बच्ची ! बेहतर हो कि तुम यह विचार त्याग ही दो। एक सिलाई मशीन खरीदो और काम पर लगो। तुम कभी भी एक गायिका नहीं बन सकतीं।" 'कभी भी' तो एक लम्बा समय होता है। बेशक वियना ऑपेरा कोर्ट के उस डायरेक्टर ने संगीत की कला और तकनीक का ज्ञान तो परखा था पर उसे यह नहीं मालूम था कि जब इच्छा एक जुनून का रूप ले लेती है तो क्या कयामत ढा सकती है। यदि उसे इसका रंच मात्र भी आभास होता तो वह एक जीनियस को बिना मौका दिए वापस नहीं भेज सकता था।

कई वर्ष पहले मेरे एक व्यापारी सहयोगी बीमार पड़े- धीरे- धीरे उनकी हालत बिगड़ती गई और अन्तत: उन्हें अस्पताल में भर्ती होना पड़ा- एक ऑपरेशन के लिए जब उनको ऑपरेशन- रूम में व्हील चेयर पर ले जाया जा रहा था, मैंने उन्हें देखा और सोचा कि क्या उतना पतला-दुबला कमजोर आदमी इस बड़े ऑपरेशन को बर्दाश्त कर सकता है? क्या यह ऑपरेशन कभी भी सफल हो सकता है? डॉक्टर ने भी मुझे चेतावनी दी थी कि इन महाशय का बचना बहुत मुश्किल है। परन्तु यह तो एक डॉक्टर की **राय मात्र थी!** यह रोगी का मत तो नहीं था। जब वह व्हील चेयर से आपरेशन के लिए अन्दर ले जाया जा रहा था, उसने धीमी आवाज में मुझसे कहा, "परेशान मत होइए, चीफ। मैं कुछ दिनों में ही यहाँ से ठीक होकर निकलूंगा।" उसके पास खड़ी नर्स ने भी मुझ पर एक दयापूर्ण दृष्टि डाली। लेकिन वह ठीक हो गया। जब सब कुछ ठीक-ठाक निपट गया तब डॉक्टर ने कहा, "उसको बचाने वाली एक मात्र शक्ति उसकी जिजीविषा या जीने की शक्ति ही थी। यह बच नहीं सकता था परन्तु उसने अपनी जीवटता से मृत्यु को अस्वीकार कर दिया।"

मैं विश्वास के आधार पर पैदा होने वाली अदम्य इच्छा-शक्ति का कायल हो चुका हूँ। मैंने देखा है कि यह ताकत एक बहुत नीचे स्तर से शुरुआत करने वाले व्यक्ति की धन और ताकत के शिखर पर ले जा सकती है। मैंने देखा है कि कैसे यह ताकत

बीमारों को कब्र में जाने से रोक देती है, सर्वहारा लोग कैसे इसी ताकत से वापस जिन्दगी में आकर खुशहाल हो जाते हैं। मैंने अपने पुत्र के मामले में यह स्पष्ट देखा कि कैसे प्राकृतिक रूप से अपाहिज लड़का इसी ताकत के आधार पर एक आम, साधारण, सुखी और खुशहाल जिन्दगी बिता सकता है।

किस प्रकार इस ताकत को सही प्रकार से लगाया जाए कि इच्छा पूर्ण हो सके? इसी का उत्तर इस अध्याय और आगे के अध्यायों में भी दिया गया है। यही वह संदेश है जो शायद सर्वाधिक लम्बी अवधि का और पूरी तरह हताश करने वाली मन्दी के उपरान्त अमेरिका से पूरे विश्व को दिया जा रहा है। तार्किक रूप से यह सोचना समीचीन है कि यह संदेश उन सबको मिलेगा जो इस मन्दी के शिकार हो चुके हैं, जो इस अवधि में अपना सब कुछ गँवा चुके हैं और जिन्हें अपने विश्रृंखलित जीवन को दुबारा व्यवस्थित करना परम आवश्यक है। मेरी उन सबके प्रति शुभ कामना है कि उसकी कोई भी उपलब्धि हो, उसकी शुरुआत एक दहकती अदम्य इच्छा से ही हो जिससे वे अपनी मंजिल निश्चित रूप से प्राप्त कर सकें।

मानसिक रासायनिक प्रक्रिया का एक रहस्यमय सिद्धान्त जो कभी स्पष्ट समझ नहीं आता, उसे प्रकृति अपनी अदम्य इच्छा के आवरण में ही छिपाकर रखती है जो अपना प्राप्य, प्राप्त करके ही रहती है तथा जिसके लिए असंभव एक बेमानी शब्द है तथा पराजय एक निरर्थक भाव!

...

अमीर बनने की ओर
उठाएं दूसरा कदम

3

विश्वास

इच्छा-प्राप्ति के प्रति निष्ठा और उसका मानसिक दृश्यावलोकन

विश्वास मस्तिष्क का प्रमुख भाग है। जब विश्वास में विचारों का कंपन मिलता है तो हमारा अवचेतन उसे तुरंत ग्रहण कर उसका एक अमूर्त समरूप बनाता है और उसे अनन्त मेधा के साथ जोड़ देता है, जैसा कि प्रार्थना करने के समय होता है।

विश्वास, प्रेम और मौन भाव सबसे शक्तिमान और प्रमुख धनात्मक भावावेश है। जब यह तीनों जुड़ जाते हैं तो वे हमारे विचार-स्पन्दन को इस प्रकार 'रंगीन' बना देते हैं कि वह तुरन्त अवचेतन तक पहुँचता है तथा वहाँ उसका अमूर्त समरूप अनन्त मेधा से तुरन्त एक प्रतिभाव या रिसपॉन्स ग्रहण करता है।

प्रेम और विश्वास वे मानसिक संवेग हैं जो मानव के आध्यात्मिक पक्ष से जुड़ते हैं। इसके बरबस मौन- भाव विशुद्ध जैविक संवेग है जो भौतिक शरीर से सम्बन्ध रखता है। इन तीनों भावों का आपसी मिश्रण या समन्वय सीमित क्षेत्र, यथा मानव मस्तिष्क और अनन्त मेधा के बीच एक सीधा सम्पर्क सूत्र कायम कर देता है।

विश्वास को कैसे बढ़ाएं

स्वगत-प्रेरणा (ऑटो सर्वेक्षण) के सिद्धान्त की महत्ता समझने के लिए इच्छा का किसी मौखिक या स्थूल धन-संपदा में ढलने की प्रक्रिया समझना आवश्यक है। इसी का सम्मिलित स्वरूप विश्वास पैदा करता है। वस्तुत: विश्वास एक मानसिक स्थिति है तो बार-बार प्राप्त निर्देशों द्वारा पैदा की जाती है जो निर्देश अवचेतन मस्तिष्क ग्रहण करता रहता है। यही श्रृंखला स्वगत-प्रेरणा की भी बननी होती है।

उदाहरण के लिए वह उद्देश्य लीजिए जिसके लिए आप इस पुस्तक को पढ़ रहे हैं। स्पष्ट ही है कि आम पाठक जानना चाहते हैं कि किस प्रकार- आपकी अदम्य इच्छा एक अमूर्त भाव से एक भौतिक उपलब्धि- धन-संपदा में परिवर्तित हो जाए। अब जो निर्देश स्वगत प्रेरणा और अवचेतन मस्तिष्क को आश्वस्त कर सकते हैं कि जो आपकी चाह है वह आपको निश्चित ही प्राप्त होगी। यही बार-बार आपके अवचेतन में प्रवेश कर विश्वास का स्वरूप ग्रहण कर लेगी- जिसके लिए आपका मस्तिष्क कई योजनाएं सोचेगा।

लेकिन यदि विश्वास न हो तब कैसे विश्वास पैदा किया जाए? यह प्रक्रिया उतनी ही जटिल है जितनी उस आदमी को लाल रंग का स्वरूप स्पष्ट करना जिसने लाल रंग कभी देखा ही न हो। विश्वास तो दृढ़ता में आता है। जब आप इस पुस्तक में वर्णित उन तेरह सिद्धान्तों को पूरी तरह आत्मसात् कर लेंगे तो शायद आपको इस प्रक्रिया का स्पष्ट रूप समझ में आए।

साधारण तौर पर अपने अवचेतन मस्तिष्क को लगातार कतिपय निर्देशों द्वारा पुष्टिकरण विश्वास का विकास बहुत कुछ स्पष्ट कर सकता है। उसको समझने के लिए उदाहरणार्थ यह समझें कि आदमी कभी-कभी आपराधिक भाव कैसे प्राप्त करता है। एक बड़े अपराध-शास्त्र विशेषज्ञ का मत है कि "जब आदमी पहले अपराध के संपर्क में आता है तो सहज रूप में वह उससे घृणा करता है। लेकिन जब अपराध का लम्बा साथ मिले तो वह इसे सहने लगता है और उसका अभ्यस्त हो जाता है और यदि बहुत दिनों तक यही साथ रहे तो वह उससे प्रभावित होकर ऐसा काम करने भी लगता है।"

अर्थात् जब कोई बात बार-बार आपके अवचेतन मस्तिष्क में भर दी जाती है तो स्वभावत: वह एक विश्वास बन कर उभरने लगती है। इसीलिए सभी विचार जब भावावेश में बदल जाते हैं तो उनमें विश्वास पैदा होने लगता है। अब यह हमारे ऊपर है कि कैसा विश्वास अपने आपमें पैदा करें। कुछ लोग- बल्कि ज्यादातर- यही सोचते हैं कि उन्हें तो बर्बादी और गरीबी ही मिलती है। धीरे- धीरे यही विश्वास उनकी धनात्मक प्रवृत्ति पर आच्छादित होकर ऋणात्मक वृत्ति को उभारने लगता है और धीरे-धीरे उनकी यही सोच नैतिक या ठोस रूप में उनके सामने आने लगती है। इस सोच से मुक्ति पाना ही सफलता की ओर चलना है। यदि आपका अवचेतन इस सोच से

आक्रान्त है कि आपको सदैव असफलता और बर्बादी ही मिलती है या आपका 'भाग्य ही ऐसा है:' – तो जरूरी है कि इस सोच को सुधारा जाए और गहरी बैठी इस भावना को 'बहकाया' जाए।

इस 'बहकाव' को ज्यादा प्रभावशाली बनाने के लिए आप यह सोचना प्रारंभ कर दें **कि जो आप चाहते हैं वह पहले ही आपके पास है।** धीरे- धीरे यह भाव आपके अवचेतन में एक हल्की सी आशा का संचार करेगा और आपकी सोचने की प्रवृत्ति में बदलाव आने लगेगा। यदि कोई व्यक्ति साथ या संग के कारण अपराधी होता है तो यह भी निश्चित है कि अच्छा साथ उसको ऐसी मनोवृत्ति से मुक्त भी कर सकता है। यदि आप धनात्मक सोचेंगे और सफलता की कामना को धीरे- धीरे अपना विश्वास बना लेंगे तो सफलता निश्चित ही आपके कदम चूमेगी।

जैसा कि पहले कहा जा चुका है:

विश्वास वह मानसिक स्थिति है जो स्वतः प्रेरणा [या स्वगत प्रेरणा] से प्रस्फुटित होती है।

कदाचित इसीलिए धर्म में आस्था का मूल मंत्र सदियों से विश्वास पैदा करना ही माना गया है।

इसका प्रथम चरण है अपने पर विश्वास रखना।

आगे चलने से पूर्व इसको स्पष्ट समझ लें कि विश्वास वह "बाह्य अमृत" है जो हमारे विचारों को प्राणवान कर हमें जीवन्त करता है।

उस विचार को बार-बार दुहराएं।

धन प्राप्ति के लिए भी स्वयं पर विश्वास पहला चरण है।

विश्वास ही समस्त 'करिश्मों' का आधार है। यही सारी असफलताओं की काट है।

यह विश्वास की बूटी ही है जो प्रार्थना में घुल कर हमारे अनन्त मेधा से साक्षात्कार करती है।

विश्वास ही वह शक्ति है जो हमारे विचारों को स्पन्दित कर एक विभिन्न विचारों वाले मनुष्य का मेल अनन्त मेधा से करवाती है। यह विश्वास वह अलौकिक बल है जो हमारे सामने अनन्त मेधा की शक्ति स्पष्ट कर सकता है।

उस धारणा को बार-बार दुहराकर अपना मन सुखद करें। यह एक सर्वविदित तथ्य है कि यदि कोई झूठ बार-बार दुहराया जाए तो वह सत्य का स्वरूप ग्रहण करने लगता है।

हर आदमी वह बनता जाता है जो उसके विचार होते हैं। यदि विचारों में विश्वास का पर हो तो वह मानस में एक चुम्बकीय बल पैदा करता है।

ईथर एक महान और महत् वैश्विक पदार्थ है जिसमें शाश्वत बलों का स्पन्दन होता रहता है। यह स्पन्दन ऋणात्मक और धनात्मक- दोनों हो सकते हैं। उसमें भय, दयनीयता, व्याधि, गरीबी इत्यादि के साथ समृद्धि, स्वास्थ्य, सफलता और खुशी के भी स्पन्दन निहित होते हैं। इसी ईथर से मानव मस्तिष्क स्पन्दन प्राप्त करता रहता है। परन्तु यदि इससे प्राप्त स्पन्दन की आवृत्ति मानव मस्तिष्क में निहित स्पन्दन की आवृत्ति से मेल खाती है तो यह स्वतः ही द्विगुणित हो जाती है। अतः यदि हमारे विचार से धनात्मक भाव होंगे तो उन्हीं की अनुगूँज हमें सुनाई पड़ेगी उस ब्रह्माण्ड में भी और उसी के अनुसार हमारे विचार ढलने लगते हैं। इसीलिए सब यही कहते हैं कि ऋणात्मक विचार अपने मस्तिष्क से निकाल फेंको और धनात्मक विचारों को ही प्रश्रय दो। आपसे यह बार-बार कहा जाता है कि अपना लक्ष्य स्पष्ट रखो तथा उसे बार-बार दुहराओ यही आपके विचार, स्मृति, धारणा का आधार बन आपमें आत्म-विश्वास जागृत करते हैं।

आत्म-विश्वास पैदा करने का सूत्र या फॉर्मूला

प्रथमः मुझे ज्ञात है कि मुझमें अपना स्पष्ट लक्ष्य प्राप्त करने की क्षमता है। इसलिए मेरी माँग है कि मैं लगातार उसको प्राप्त करने के लिए चेष्टारत रहूं। ऐसा करने का मैं वादा करता हूँ।

द्वितीयः मुझे मालूम है कि मेरे दिमाग में जो ज्यादा प्रभावी विचार होते हैं वही मुझे बाहरी उपलब्धि के रूप में अपना स्वरूप प्रदान करते हैं। इसलिए मैं नित्य आधा घंटे इन विचारों पर ही अपना ध्यान केन्द्रित रखूँगा। मैं उस व्यक्ति पर अपनी सोच केन्द्रित रखूंगा जो मेरी मनचाही सफलता को स्वयं भी प्राप्त कर चुका है।

तृतीयः मुझे स्वगत-प्रेरणा के सिद्धान्त से ज्ञात है कि यदि कोई इच्छा मेरे मन में लगातार रहेगी तो अंततः वह अपनी अभिव्यक्ति बाहरी विश्व में भी ढूँढ़ने का प्रयत्न करती रहेगी। अतः मैं रोज कम से कम दस मिनट तक इसी इच्छा को विश्वास में परिवर्तित करने का प्रयत्न करूँगा।

चतुर्थः मैंने स्पष्ट लिख लिया है कि जीवन में मेरा मुख्य उद्देश्य क्या है। मैं लगातार उसको पाने का प्रयास करता रहूँगा और विपरीत फल के कारण भी कभी विमुख नहीं होऊंगा।

पंचमः मैं जानता हूं कि कोई पद या वसुधा सदैव कायम नहीं रह सकती जब तक कि उसका आधार प्राप्त और सत्य न हो। इसलिए मैं ऐसा कोई काम नहीं करूँगा जो किसी का भी अहित करता हो। मैं सबके सहयोग से ही काम करूँगा। मैं किसी से कोई अनैतिक सेवा नहीं करवाऊँगा।

मैं इन सूत्रों को सदैव स्मरण करता रहूंगा और नित्य प्रति इसे सुबह-शाम दुहराता रहूँगा। मैं जानता हूँ कि ऋणात्मकता मेरा कोई स्थायी हित नहीं कर सकती। उस सूत्र के पीछे प्रकृति का वह नियम है जिसे कोई भी स्पष्ट नहीं कर सका है। इसी को मनःचिकित्सक 'स्वगत-प्रेरणा' या 'स्वतः प्रेरणा' का नाम देते हैं।

इसका नाम कुछ भी हो परन्तु यह कारगर रहता है ये सब स्वीकार करते हैं। यदि उसका धनात्मक रूप ही प्रयोग में लाया जाए तब ही उसकी प्रभावशीलता बढ़ी-चढ़ी रहती है और ऋणात्मक प्रयोग स्वयं-ध्वस्तकारी सिद्ध होता है।

लेकिन यहाँ यह भी स्पष्ट समझ लेना चाहिए कि हमारा अवचेतन मस्तिष्क ऋणात्मक या धनात्मक विचार-संवेगों में कोई फर्क नहीं करता। यह तो एक मशीन जैसा काम करता है तथा ''जैसा माल भरोगे, वैसा ही पाओगे'' के सिद्धान्त पर काम करना है। यदि भय का संचार करेंगे तो भय प्राप्त होगा और यदि आशा का संचार होगा तो आशा मिलेगी।

चिकित्सा इतिहास में इस फॉर्मूले की सत्यता स्थापित करने के कई उदाहरण मिलते हैं। एक व्यक्ति मिडवेस्टर्न शहर में एक बैंक का कार्यकर्ता था। उसका नाम था जोसेफ ग्रान्ट। उसने बैंक के डायरेक्टरों को बिना सूचित किए एक बड़ी रकम 'उधार'

ले ली। इन पैसों को उसने जुए में लगाया और पूरी रकम हार गया। एक दोपहर को वहाँ बैंक का लेखा-परीक्षक आया और हिसाब की जाँच करने लगा। जैसे ही ग्रान्ट को खबर लगी, वह भागकर एक होटल में चला गया। तीन दिन बाद जब बैंक के कर्मचारी उसको ढूंढ़ते हुए वहाँ पहुँचे तो वह अपने बिस्तर पर लेटा हुआ प्रार्थना कर रहा था, "हे भगवान! मैं मर जाऊँगा! यह मान हानि मुझे जिन्दा नहीं छोड़ेगी।" कुछ ही देर में उसका प्राणांत हो गया।

जिस प्रकार विद्युत काम करती है उसी प्रकार स्वत: प्रेरणा भी अपना प्रभाव दिखाती है। बिजली विध्वंस भी कर सकती है और विकास भी। यह तो उसके इस्तेमाल पर ही निर्भर रहता है। यदि शांति और समृद्धि की कामना है तो स्वत: प्रेरणा वही प्रदान करेगी। किन्तु यदि आप गरीबी और दयनीयता अपनी चेतना में भरते रहेंगे तो आपको शांति और समृद्धि किस प्रकार मिल पाएगी?

आप यदि भय से आक्रान्त रहेंगे तो क्या कभी आपको आशा प्राप्त हो पाएगी।

यह कथन उतना ही सत्य है जितना यह कि दो और दो चार ही होते हैं। यानी यह एक गणितीय तथा सर्वहारा सार्वभौमिक सत्य है।

स्वत: प्रेरणा तो एक हवा है और जिस दिशा में आप जाना चाहते हैं उसी दिशा में चलने लगती है।

स्वत: प्रेरणा को नीचे दी गई कविता मैं बहुत स्पष्टता से समझाया गया :

"यदि सोचा कि पिट गए तो पिट गए
यदि सोचा कि हिम्मत नहीं है तो नहीं है;
यदि जीत की चाह है पर सोचते हैं कि नहीं जीत सकते
तो यह निश्चित है कि आप हारेंगे ही।
यदि सोचा कि हारेंगे तो हार निश्चित है
क्योंकि दुनिया में यही होता रहा है
सिर्फ इच्छा-शक्ति से जीत शुरू होती है
यह सब कुछ मन: स्थिति पर निर्भर है

यदि आशंका पिछड़ने की है तो पिछड़ेंगे ही
इसलिए सदैव आगे बढ़ने की सोचें
अपने दृढ़-विश्वास से आगे बढ़ें
तब ही आपका प्रयास पुरस्कृत होगा

जीवन संघर्ष में जीत सदैव तेज या ताकतवर की नहीं
होती, वरन् जीतता वो है जिसे विश्वास हो कि वह जीतेगा
मन के जीते जीत है मन के हारे हार
मन का ही संकल्प है हर प्रयत्न का सार''

कवि की उन पंक्तियों पर ध्यान देने से स्पष्ट हो जाएगा कि अपनी सफलता या असफलता के आप खुद जिम्मेदार हैं, आपका भाग्य या किस्मत नहीं।

यह मान लें कि जो कुछ आप उपलब्ध करना चाह रहे हैं उसका बीज आपके ही मस्तिष्क कोषों में पड़ा है। यदि उसको आप सही प्रकार से जगा पाएं या अंकुरित कर पाएं तो यह आपको आपकी बुलन्दियों तक जरूर ले जाएगा।

जिस प्रकार एक उस्ताद सारंगी के वृत-समान तंतुओं से बेहद मनोहारी रागों का सृजन कर सकता है उसी प्रकार आप अपनी निष्प्राण पड़ी मेधा को जीवन्त कर सकते हैं।

अब्राहम लिंकन का ही उदाहरण लें। चालीस वर्ष में ज्यादा की उम्र तक वह हर काम में असफल रहे। वह एक बेकार और फालतू इन्सान ही थे जब तक कि उनको एक महान अनुभव नहीं हुआ, जिसने उनकी सोती मेधा को जागृत कर दिया। और वह न सिर्फ अमेरिका वरन् समूचे विश्व के एक महान व्यक्ति बन गए। उनका वह अनुभव शोक एवम् प्रेम की भावनाओं से एक साथ ओत-प्रोत था। उसकी प्राप्ति उन्हें ऐनी रूटलेज के माध्यम से हुई, जिनसे उन्होंने सच्चा प्यार किया था।

यह एक सत्य है कि प्रेम और विश्वास के संवेगों की मन में स्थिति लगभग एक प्रकार की ही होती है। इसी प्रकार प्रेम को भी एक अमूर्त आध्यात्मिक बाना पहनाया जा सकता है। जब लेखक शोध कर रहा था तो उसने सैकड़ों लोगों की महान उपलब्धियों का विश्लेषण किया था। तब उसने पाया कि लगभग हर एक महान उपलब्धि के

पीछे किसी न किसी महिला से प्रेम का अपना पूरा योगदान था। यह प्रेम का संवेग है जो मानव के हृदय और मस्तिष्क में एक चुम्बकीय आकर्षण पैदा करता है जिससे वातावरण में व्याप्त ईथर में बड़े महीन स्पन्दन पैदा-होते हैं।

यदि आप विश्वास की महत्ता की गवाही चाहते हैं तो उन व्यक्तियों की उपलब्धियों में झांक कर देखें जिनको आत्मविश्वास से बहुत कुछ प्राप्त हुआ है। इस संदर्भ में सबसे पहला नाम दी नजरीन का आता है। ईसाईयत एक मात्र ऐसी शक्ति है जो सर्वाधिक मनुष्यों को प्रभावित करती है। और इस ईसाईयत का मूल आधार ही विश्वास है। उसकी चाहे कितनी कुत्सित व्याख्याएं की गई हों और कितनी रूढ़िवादिता या दृढ़वादिता से इस शक्ति को जोड़ा गया हो, उसका मूल आधार विश्वास या भरोसा ही है।

क्राइस्ट के करिश्मे जिन्हें 'चमत्कार' की संज्ञा दी जाती है वह वस्तुत: विश्वास की ही घटनाएं थीं। वस्तुत: यह करिश्मे जहाँ कहीं भी घटित होते हैं उनका आधार विश्वास ही होता है। सच तो यह है कि ईसाईयत के धर्म-धुरंधर इस सत्य से कभी परिचित ही नहीं हुए।

अब हम उस आदमी का जिक्र करना चाहेंगे जिसने आधुनिक सभ्यता को सर्वाधिक प्रभावित किया है- यानी भारत का महात्मा गांधी। इस कमजोर से लगने वाले इन्सान के पास न तो पारंपरिक अर्थ में कोई शक्ति थी- यथा, धन, सेना या कोई बड़ा भौतिक खजाना, न कोई ढंग का कपड़ा, न कोई आलीशान निवास। परन्तु उसके पास थी शक्ति वह भी अकूत! उसके पास इतनी शक्ति कैसे आई?

उसने विश्वास के सिद्धान्त को समझा; इसकी शक्ति को जाना जिसको एक गहरी निष्ठा बनाकर अपने देशवासियों के मन में उतार दिया।

गांधी ने सिर्फ अपने विश्वास के दम पर ही उस समय की सर्वाधिक शक्तिशाली राजनैतिक सत्ता को पराजित कर दिया था। यह उसके विश्वास का परिणाम था। बीस करोड़ लोग एक प्राण-एक शरीर के समान उसकी आज्ञा का अनुसरण करते थे।

विश्वास के अलावा और कौन सी ऐसी शक्ति है इस दुनिया में जो ऐसा चमत्कार दिखा सके?

गांधी ने यह चमत्कार विश्वास के सिद्धान्त को आत्मसात् करके किया था!

ऐसा दिन अवश्य आएगा इस धरती पर जब दोनों मालिक और नौकर इस चमत्कारिक शक्ति को पहचान लेंगे। और वही दिन एक नई सभ्यता के उन्मेष का दिन होगा। अभी हाल की मन्दी में विश्व के सामने यह स्पष्ट हो गया है कि विश्वास की कमी व्यापार में भी कैसे कहर ढा सकती है। निश्चित ही इस सभ्यता में ऐसे बुद्धिमान होंगे जो पहचान सकें कि विश्वास की कमी कैसे-कैसे भय पैदा कर सकती है। वे गांधी की तरह व्यापार और उद्योग में इस शक्ति को लगाएंगे और चमत्कार पैदा करेंगे। अभी के यह अनजान लोग स्टील प्लान्टस, कोल या ट्रेन्स तथा सवारी निर्माण के क्षेत्र में एक युगान्तकारी परिवर्तन उपस्थित कर सकेंगे।

व्यापार में सुधार की महती आवश्यकता है। इसमें शक्ति और भय के तत्वों में विश्वास का जब पूरा सहयोग मिलेगा तो लोगों को अच्छा काम अच्छा वेतन और मुनाफा भी प्राप्त होगा।

आज के मशीनी युग ने मानव क्रिया कलाप की आत्मशक्ति का लोप कर दिया है। आज के नेता मशीन के पुर्जे समझते हैं। आने वाले युग में मानक सुख और संतोष का बोलबाला होगा, न कि सिर्फ मुनाफे और मशीनी सहूलियतें। इस संदर्भ में विगत की एक घटना का विश्लेषण लाभकारी सिद्ध होगा।

यह घटना सन् 1900 की है जब यूनाइटेड स्टील कॉरपोरेशन स्थापित किया जा रहा था। उसका इतिहास पढ़ते समय दिमाग में उन मूल तथ्यों को रखना जिससे स्पष्ट होगा कि किस प्रकार विचार किस्मत बना देते हैं।

सबसे पहले इस यूनाइटेड स्टील कॉरपोरेशन स्थापित करने का विचार चार्ल्स एम. श्वाब के दिमाग में आया था। यह विचार उनकी कल्पना से उत्पन्न हुआ था। द्वितीय चरण में जब इस विचार में विश्वास का समावेश हो गया तब उसने तृतीय चरण में एक योजना बनाई जिससे अपनी इस विश्वास मिश्रित कल्पना को एक मूर्त स्वर प्रदान कर सके। चौथा चरण तब आया जब उसने अपने इस प्लान या योजना को अपनी प्रसिद्ध यूनिवर्सिटी तकदीर के द्वारा जनता के सामने रखा। पंचम चरण में उसने अपनी योजना को लगन के साथ जोड़ा और निर्णय लिया कि इसे कार्यान्वित किया जाएगा। छठवाँ चरण था उसके द्वारा अपनी ज्वलन्त इच्छा को पूर्ण करने के लिए एक राह का खोजना।

यदि आप जानना चाहते हैं कि कैसे धन के अम्बार लगाए जा सकते हैं तो यूनाइटेड स्टेट्स कॉरपोरेशन की यह कहानी आपको एक नया बोध देगी और समझा देगी कि कैसे **सोचो और अमीर बनो** की प्रक्रिया कारगर होती है। अभी तक यदि आपके दिमाग में कोई संशय होंगे तो वह भी दूर हो जाएंगे। इस गौरवगाथा में इस पुस्तक में वर्णित तेरह सिद्धान्तों का पूरा समावेश है। यह कथा बड़े ड्रामाई अंदाज में जॉन लोवैल ने 'न्यूयॉर्क वर्ल्ड टेलीग्राम' में प्रकाशित की थी जिसे उनके सौजन्य से दुबारा छापा जा रहा है।

भोजोपरान्त दिया जाने वाला एक अरब डॉलर मूल्य का भाषण- ''जब 12 दिसम्बर, 1900 की एक शाम को देश के अस्सी चोटी के सम्मानित वाणिज्यिक व्यक्तित्व के सामने यूनिवर्सिटी क्लब, फिफ्थ एवेन्यू, के दावत हाल में सभी महानुभाव पश्चिमी प्रदेश से आए एक युवा का सम्मान करने के लिए इकट्ठे हुए तो शायद उन्हें मालूम नहीं था कि वे अमेरिकी औद्योगिक इतिहास की एक सर्वाधिक महत्वपूर्ण घटना के गवाह बनने जा रहे हैं।''

''जे. एडवर्ड सिमन्स और चार्ल्स स्टेबर्ट स्मिथ ने अपनी पिट्सबर्ग की यात्रा के द्वारा चार्ल्स श्वाब द्वारा की गई खातिर-तवज्जो से कृतज्ञ होकर इस भोज की व्यवस्था की थी जिसके द्वारा वे इस अड़तीस वर्षीय स्टील मैन का पूर्वी बैकिंग सोसाइटी से परिचय कराना चाहते थे। लेकिन उन्हें नहीं मालूम था कि इस समारोह में इतनी भीड़ उमड़ पड़ेगी। तब चेतावनी देते हुए बताया गया कि न्यूयार्क का अभिजात वर्ग भाषण का ज्यादा कायल नहीं है और भाषण का समय पंद्रह से बीस मिनट से ज्यादा नहीं होना चाहिए। चार्ल्स श्वाब के निकट बैठे जॉन पियरपान्ट मोलन भी वहाँ ज्यादा देर रुकने के विचार से नहीं आए थे। जहाँ तक प्रैस और लोगों का प्रश्न है तो उनका दूसरे दिन के अखबारों में कोई जिक्र भी नहीं आया था।''

''तो दोनों मेजबान और मेहमानों ने अपनी सात-आठ बैठक कीं। उन लोगों की आपस में ज्यादा बातचीत भी नहीं हुई। कुछ ब्रोकरों और शेयर दलालों से भी श्वाब का परिचय कराया गया- उनमें भी आपस में ज्यादा बातचीत नहीं हुई। लेकिन वह शाम खत्म होते-होते वे दोनों और मनी मास्टर मोरगन- अभिभूत हो गए थे क्योंकि तभी यूनाईटेड स्टेट्स स्टील कॉरपोरेशन स्थापित करने के विचार का जन्म हुआ था।

''दुर्भाग्यवश चार्ल्स श्वान के उस भोजनोपरान्त भाषण का कोई रिकार्ड नहीं रखा गया। यद्यपि शिकागो में बेंकरों के साथ मुलाकात में इस भाषण के कुछ हिस्से ही दुहराए गए थे, पूरी स्पीच नहीं रखी गई। चार्ल्स श्वाब ने तब भी इसके कुछ हवाले दिए थे जबकि (अमेरिकी) सरकार ने स्टील ट्रस्ट को भंग किया था। पर चार्ल्स श्वाब की वहाँ दी गई गवाही ने मोरगन की आर्थिक गतिविधियों में बेहद सुधार किए जाने के लिए मजबूर कर दिया था।

''हो सकता है वह एक 'धाराप्रवाह' भाषण हो जिसमें व्याकरण की अशुद्धियां भी हों (चार्ल्स श्वाब की भाषा तब ज्यादा शुद्ध नहीं थी) परन्तु वह व्यंग्य और चुटीली उक्तियों से परिपूर्ण था। उस भाषण से ही लोगों पर ऐसा प्रभाव पड़ा कि वहाँ उपस्थित लोग लगभग पांच अरब डॉलरों की पूंजी लगाने को राजी हो गए। वैसे तो समय बढ़ ही रहा था जब वह भाषण खत्म हुआ- यद्यपि चार्ल्स श्वाब तो 90 मिनट तक बोला उस पर बहसें घंटों चलती रहीं।

''चार्ज श्वाब के करिश्माई व्यक्तित्व का जादू वहां सर चढ़ कर बोल रहा था। लेकिन इससे भी ज्यादा प्रभावशाली था उसके द्वारा दिया गया स्पष्ट कार्यक्रम, स्टील उद्योग के अपरिमित विस्तार के लिए। यद्यपि पहले भी कई लोगों ने मोरगन को अन्य उद्योगों की तरह स्टील उद्योग के विस्तार की राहें सुझाई थीं परन्तु उसने उन्हें अस्वीकार कर दिया। यह तो श्वाब का ही भाषण था जिसने मोरगन को उस ऊंचाई तक पहुँचा दिया था जहाँ से वह उसके दुस्साहसी कार्यक्रम और योजना के ठोस परिणाम को देख सकता था।

''असल में वह वाणिज्यिक चुम्बकीय बल एक पीढ़ी पहले ही शुरू हो चुका था। कई छोटी-बड़ी स्टील कम्पनियां बनाई जा चुकी थीं। उस हँसमुख व्यापारी जॉन डब्लू गेट्स ने भी अमेरिकन स्टील एण्ड वायर कम्पनी बनाई थी तथा मोरगन के साथ एक फेडरल स्टील कम्पनी भी बनाई थी। उधर ऐंड्रूज कार्नेगी का भी एक ऐसा ही संस्थान था।

जब भाषण खत्म हुआ तो मोर्गन ने एक हफ्ते तक इस योजना पर विचार किया। फिर उसने श्वाब से पूछा, ''क्या तुम ऐंड्रूज कार्नेगी को राजी कर सकोगे?''

"मैं कोशिश कर सकता हूँ", श्वाब का उत्तर था।

"यदि वह अपना संस्थान बेच सके तो मैं इस योजना को अपने हाथ में ले लूँगा।"

"यहाँ तक तो सब ठीक-ठाक रहा। पर क्या कार्नेगी बेचेगा? उसे कितनी रकम चाहिए होगी? [श्वाब का विचार था 32 करोड़ डॉलर] फिर, वह भुगतान किस रूप में चाहेगा? कुछ प्रसिद्ध शेयरों के रूप में या बाण्डों के रूप में या नकद? नकद तो शायद नहीं क्योंकि इतनी बड़ी रकम कोई कैश तो लेगा नहीं।

"उसी साल जनवरी में वेस्ट चैस्टर में कार्नेगी भरी ठण्ड में जब गोल्फ खेलने गया तो श्वाब भी वही पहुँच गया और अपनी पूरी योजना व उसके प्रतिफल बता दिए जिसमें शामिल थे कार्नेगी के रिटायरमेन्ट के पश्चात चैन का जीवन, भत्ते इत्यादि। अन्ततः कार्नेगी ने एक कागज के टुकड़े पर रकम लिखकर श्वाब को दे दी। श्वाब ने उसको देखा और कहा:"यह रकम मुझे स्वीकार है।"

"वह रकम थी लगभग 40 करोड़ डॉलर। 32 करोड़ डॉलर तो चार्ल्स ने सोचे ही थे, उसमें 80 करोड़ पिछले दो साल की बढ़ी हुई पूंजी की रकम शामिल थी!"

बहुत बाद में जब एक आरामदेह जहाज में कार्नेगी और मोरगन जा रहे थे तो कार्नेगी ने कहा: "काश मैंने तब एक अरब डॉलर की मांग की होती।" मोरगन का उत्तर था- "तुम यह रकम मांगते तो तुम्हें आराम से प्राप्त भी हो जाती।"

आखिरकार श्वाब को अपनी मेहनत का पुरस्कार मिल गया। उसे नए कॉरपोरेशन का अध्यक्ष बनाया गया। वह उस पद पर 1930 तक रहा था। इस बात की चर्चा इस पुस्तक में इसलिए की गई है क्योंकि यह **उदाहरण बताता है कि कैसे मात्र एक इच्छा अपने भौतिक रूप में परिवर्तित की जा सकती है।** मैं जानता हूँ कि कुछ लोगों के मन में अभी भी संशय होगा। उनमें से कुछ लोग निश्चिंत रूप से सोच रहे होंगे, "कुछ से कुछ कैसे बनाया जा सकता है!' इसी का उत्तर है 'दी यूनाईटेड स्टेट्स स्टील' की स्थापना।"

यह विराट संस्थान एक विचार के रूप में एक आदमी के मन में उपजा था। इससे सम्बन्धित योजना भी उसी व्यक्ति के दिमाग में उभरी थी। वस्तुतः उसकी इच्छा,

कल्पना, उसके विश्वास से मिलकर एक लगन लगी और यह विशाल संस्थान अस्तित्व में आया।

दूसरे शब्दों में यह भी कहा जा सकता है कि यह विचार लगभग 60 करोड़ डॉलरों के मूल्य का सिद्ध हुआ। एक विचार की इतनी कीमत काफी है। परन्तु इस विचार के पीछे या एक दृढ़-विश्वास, पूरी लगन, कल्पना और उसको मूर्तिमान करने की त्रुटि रहित योजना। इस योजना और पूरी विकास प्रक्रिया का उससे बेहतर और क्या उदाहरण हो सकता है कि 'दी यूनाईटेड स्टेट्स स्टील कॉरपोरेशन' न सिर्फ स्थापित किया गया वरन् अमेरिका का एक सर्वाधिक धनी निगम बन गया जिसमें नए प्रकार का इस्पात और नई मार्केटिंग विधियाँ उपजीं। आज तक इस संस्थान की सफलता के चर्चे होते रहते हैं।

तो स्पष्ट है कि धन-सम्पदा का प्रथम चरण है उसके बारे में- अर्थात् प्राप्त करने के लिए! स्पष्ट विचार। इसके लिए जरूरी रकम की सीमा तो इसको सोचने वाले दिमाग- की अपनी सीमा ही होगी। लेकिन जब इस विचार को विश्वास का सहारा मिल जाता है तो सीमाओं का बन्धन तिरोहित भी होने लगता है। उसको स्मरण रखना जब आप जीवन से स्वयं ऐसा ही कर गुजरने की रकम का प्रतिफल चाहें। यह भी याद रखें कि वह व्यक्ति जिसने विराट कम्पनी 'यूनाईटेड स्टेट्स स्टील कारपोरेशन' स्थापित की, अपने समय का लगभग एक अनजान युवक ही था। सच कहूँ तो वह एण्ड्रूज कार्नेगी का 'मैन फ्राई डे' मात्र ही था। लेकिन ऐसा वह तब तक ही था जब तक उसके मन में यह विचार नहीं पैदा हुआ था। परन्तु जैसे ही यह विचार आया और उसने अपनी लगन विश्वास और कल्पना से कार्यान्वयन करना प्रारंभ किया कि वह एक प्रसिद्ध, शक्तिमान और बेहद धनी आदमी बन गया।

सिवाय उस दिमाग के वो समझते हैं कि गरीबी और अमीरी विचार की संतानें हैं, दिमाग की कोई सीमा नहीं होती।

...

अमीर बनने की ओर
उठाएं तीसरा कदम

4

तीसरा कदमः अमीरी की ओर अवचेतन मन से प्रेरणा

अवचेतन मस्तिष्क को प्रभावित करने का एक माध्यम

स्वतः-प्रेरणा या स्वागत-प्रेरणा शब्द उन सभी संवेगों का परिचायक है जिससे वे अपने आप मस्तिष्क तक पहुँचते हैं। उनका माध्यम होता है हमारी पाँच इन्द्रियाँ। यानी स्वतः प्रेरणा आत्मप्रेरणा भी कही जा सकती है। यह संवेग उस चेतन मस्तिष्क, जिसमें विचार पैदा होता है, से अवचेतन मस्तिष्क के बीच में सम्पर्क एक स्वचालित प्रक्रिया द्वारा जोड़ता है।

यदि आपके दिमाग में कोई विचार बेहद प्रभावी ढंग से कायम रहता है (इसके ऋणात्मक या धनात्मक होने से कोई फर्क नहीं पड़ता) तो स्वतः ही उसका संवेग अवचेतन पर प्रभाव डालने लगता है।

लेकिन कोई भी विचार- चाहे ऋणात्मक हो या धनात्मक बिना स्वतः प्रेरणा के अवचेतन में प्रवेश नहीं कर सकता- सिवाय उन विचारों के जो हमारे दिमाग में सीधे ईश्वर (ब्राह्मण्ड) से आते हैं। दूसरे शब्दों में इन्द्रियों द्वारा प्राप्त संवेग अवचेतन मस्तिष्क में चेतन मस्तिष्क के जरिए ही पहुँचते हैं जिन्हें चेतन मस्तिष्क स्वीकार या अस्वीकार- दोनों, कर सकता है। इस प्रकार चेतन मस्तिष्क अवचेतन के द्वार का एक पहरेदार सदृश्य है।

प्रकृति ने मनुष्य को ऐसा बनाया है कि उसके अवचेतन तक पहुँचने वाले हर पदार्थ पर मानव का पूर्ण नियंत्रण रहता है। लेकिन उसका यह अर्थ नहीं कि हर प्रकार के संवेगों पर मानव का पूरा नियंत्रण रहता है- बल्कि सत्य तो यह है कि ज्यादातर मामलों में यह नियंत्रण होता ही नहीं।

अवचेतन तो आपके घर की ऐसी क्यारी है जिसमें यदि उपयोगी फसलों के बीज नहीं डाले गए तो खरपतवार अपने आप पैदा होती रहेगी। स्वतः प्रेरणा वह एजेन्ट है जो यह सुनिश्चित करता है कि उसके कौन सी फसल के बीज पहुँचे जिससे यह बगीचा समृद्ध हो।'

इच्छा वाले अध्याय में पिछले पृष्ठों पर आपको छह कदम लिखवाए गए थे जिन्हें आपको दो बार रोज पढ़ना है। उसी भाग में यह भी कहा गया था कि यदि आपको धन प्राप्ति की इच्छा है तो आपको ऐसा समझना और महसूस करना चाहिए कि आपकी यह इच्छा मानों पूर्ण हो भी चुकी है। ऐसा करना इसलिए जरूरी है क्योंकि इसके जरिए अपनी इच्छा का फल आपके अवचेतन में कायम होकर एक प्रकार के विश्वास को जन्म देगा। उसी को यदि बार-बार दुहराएंगे तो वह विश्वास को दृढ़तर कर देगा।

अच्छा हो कि आगे बढ़ने के पूर्व आप उन्हीं कदमों वाला अध्याय फिर से दुहरा लें। फिर जब आप अगले अध्याय पर पहुँचे तो उसके चार निर्देश पढ़िए जो आपके 'मास्टर माइन्ड' ग्रुप को व्यवस्थित करने को दिए गए हैं। उन दोनों अध्यायों के निर्देशों की आपसी तुलना आपको स्पष्ट कर देगी कि इन निर्देशों के औचित्य का आधार स्वतः प्रेरणा सिद्धान्त ही है।

लेकिन यह भी स्मरण रखिए कि सिर्फ जोर-जोर से पढ़ने से ही कोई लाभ नहीं होगा यदि एमिल कोऊ का प्रसिद्ध सूत्र : "रोज रोज, हर समय हर तरह से मैं बेहतर से बेहतर हो रहा हूँ" बिल्कुल भी प्रभावी नहीं होगा यदि उसके पीछे आपका भाव और विश्वास न हो। जब भावना और विश्वास शब्दों का पूरा जोर मन को मिलता है तब ही अवचेतन पर उनका प्रभाव पड़ता है।

यह सत्य उतना ही आवश्यक है कि शायद हर अध्याय में इस पर जोर देने की जरूरत है क्योंकि उनकी कम समझ ज्यादातर लोगों की असफलता का कारण बनती

है- वे इस सिद्धान्त को ठीक प्रकार से लागू नहीं कर पाते। स्वतः प्रेरणा का यह सिद्धान्त सही प्रकार से समझ लेना चाहिए। यदि आप तोते की भांति अपने शब्दों या शपथ या निर्णय को दुहराते रहेंगे तो अवचेतन पर कतई प्रभाव नहीं पड़ेगा। उन्हीं शब्दों या शपथ का प्रभाव पड़ता है जो पूरी निष्ठा और विश्वास के साथ दुहराए जाते हैं।

यदि पहली बार में ऐसा न हो तो उदास या निराश होने की कोई जरूरत नहीं है। याद रखिये नहीं से कुछ निकालना काफी मुश्किल और असंभव काम है। अपने अवचेतन तक पहुंचने के लिए आपको कोई कीमत तो चुकानी ही पड़ेगी। आप अपने आप को धोखा नहीं दे सकते। इसके लिए निरंतर लगन का होना परम आवश्यक है। यह आपको ही तय करना है कि ऐसा करने के लिए जो कीमत चाहिए वह आप देने को तैयार हैं तभी आपकी इच्छा- धन प्राप्ति का- मूर्त रूप ग्रहण कर सकती है।

कुछ दृष्टान्तों को छोड़ दें तो सिर्फ बुद्धिमता और चतुराई से ही धन प्राप्ति संभव नहीं होती। कुछ दृष्टान्तों में औसत का नियम लागू हो सकता है पर उन्हें अपवाद ही समझना चाहिए। दूसरे, यह स्वतः प्रेरणा का सिद्धान्त सार्वजनिक उपयोगिता का हामी है- अर्थात् जो भी इसे निभा पाएगा वह उससे निश्चित ही लाभान्वित होगा। जहाँ कहीं भी यह कारगर सिद्ध नहीं होता है तो वह उस सिद्धान्त की नहीं, उस व्यक्ति की अक्षमता बताता है।

इस सिद्धान्त को सफलतापूर्वक लागू करने में आपकी एकाग्रता का बहुत योगदान होता है। आपको एक ही इच्छा पर लगातार एकाग्रता स्थापित करनी पड़ेगी- तब तक, जब तक कि यह स्वयं एक जुनून बनकर आपके ऊपर न हावी हो जाए। उसके सफलतापूर्वक लागू करने का एक उदाहरण सामने रखता हूँ। जब पहले बताए गए कदमों में प्रथम आप उठाते हैं तो निर्देश है : ''अपने दिमाग को एक निश्चित रकम की कामना पर एकाग्र कीजिए।'' आपको अपनी आँखें बन्द कर मानसिक रूप से यह रकम स्पष्ट दिखाई पड़नी चाहिए- अर्थात् इतनी एकाग्रता हो कि आप सारे अंक और शून्य अपनी मानसिक आँखों के द्वारा देख सकें। ऐसा कम से कम एक बार तो दिन में जरूर कीजिए। इसको रोज करें और 'विश्वास' के अध्याय में दिए गए निर्देशों का पूर्ण पालन करें। महसूस करें कि वाकई में आपके हाथ में वह रकम, जो आपने चाही थी, आ गई है।

अवचेतन मस्तिष्क आदेशों का तब ही पालन करेगा जब उनके पीछे पक्के विश्वास की भावना होगी। ऐसे आदेश जब भावनापूर्वक लगातार दिए जाएंगे तब ही उनका प्रवेश अवचेतन की सीमा में हो पाएगा। जब अवचेतन उसको ग्रहण कर लेगा तो स्वत: ही वह आपको उस इच्छा को पूर्ण करने के लिए योजनाएं सुझाने लगेगा- वह योजनाएं व्यावहारिक होंगी, कोई कपोलकल्पित नहीं!

तब, अब योजनाएँ आपके दिमाग में उभरने लगेंगी, तो अपनी कल्पना के घोड़ों को उन्मुक्त छोड़िए और देखिए कि आपकी कल्पना कैसे उन योजनाओं के कार्यान्वयन की तरकीब सोचती है किसी खास योजना की प्रतीक्षा मत कीजिए- कि आप क्या-क्या देकर इस धन प्राप्ति की इच्छा को फलीभूत होते देख सकते है। बल्कि, यही सोचिए कि मानो मनचाही रकम आपकी झोली में आ गई है। इस बीच में आपका अवचेतन आपको योजनाएं बताता रहेगा। जागरूक होकर इन योजनाओं का कार्यान्वयन प्रारंभ कर दीजिए। आप देखेंगे कि आपका अवचेतन आपके पास प्रेरणा का एक 'टेलीग्राम' भेज रहा है। यह प्रेरणा का स्रोत अनन्त मेधा से भी प्राप्त हो सकता है। उसको ग्रहण कीजिए- पूरी एकाग्रता के साथ- नहीं तो आप इच्छापूर्ति में असफल ही रहेंगे।

'विश्वास' के अध्याय के लिए चतुर्थ और षष्ठ कदमों में निर्देश दिए गए हैं कि "अपनी इच्छा पूर्ति के लिए निश्चित योजनाएं बनाइए और उन पर तुरन्त काम करना भी प्रारंभ कर दीजिए। इस प्रक्रिया में आप अपनी तर्क बुद्धि को दूर ही रखें। इसकी ऋणात्मक दृष्टि आपको पहले से ही हतोत्साहित करने लगेगी।"

जब आपको मानसिक आँखों में (मन) यही रकम सामने दिखाई पड़ने लगे तो कल्पना में ही वह सब देने या कुर्बान करना प्रारंभ कीजिए (मानसिक रूप से) जो आप इस रकम को पाने के लिए करना चाहते हैं। यह बहुत जरूरी है।

निर्देशों का सारांश

आपका इस पुस्तक को पढ़ना ही इस बात का द्योतक है कि आपको यह ज्ञान चाहिए ही। यह भी जाहिर होता है कि आप इस विषय के शिक्षार्थी हैं। इसलिए पूरी निष्ठा से नीचे दिए गए निर्देशों को समझें और उनका पालन करें। उसमें अपने तर्क-से

काट-छाँट न करें। जैसा कहा जा रहा है वैसा ही अक्षरशः पूरा करें। पूरी निष्ठा और विश्वास ही उनकी सफलता का आधार हो सकता है।

द्वितीय अध्याय में दिए गए छह कदमों का उसके भाग में सारांश दिया जा रहा है- उनको इस अध्याय में दिए गए सिद्धान्तों के साथ जोड़कर देखा जा रहा है।

प्रथमः किसी एकान्त स्थल पर जाएं [रात को अपने बिस्तर पर जाना ठीक रहेगा] जहाँ आपकी कोई शांति भंग न कर सके। अब अपनी आँखें बन्द कर जोर से बोलते हुए दुहराएं। [जोर से बोलते हुए इसलिए कि इस प्रकार आप अपनी आवाज स्पष्ट सुन सकेंगे।] इसमें आप अपनी मनचाही रकम, उसको प्राप्त करने की समय सीमा, क्या कुछ आप कुर्बान करने को तैयार हैं- इस इच्छा की पूर्ति हित का स्पष्ट उल्लेख सस्वर कीजिए। जब आप ऐसा करें तो मानसिक आँखों से इस रकम को अपनी झोली में देखें।

उदाहरणार्थ मान लीजिए अगली प्रथम जनवरी तक आप पाँच लाख रुपए (साल भर में यह रकम पानी है) प्राप्त करना चाहते हैं और उसके लिए आप सेल्समैन की सेवा देने को तैयार हैं। तो आपका लिखित वक्तव्य या शपथ होगी- ''अगले वर्ष 1 जनवरी तक मैं 5,00,000 रु. पा लूँगा जो मेरे पास विभिन्न रास्तों से आएगा उसके बदले में मैं अपनी सर्वोत्तम योग्यता के अनुसार एक सेल्समैन बनने को तैयार हूँ। या इसके बदले में आप जो कुछ भी अपनी प्रिय वस्तु कुर्बान करना चाहें उसका उल्लेख कीजिए।''

''मुझे पूर्ण विश्वास है कि तब तक यह रकम मेरे पास होगी। मेरा विश्वास उतना अधिक और पक्का है कि उस रकम को मैं अभी भी अपने पास देख रहा हूँ- उसे मैं अपने हाथों से छू सकता हूँ। मुझे अब बेसब्री से उसके सत्य होने का इंतजार है। उसके लिए मुझे जो कुछ भी न्यौछावर करना है उसके लिए मैं तत्पर हूँ। मुझे सिर्फ उस योजना का इंतजार है जिसके द्वारा यह इच्छा भौतिक रूप में पूर्ण होकर मेरे सामने आएगी।''

द्वितीयः इस कार्यक्रम को रोज रात को और सुबह को दुहराइए जब तक कि कल्पना की आँखों से आप इसे अपने निकट न देख लें।

तृतीयः इस लिखित-पत्र (शपथ-पत्र) की एक प्रतिलिपि उस जगह रख दें जहाँ आप उसे चुपचाप सुबह-शाम पढ़ सकें या रात को सोने से पूर्व और सुबह जागने के तुरंत बाद देख सकें।

यह निर्देश वस्तुतः आपके अवचेतन के लिए है जिसके जरिए आप स्वतः प्रेरणा प्राप्त कर सकें। लेकिन याद रखें, उनको दुहराते हुए आप पूरी भावना के साथ उनको उच्चारित करेंगे। इसमें विश्वास पर सारा दारोमदार है। विश्वास एक बहुत शक्तिशाली भाव है। 'विश्वास' के अध्याय में दिए गए निर्देशों को दुबारा पढ़ लें।

बेशक, शुरू में यह निर्देश बिल्कुल हवाई लगेंगे। लेकिन इससे आपको परेशान होने की कोई जरूरत नहीं। आप यह निर्देश दुहराते रहें चाहे वह कितना भी अमूर्त या सारहीन लगे। शीघ्र ही एक समय ऐसा आएगा जब उन्हीं के जरिए आपके पास एक शक्ति का पूरा संसार उपलब्ध हो जाएगा।

शंकालु होना आदमी की एक स्वाभाविक आदत है- खास तौर पर नए विचारों के संदर्भ में। लेकिन यदि आप निर्देशों का पूरी निष्ठा से पालन करते रहे तो यह शंका स्वयं ही गायब हो जाएगी और इसकी जगह एक **अटूट विश्वास** तन कर खड़ा हो जाएगा। तब आप गर्व से कह सकेंगे, ''मैं अपने भाग्य का स्वयं विधाता हूँ। मैं अपनी आत्मा का कप्तान हूं।''

कई दार्शनिकों ने भी ऐसा कहा है कि मनुष्य स्वयं अपने भाग्य का विधाता है परन्तु उनमें से यह बहुत कम समझ पाए हैं कि मनुष्य अपने भाग्य का विधाता क्यों है? मानव अपने पृथ्वी-वास में कैसे अपनी स्थिति-खास तौर पर आर्थिक स्थिति का निर्णायक हो सकता है, यही इस अध्याय में विविधता से समझाया गया है। इसका मूल कारण है कि मात्र मनुष्य ही ऐसा जीव है जो अपनी करनी से अपने अवचेतन पर प्रभाव डाल सकता है और इसके जरिए उस अनन्त मेधा से संपर्क स्थापित कर सकता है।

इस अध्याय में इस दर्शन के सिद्धान्त मूलभूत रूप में समझाए गए हैं। यदि इसके दिए गए नियम पूरी स्पष्टता से आप समझ लेंगे तथा पूरी लगन के साथ उन्हें लागू करेंगे तो अपनी आर्थिक इच्छा को धन के रूप में फलीभूत होते हुए देख सकते हैं।

इस प्रक्रिया में स्वतः प्रेरणा का सर्वाधिक महत्त्व है। यदि आपकी कोई इच्छा अवचेतन का वेधन कर अन्दर पहुँच सके तो स्वयं आपका अवचेतन उसकी पूर्ति के साधन पैदा कर देगा। बाकी सिद्धान्त तो इस स्वतः प्रेरणा को जागृत करने के साधन ही हैं। इस मूल तथ्य को विचार में रखते हुए इसमें दिए हुए निर्देशों का पूरी तरह पालन करें और अपनी इच्छा को सोना बरसाते हुए देखें।

उन निर्देशों को इस तरह याद करें मानो आप कोई बच्चा हैं और पहला पाठ पढ़ रहे हैं। अपने प्रयासों में विश्वास का समावेश करें। लेखक पूरी तरह सचेत था कि अव्यावहारिक सिद्धान्त इस पुस्तक में शामिल न किए जाएं चूंकि वह पाठकों के लिए ईमानदारी से मददगार होना चाहता है।

जब आप इस पुस्तक को पूरा पढ़ लें तो इस अध्याय का पुनरावलोकन करें तथा पूरी भावना के साथ नीचे दिए गए निर्देश पढ़ें:

'इस अध्याय को रोज रात को खोलकर, कम से कम एक बार तो जरूर पढ़ें- तब तक ऐसा करें अब तक कि आपको विश्वास न हो जाए कि स्वतः-प्रेरणा का सिद्धान्त कारगर है कि इससे जो उपलब्धि होती बताई गई है वह होने लगी है। पढ़ते समय जो हिस्सा आपको ज्यादा प्रभावकारी लगे उसको पेंसिल से रेखांकित कर दें।''

इस निर्देश का अक्षरशः पालन करेंगे तो आपके सामने समझ का पूरा द्वार खुल जाएगा और सफलता के सिद्धान्त पर महारत भी हासिल हो जाएगी।

•••

अमीर बनने की ओर
उठाएं चौथा कदम

5

विशिष्ट ज्ञान

विशिष्ट ज्ञान, व्यक्तिगत अनुभव और अवलोकन

ज्ञान दो प्रकार का होता है : विशिष्ट और सामान्य। सामान्य चाहे कितना भी विविध और विशाल हो, धन-प्राप्ति के संदर्भ में उसका कोई ज्यादा महत्व नहीं है। वैसे महान विश्वविद्यालय उस ज्ञान के विधि संकाय चलाते हैं और सृष्टि के उन्मेष से आज तक जो भी ज्ञान उपलब्ध है वह इन विश्वविद्यालयों में पढ़ाया जाता है। लेकिन सत्य यह भी है कि ज्यादातर आचार्यगण नगण्य रूप में ही धनपति होते हैं। उन्हें ज्ञान देना तो आता है पर उसकी सही व्यवस्था कर स्वयं में धनाढ्य बनना नहीं। शायद ज्ञान के विविध उपयोगों से वे वाकिफ भी नहीं है।

कोई ज्ञान धन को आकर्षित नहीं कर सकता जब तक वह सही रूप में व्यवस्थित, अक्लमन्दी से निर्देशित और स्पष्ट रूप से धन प्राप्ति की योजना के लिए कायदे से न ढाला जाए। इस सत्य की नासमझी लाखों लोगों को इस मुगालते में डाले रहती है कि 'ज्ञान ही शक्ति है। ऐसा कुछ नहीं है। ज्ञान तो मात्र संभावित शक्ति ही हो सकता है। यह पूरी तरह शक्ति का रूप तब ही लेता है जब उसे सही प्रकार व्यवस्थित कर योजनाबद्ध तरीके से उसको उपयोग में लाया जाए।

हमारी मानवीय शिक्षा को ज्ञान समझा, ज्ञान की यही गुमशुदा कड़ी है। शैक्षणिक संस्थान ज्ञान तो देते हैं पर यह नहीं बताते कि कैसे **इसे फायदे से व्यवस्थित कर उपयोगी बनाया जाए।**

कई लोग यह समझने की गलती करते हैं कि चूंकि हेनरी फोर्ड की ज्यादा स्कूली शिक्षा नहीं हो पाई थी वह कोई 'पढ़ा-लिखा' इन्सान नहीं था। ऐसे लोग न तो हेनरी फोर्ड को ही ठीक समझ पाए हैं न यही जानते हैं कि वास्तव में शिक्षा या 'एजुकेशन' का अर्थ क्या है। यह शब्द 'एजुकेशन' धातु 'क्यूको' से बना है जिसका मूल अर्थ है: ''बाहर निकालना, स्पष्ट करना, विकसित करना या बाहर निकाल कर विकसित करना। एक शिक्षित व्यक्ति का यह अर्थ नहीं कि उसके पास हर तरह का विशिष्ट और सामान्य ज्ञान है। इसका वास्तविक अर्थ है कि शिक्षित व्यक्ति ने अपने मस्तिष्क के संकायों (फैक्ल्टीज) को पूरी तरह विकसित कर लिया है और उसे बिना दूसरों को परेशान किए अपना प्राप्य प्राप्त करना आता है। यह परिभाषा हेनरी फोर्ड पर पूरी तरह लागू होती है।''

विश्वयुद्ध के दौरान शिकागो के एक अखबार ने कुछ संपादकीय लेख लिखे जिसमें से एक में हेनरी फोर्ड को एक 'अज्ञानी संतुष्टिकर्ता' बताया गया था। मि. फोर्ड ने इस पर ऐतराज किया और अखबार के खिलाफ मानहानि का मुकदमा चला दिया। मुकदमे के दौरान अखबार के वकील ने मि. फोर्ड को कटघरे में इसलिए खड़ा किया कि वह उसे अज्ञानी सिद्ध करना चाह रहा था। उसने फोर्ड से कई सवाल पूछे जिनका उद्देश्य जज के सामने यह सिद्ध करना था कि चाहे मि. फोर्ड को कार बनाने की सारी कलाएं आती हों और विशिष्ट रूप से ज्ञानवान हो पर आमतौर पर वह एक अज्ञानी ही है।

कुछ सवाल जो मि. फोर्ड से पूछे गए, उनकी सामग्री नीचे दिखाई गई है :

''बेनडिक्ट आर्नाल्ड कौन था?''

''सन् 1776 की क्रांति को दबाने के लिए ब्रिटिश शासन ने कितने सिपाही अमेरिका भेजे थे?''

इस प्रश्न के उत्तर में मिं फोर्ड ने कहा, ''सही संख्या तो मुझे नहीं मालूम पर यह ज्ञात है कि एक बड़ा दल भेजा गया था जिसमें से बहुत कम वापस आए थे!'

अंतत: फोर्ड ने सवालों से तंग आकर कहा: ''मैं क्यों उन सवालों का उत्तर दूँ। मेरे पास आदमी हैं जो हर प्रश्न का उत्तर दे सकते हैं। मैं फालतू के उस सामान्य ज्ञान

से अपना दिमाग क्यों भर लूं, वह भी उस ज्ञान के बदले जिसके जरिए मैं लाखों कमा रहा हूँ तथा अपना व देश का फायदा कर रहा हूँ।''

वाकई में उस खूँखार वकील को चुप कराने वाला यह एक बढ़िया जवाब था। कोर्टरूम में उपस्थित सभी लोगों ने माना कि फोर्ड का लक्षण एक अज्ञानी का नहीं वरन् पूरी तरह शिक्षित व्यक्ति का जवाब था। शिक्षित आदमी वह है जिसको ज्ञान है कि जरूरत के वक्त वह कहाँ से वांछित ज्ञान प्राप्त कर सकता है। अपने 'मास्टर माइन्ड' के जरिए फोर्ड को हर प्रश्न का अब उत्तर मिल सकता है तो वह अपना दिमाग सामान्य एवम् बहुत हद तक फालतू ज्ञान में क्यों खपाए? अपना विशिष्ट ज्ञान उसने उपयोग में रखा और अमेरिका का एक समय का सर्वाधिक धनाढ्य व्यक्ति बन गया। हर ज्ञान अपने मस्तिष्क में हमेशा भरने क्या लाभ? आपको यह मालूम होना चाहिए कि जरूरत के वक्त यह ज्ञान आपको कहाँ से या कैसे उपलब्ध हो सकता है।

आपको भी अपनी इच्छा को धन के मूर्त रूप में बदलने के लिए एक खास मूल्य चाहिए जो किसी सेवा या वस्तु के रूप में हो सकती है जिसे आप अपनी इच्छा पर कुर्बान करते हुए न हिचकेंगे। शायद आपको काफी विशिष्ट ज्ञान चाहिए क्योंकि आपकी अपनी बुद्धि और 'मास्टर माइन्ड' ग्रुप के बीच में काफी बड़ी खाई है।

एक बार एण्ड्रूज कार्नेगी ने मुझे बताया था कि वस्तुतः इस्पात-व्यापार के बारे में उसका तकनीकी ज्ञान बिलकुल नगण्य था। उसने यह भी कहा कि उसकी ज्यादा इस ज्ञान को प्राप्त करने की तबियत भी नहीं हुई। उसके लिए भी यह ज्ञान 'मास्टर माइन्ड' ग्रुप के रूप में उपलब्ध था। (अर्थात् जब 24 घंटे की एटीएम की सुविधा उपलब्ध है तो नोटों का मोटा बन्डल लिए हम क्यों घूमते रहें और जोखिम उठाएं]

मि. फोर्ड सिर्फ छठवें क्लास तक ही पढ़ पाया था। उनका उदाहरण उन हजारों कम पढ़े-लिखे लोगों का साहस बढ़ाएगा जो समझते हैं कि कम शिक्षा के कारण शायद वह कभी धनी नहीं बन पाएंगे। ऐसे लोगों को अपनी हीनता की भावना से उबर कर अपनी इच्छा-धनाढ्य होने की पूर्ति में जुट जाना चाहिए।

ज्ञान कैसे खरीदा जाए- एक फायदे का सौदा

पहले तय करें कि किस प्रकार का विशिष्ट ज्ञान आपको चाहिए और इस ज्ञान

प्राप्ति का मुख्य उद्देश्य क्या है। यदि आपको अपने जीवन का उद्देश्य ज्ञान है तो आपकी समझ में आ जाएगा कि उसको प्राप्त करने के लिए आपको कैसा ज्ञान चाहिए।

उसके बाद आपके पास पक्की सूचना होनी चाहिए कि यह ज्ञान किन स्त्रोतों से प्राप्त हो सकता है। कुछ महत्वपूर्ण स्त्रोत नीचे दिए गए हैं :

(क) अपना व्यक्तिगत अनुभव और शिक्षा

(ख) दूसरों के सहयोग में प्राप्त अनुभव और शिक्षा का ज्ञान

(ग) कॉलेजों एवम् विश्वविद्यालयों से

(घ) सार्वजनिक लाइब्रेरियों से (वहाँ उपलब्ध पत्र-पत्रिकाओं और पुस्तकों के माध्यम से

(ङ) विशिष्ट प्रशिक्षण कार्यक्रम (कोर्सेज) द्वारा रात्रि-विद्यालय एवम् ऐसे ही संस्थान द्वारा।

याद रखें कि यदि ज्ञान का कोई उपयोग नहीं किया जाए तो ज्ञान भी एक फालतू बोझ हो जाता है। इसीलिए सिर्फ डिग्रियों का अपने आपमें कोई महत्त्व नहीं। वे तो यह बताती है कि यह आदमी इतना कुछ जानता है। इस ज्ञान से जब तक कोई उपयोगी काम नहीं किया गया तो यह भी रखा-रखा बेकार हो जाता है। भारी से भारी तोप में अगर जंग लग जाए तो वह एक मच्छर भी नहीं मार सकती।

यदि आप विशिष्ट स्कूलों के माध्यम से कोई खास ज्ञान लेने की योजना बना रहे हैं तो पहले ये देखिए कि आपको इससे क्या लाभ मिल पाएगा। इसके बाद उसको प्राप्त करने के भरोसेमन्द साधन ढूंढ़िए।

सफल लोग अपने क्षेत्र से सम्बन्धित ज्ञान सदैव लेते ही रहते हैं। जो यह सोचते हैं कि शिक्षा या ज्ञान प्राप्त करना ही उनका ध्येय है वे कभी सफल नहीं हो सकते। अंतत: तो ज्ञान का मूल्य वही है जो आपको उससे प्राप्त हो सके। स्कूल-कॉलेज वगैरह तो आपको मात्र ज्ञान प्राप्त करने की विधियाँ या तरीके बताते हैं। असली ज्ञान तो उस ज्ञान के उपयोग में ही निहित है।

उस बदले हुए विश्व की शुरुआत आर्थिक कबाड़े से हुई थी परन्तु उस बदले विश्व की शैक्षणिक जरूरतें भी काफी बदल चुकी हैं। आज का युग 'विशिष्टीकरण या

स्पेशलाईजेशन' का युग माना जाता है। उस पर सर्वाधिक जोर दिया था कोलम्बिया यूनिवर्सिटी के सैक्रेटरी ऑफ अपॉइन्टमेन्ट, रॉबर्ट पी. मूर ने। उनका निष्कर्ष नीचे उक्त है।

वे विशेषज्ञ जिनकी सबसे अधिक माँग है

"ज्यादातर कंपनियां उन प्रत्याशियों की मांग करती हैं जिन्होंने किसी न किसी क्षेत्र में विशिष्ट योग्यता अर्जित की हो- जैसे साख्यिकी, भवन-निर्माण, लेखा-करण, रसायन शास्त्र तथा ऐसे ही क्षेत्रों के उच्च कुशलता वाले कर्मठ व्यक्ति। वे हरफनमौला जो अपनी पढ़ाई में भी ठीक-ठाक रहे हों तथा जिनमें हर समूह के साथ घुलने-मिलने की तहजीब हो। ऐसे लोगों की माँग औरों से निश्चित ज्यादा रहती है क्योंकि उनका हर एक के साथ निर्वाह हो जाता है।

श्री मूरे के अनुसार, "बहुत मेधावी और अपने विषय में सदा प्रथम रहने वाले प्रत्याशियों की कंपनियां ज्यादा माँग नहीं करतीं क्योंकि उन्हें उच्च शैक्षणिक योग्यता वाला आदमी नहीं वरन् एक हर तरह से काबिल आदमी चाहिए।"

श्री मूरे को एक बड़ी कम्पनी ने अपनी माँग का हवाला देते हुए लिखा, "हमें वे लोग चाहिए जो प्रबन्धक के काम में असाधारण प्रगति प्राप्त कर सकें। इसीलिए हम प्रत्याशियों की बुद्धिमत्ता और समग्र व्यक्तित्व पर ज्यादा जोर देते हैं, उनकी शैक्षणिक पृष्ठभूमि पर नहीं।"

विद्यार्थियों को तैयारी का सुझाव

मि. मूरे का कहना है कॉलेज-शिक्षा के दौरान होने वाली गर्मियों की छुट्टी में कुछ व्यावसायिक कोर्स को करना चाहिए। जब वह दो तीन साल की पढ़ाई समाप्त कर निकलेंगे तो किसी योग्य हो पाएंगे। सिर्फ पढ़ाई करने के लिए पढ़ने का कोई तुक नहीं है।

आज के शिक्षण संस्थानों को यह व्यावहारिक बात समझ लेनी चाहिए कि आज का युग विशेषज्ञता का है। अतः इन संस्थानों को चाहिए कि पेशे सम्बन्धी शिक्षा पर ज्यादा जोर दें। उस संदर्भ में नाइट स्कूल इत्यादि काफी कारगर सिद्ध होते हैं। अपना

काम करते हुए घर पर रहकर पढ़ना या पत्राचार स्कूलों के माध्यम से वांछित जानकारी प्राप्त करना एक अच्छा स्रोत हो सकता है।

जब तक किसी योग्यता को प्राप्त करने के लिए मेहनत नहीं की जाएगी तब तक उस योग्यता की कदर नहीं हो पाएगी।

इस संदर्भ में मेरा एक अनुभव काफी बोधकारी है। लगभग 25 वर्ष पूर्व मैंने एक पत्राचार के माध्यम से विज्ञापन सेवा का कोर्स किया था। उसके लगभग आठ से दस पाठ पूरे करने के पश्चात मैंने पढ़ना बन्द कर दिया। लेकिन वह पत्राचार स्कूल मुझे पाठ भेजता ही रहा। उसके अलावा वह कोर्स की फीस के लिए भी बिल भेजता रहा। कानूनी तौर पर तो मैं बाध्य था उनका भुगतान करने के लिए। मैंने सोचा कि जब पैसा देना ही है तो क्यों ना उसकी कीमत भी वसूली जाए। तो मैंने फिर पढ़ना चालू कर दिया। इस चाहे अनिच्छा से ही सही, मैंने वह कोर्स भी पूरा कर ही लिया। कोर्स करने के दौरान मुझे एक पाठ यह भी मिला कि जब गाँठ से पैसा निकलता है तो उस काम की कीमत भी समझ में आती है।

अमेरिका के ज्यादातर स्कूल मुफ्त शिक्षा प्रदान करते हैं। यहाँ मुफ्त वाचनालय भी बहुत हैं। इस कारण उसके विद्यार्थी अपनी शिक्षा की कदर नहीं करते। यह भी देखा गया है कि यहां पर उन्हीं लोगों की ज्यादा माँग होती है जिन्होंने 'होम-स्टडी कोर्स' के जरिए अपनी पढ़ाई की है। क्योंकि जब उनको वाकई में पढ़ने की लालसा होगी तभी तो वे ये कोर्स ज्वाइन करेंगे। उससे मन में एक आत्म-संयम का भाव आता है।

ज्यादातर लोगो में एक कमी आमतौर पर आजकल पाई जाती है- वह है महत्वाकांक्षा की कमी। लोग अपनी शिक्षा प्राप्त कर नौकरी में लग जाते हैं बगैर यह सोचे कि आखिर वह क्या करना चाहते हैं। लेकिन उसके एवज में वे जो नौकरी करते हुए अपने खाली समय में होम-स्टडी के जरिए कोई कोर्स इत्यादि करते रहते हैं, सदा अपने क्षेत्र के शिखर को छूते हैं। क्योंकि उनके पास एक महत्वाकांक्षा है- कुछ कर गुजरने का जुनून है। इसीलिए ज्यादातर ऐसे लोग जो पढ़ाई में बहुत अच्छे नम्बरों से पास हो जाते हैं, आगे कुछ नहीं कर पाते। वे यह नहीं समझते कि ज्ञान अपने आप में कोई उपलब्धि नहीं। मायने यह है कि उससे आपने क्या उपलब्ध किया। कई डिग्रियों

का पुच्छल्ला आपको पढ़ा-लिखा तो बना देता है परन्तु योग्य नहीं बना पाता। यह योग्यता सदैव ज्ञान से कुछ उपलब्ध करने में ही आती है। मन्दी के युग में स्थितियां काफी बदल चुकी हैं और आर्थिक तंगी भी लोगों को मजबूर कर रही है कि वे अपनी आमदनी बढ़ाएं। यदि आप में कोई प्रतिभा है तो उसे बाजार में लाने से गुरेज न करें। उस संदर्भ में मैं स्टुअर्ट आस्टिन बियर का उदाहरण देना चाहता हूँ। वह एक इंजीनियर थे जो भवन-निर्माण करते थे। लेकिन मन्दी ने उनका काम बहुत समेट दिया था। उन्होंने अपने पेशे की घटती माँग को देखकर अपनी लाइन ही बदलने का प्रयास किया और देखा कि उन्हें कानून में रुचि है। उन्होंने एक कानून पढ़ाने वाले संस्थान में दाखिला लिया और अपनी प्रतिभा को जागृत करते हुए 'बार-एक्जामिनेशन' पास कर डल्लास में अपनी प्रैक्टिस प्रारंभ कर दी। जैसे कि उनको उम्मीद थी उनकी वकालत खूब चलने लगी और वह डल्लास, टैक्सास के एक नामी वकील हो गए। फिर तो यह हाल हुआ कि काम की अधिकता के कारण वे लोगों का काम अस्वीकार भी करने लगे थे। कहाँ कुछ वर्ष पूर्व उनको लगता कि वे बेकार हो जाएंगे।

जो लोग यह कहकर ऐसे बदलाव से बचते हैं कि अब बुढ़ापे में मैं क्या काम बदलूंगा, ''या मेरी पारिवारिक स्थिति ऐसी नहीं है, उनको मैं बताना चाहता हूँ कि जब मि. बीयर ने अपनी लाइन बदली थी वह चालीस के पार जा चुके थे। अतः यह सिद्धान्त काफी कारगर होता है कि **सही वक्त पर सही ज्ञान खरीदना भी कोई घाटे का सौदा नहीं है।** ऐसे कई उदाहरण दिए जा सकते हैं। याद रखें! पहले आपके मन में विचार आना चाहिए और फिर अपनी कुव्वत देखकर योजना बनाएं और अपनी कल्पना से उसे कार्यान्वित करने का प्रयत्न करें। सफलता आपके कदम चूमेगी ही। यदि आपकी इच्छाशक्ति दृढ़ है तो हर स्थिति में आप अपना रास्ता निकाल सकते हैं। पुरानी कहावत भी है कि 'जहाँ चाह है वहाँ राह है।'

इस संदर्भ में एक अन्य तथ्य पर मैं जोर देना चाहता हूँ कि प्राय : सफलता और असफलता आपकी आदत का भी प्रतिफल होता है। बचपन से यह आदत डालनी चाहिए कि असफलता किसी कीमत पर स्वीकार्य नहीं है। ज्यादातर लोग आगे इसलिए नहीं निकल पाते क्योंकि उनकी आदत बन जाती है नम्बर दो या तीन की पोजीशन स्वीकार कर लेना। यह ठीक है कि प्रतिभा का अपना योगदान होता है परन्तु प्रयत्न को

कभी कमतर करके नहीं आँकना चाहिए। संसार में दो तरह के लोग होते हैं : प्रतिभावान और प्रतिभारहित या कम प्रतिभावाले। यदि विश्व इतिहास में उदाहरण देखें तो मालूम पड़ेगा कि सिर्फ प्रतिभा के दम पर सफल होने वाले बिरले ही होते हैं। अधिकतर महान व्यक्ति वे ही माने गए हैं जिनमें प्रतिभा तो थी, उन्होंने उस प्रतिभा को पूरी तरह भुनाने का प्रयत्न किया था। क्या एडीसन या हेनरी फोर्ड से ज्यादा प्रतिभावान उस समय के संसार में नहीं थे; कई रहे होंगे परन्तु न उन्होंने अपनी प्रतिभा को पहचाना, न उनके अन्दर-विचार पैदा हुआ कि उसको सुनाएं और न उन्हें स्वत: प्रेरणा प्राप्त हो पाई कि वह संसार में नम्बर वन या अपने क्षेत्र के सिरमौर बने। ऐसे लोग अपनी परिस्थिति से समझौता नहीं करते, उसको अपनी इच्छाशक्ति से अपने अनुकूल ढाल लेते हैं।

इस संदर्भ में मैं डैन हैलपिन का ज्वलन्त उदाहरण पाठकों के सामने रखना चाहता हूँ। अपने कॉलेज के दिनों में वह 1930 की मशहूर नेशनल चैम्पियनशिप ... डेम फुटबाल टीम का मैनेजर था। तब यह टीम स्वर्गीय न्यूटे रॉक्ने के निर्देश में काम करती थी। फुटबाल टीम के इस कोच ने एक ही पाठ सीखा था, "अस्थायी हार को कभी असफलता मत समझो" ... जैसी कि एन्ड्रूज कार्नेगी सदृश्य औद्योगिक नेता की तब युवा उद्यमियों के लिए राय थी। लेकिन जब युवा हैलपिन ने अपनी कॉलेज की पढ़ाई खत्म की, भयानक मन्दी के कारण नौकरियों का अकाल था। उसने कुछ दिन तक निवेश बैकिंग और मोशन पिक्चर कंपनियों में काम करने के बाद कमीशन के आधार पर इलैक्ट्रिक्ल हियरिंग ऐड बेचने का धंधा प्रारंभ किया। यह ठीक है कि ऐसा तो कोई भी कर सकता था, लेकिन उसे भरोसा था कि सही तह पर उसे एक मौका तो मिला।

उसने हियरिंग ऐड बेचने में ऐसा कीर्तिमान स्थापित किया कि हियरिंग ऐड बनाने वाली प्रतियोगी कंपनी, डिक्टोग्राफ प्रोड्क्ट्स कंपनी के चेयरमैन ने इस आदमी के बारे में जानना चाहा जो उनकी कंपनी को हियरिंग ऐड की बिक्री में लगातार हरा रहा था। उसने हैलपिन को इन्टरव्यू के लिए बुलाया और उसे अपना नया सेल्स मैनेजर नियुक्त कर दिया जो एकॉस्टीकन डिवीजन का प्रभार्य भी था।

इस नए मुलाजिम की परीक्षा लेने के लिए उसकी नियुक्ति के फौरन बाद मि. एण्ड्रूज तीन महीने के लिए फ्लोरिडा चले गए और हैलपिन को अकेला छोड़ गए, 'कि तैरो या डूबो'। पर वह 'डूबा' नहीं और न्यूटे रोक्ने की राय से इतेफाक करता रहा :

''दुनिया विजेता की ही कदर करती है, हारने वालों की तरफ देखने की भी उसे फुर्सत नहीं है।'' हैलपिन ने ऐसा चमत्कार दिखाया कि छह महीने में ही वह उस कंपनी का जनरल मैनेजर हो गया।

यह कहना मुश्किल है कि उसमें मि. एण्ड्रूज की परीक्षा का कितना योगदान था। उन्होंने हैलपिन को मौका दिया अपनी कल्पना का पूरा आयाम दिखाने का, और हैलपिन ने यह सब अपनी वीरता, लगन और कल्पना से कर दिखाया। इस उदाहरण का मूल मंत्र यही है कि परिस्थिति को हम बस में कर सकते हैं अगर हम वाकई ऐसा चाहते हैं।

इस उदाहरण में साथ या परिवेश का भी महत्त्व नहीं नकारा जा सकता। मैं अपने पुत्र ब्लेयर की बात करता हूं। उसे एक काम के लिए उस वेतन से ड्योढ़ा वेतन देने को तैयार थी जो उसको हैलपिन की कंपनी देना चाह रही थी। पिता के रूप में मैंने उससे कहा कि वह हैलपिन की कंपनी में ही मुलाजियत स्वीकार कर लें, क्योंकि उसको एक ऐसे व्यक्ति का साथ मिलेगा **जो परिस्थितियों को अपनी अनुकूलता में ढाल लेने का हुनर रखता है** यह एक बहुत बड़ी संपदा है और जीवन भर काम आती है।

मूल अर्थ यही है कि यदि आपके पास कल्पना शक्ति है जिसके जरिए आप ज्यादा मुनाफे पर काम कर सकते हैं, तो उसको जरूर कीजिए। तली में पड़ा रहना कभी सुखकर नहीं होता। आगे बढ़िए और नई से नई बुलन्दियों पर अपना परचम लहराते रहिए। विचार, या आईडिया आपको एक रास्ता सुझाता है, कल्पना उसके आयाम दिखाती है, स्वत:प्रेरणा उस इच्छा की पूर्ति के हित में नई योजनाएं सुझाती है।

लेकिन विचार का जन्म विशिष्ट ज्ञान से होता है। यदि आपको किसी क्षेत्र का ज्ञान ही नहीं है तो आप विचार भी क्या करेंगे। जो अपनी व्यक्तिगत सेवा को ऊँचे दामों में बेच सकते हैं उनके पास यह सब योग्यताएं होना तो लाजिमी है।

यदि आपके पास कल्पना है तो इस अध्याय से आपको विचार मिल सकते हैं। याद रखें किसी भी इच्छा पूर्ति की शुरुआत विचार से ही होती है। यदि विचार आया है तो विशिष्ट ज्ञान भी किसी मोड़ पर मिल ही जाएगा।

•••

अमीर बनने की ओर
उठाएं पांचवां कदम

6

कल्पना

कल्पनाः दिमाग की कार्यशाला

मानव कल्पनाशक्ति एक कार्यशाला होती है जिसमें उस आदमी की सारी योजनाएं बनती रहती हैं। एक संदेश को इच्छा का रूप दिया जाता है जिसको कल्पना योजनानुसार कार्य रूप में ढालती रहती है।

कहा जाता है कि मनुष्य अपनी किसी कल्पना को साकार करने में सक्षम होता है।

मानव सभ्यता की उत्पत्ति से आज तक का समय यदि देखा जाए तो आज का युग कल्पना के विकास के सर्वाधिक अनुकूल है क्योंकि आज का युग तीव्र परिवर्तनों का युग है। हर तरफ ऐसे तत्वों की उपस्थिति है जो कल्पना के विकास में सहायता देते हैं।

इसी कल्पना शक्ति के साथ मानव सभ्यता ने प्राकृतिक बलों का जिस तरह से विगत पचास वर्षों में प्रयोग किया है वैसा पहले कभी नहीं किया गया। उसने हवा में तैर कर चिड़ियों को मात दी है। ईश्वर के सही प्रयोग से क्षण मात्र में दुनिया के किसी हिस्से से संपर्क कायम किया जा सकता है। मानव को अब मालूम है कि करोड़ों मील दूर सूर्य का क्या वजन है। उसका दिमाग एक ट्रांसमीटर और रिसीविंग स्टेशन है जिसमें विचारों का संचार होता ही रहता है। उसके विशेष प्रयोग को वह व्यावहारिक रूप में ढालने के लिए प्रयत्नरत है। अब महती वेग से चलना उसको आ गया है। आज का मानव एक महाद्वीप में नाश्ता कर दूसरे महाद्वीप में लंच ग्रहण करने के लिए सक्षम हो गया है।

परन्तु मानव की तार्किक रूप से सीमा उसकी कल्पना में ही बनती है। अभी उसके प्रयोग के शिखर तक वह नहीं पहुँच पाया है। अपनी कल्पना शक्ति के विकास के वह प्रारंभिक आयाम में ही है।

कल्पना के दो प्रकार

कल्पना के दो प्रकार होते हैं: सिन्थेटिक इमैजिनेशन या संश्लेषित कल्पना और क्रियेटिव इमैजिनेशन या रचनात्मक कल्पना।

संश्लेषित कल्पना इस कल्पना-संकाय में आदमी अपनी पुरानी धारणाएं, विचार एवम् योजनाओं को नव-समन्वय में ढालता है। यह संकाय कुछ भी रचता नहीं है। यह तो सिर्फ अनुभव, शिक्षा, अवलोकन- जो उसे मिलता है- के अनुसार काम करता है। उसका प्रयोग ज्यादातर अन्वेषक ही करते हैं जो अपनी रचनात्मक कल्पना से तब काम लेते हैं जब संश्लेषित कल्पना उनकी समस्या का समाधान नहीं कर पाती।

रचनात्मक कल्पना इस संकाय के जरिए मानव का सीमित मस्तिष्क असीमित मेधा से सीधा संप्रेषण कायम कर सकता है। यही वह क्षेत्र है जिसमें प्रेरणाएं और 'इलहाम' कौंधते हैं और नए विचार मानव को प्राप्त होते हैं।

इसी कल्पना- क्षेत्र में दूसरों के दिमागों से कंपन भी प्राप्त किए जाते हैं और उसी के जरिए दूसरों के मस्तिष्क के अवचेतन भाग से भी संपर्क कायम होता है।

पिछले पृष्ठों में इस कल्पना शक्ति की कार्य-शैली का हवाला दिया गया है। यह क्षेत्र तब ही जागरुक होता है जब चेतन मस्तिष्क काफी तेजी से कार्यरत रहता है- उदाहरणस्वरूप जब दिमाग किसी शक्तिशाली भाव या इच्छा से अभिभूत हो जाता है।

यह भाग अपने निरंतर **प्रयोग** से ही ज्यादा कार्यशील रह पाता है। इस कथन पर ज्यादा ध्यान देना आवश्यक है। उस पर विचार करके ही आगे बढ़ें।

इन सिद्धान्तों को समझते हुए यह दिमाग में रखिए कि कोई इच्छा धन संपदा में बदल सकती है, यह केवल एक ही वाक्य में नहीं समझाया जा सकता। यह कहानी पूरी तब होती है जब उनको ठीक समझ कर महारत हासिल की जाए, अपने विचारों में घोल दिया जाए और उन पर कार्य भी शुरू हो।

संसार के महान व्यापारी, उद्योगपति, कलाकार, संगीतकार, कवि व लेखक महान इसलिए बन पाए क्योंकि उन्होंने अपनी रचनात्मक कल्पना को पूरी तरह विकसित कर लिया था। ज्यादा रहने से ही दोनों प्रकार की कल्पना का अच्छा विकास होता है- जैसे शरीर के किसी अवयव का अधिक प्रयोग उसे दृढ़तर बनाता है। इच्छा भी एक विचार या संवेग भाग ही तो है। वैसे यह वायवीय, और क्षण-स्थायी ही होती है। यदि अमूर्त रहे तो उसका कोई मूल्य नहीं जब तक कि यह अपने मूर्त रूप को न अख्तियार कर ले। यद्यपि संश्लेषित कल्पना का प्रायः प्रयोग होता रहेगा लेकिन यह भी ख्याल रहे कि ऐसे भी कई अवसर आएंगे जब आपकी रचनात्मक कल्पना को भी जगाना पड़ सकता है।

स्मरण रहे कि यदि कल्पना-शक्ति का प्रयोग लम्बे समय तक नहीं किया जाए तो यह क्षीण पड़ जाती है। सिर्फ प्रयोग से ही उसमें जान आती है। लेकिन चाहे कितना भी प्रयोग न किया जाए यह कल्पना कभी मर नहीं सकती।

सबसे पहले अपना ध्यान संश्लेषित कल्पना पर केन्द्रित करें क्योंकि अपनी इच्छा को मूर्त रूप देने से उसका इस्तेमाल ज्यादा होगा। एक अमूर्त इच्छा को ठोस उपलब्धि... धन... में बदलने के लिए कई योजनाओं की जरूरत पड़ेगी जो आप अपनी कल्पनाशीलता से करेंगे।

जहाँ तक विज्ञान की पहुँच है, यह समस्त ब्रह्माण्ड दो ही मूल तत्वों से बना है: पदार्थ और ऊर्जा। यानी एक वायवीय और अमूर्त ऊर्जा और दूसरा पदार्थ ठोस और मूर्त। आपको एक अमूर्त भाव- इच्छा- से दूसरा मूर्त भाव- धन-प्राप्त करना है। वस्तुतः समस्त सृष्टि में यह प्रक्रिया अनवरत् रूप से चालू है। इसलिए ऐसा आप भी कर सकते हैं।

प्रकृति भी यही करती रहती है बेहद सूक्ष्म कोशों से यह पूरा मानव शरीर बना देती है।

यदि आपको यह प्रक्रिया थोड़ी दुरुह लगे तो भी इसे पढ़ना बन्द मत कीजिए। पढ़ते रहिए और दुहराते रहिए। तब ही इन पर आपको महारत प्राप्त हो जाएगी।

कल्पना का व्यावहारिक प्रयोग कैसे करें

विचार ही हर धन-संपदा का मूल होता है और विचार का उत्स कल्पना होती है। अभी हम ऐसे कुछ विचारों पर केन्द्रित रहेंगे जिनके जरिए महान लोगों ने अकूत धन एकत्र करने में सफलता पाई।

चमत्कारी केतली

यह एक अमेरिकी औद्योगिकी विकास की कथा है। कुछ दशक पूर्व एक डॉक्टर एक ड्रग स्टोर में चुपचाप गया और वहाँ मौजूद एक दवाई विक्रेता के कर्ल्क से कुछ मोलभाव करने लगा। लगभग एक घंटे तक उस डॉक्टर और क्लर्क ने दबे स्वरों में बातें की। फिर वह डॉक्टर बाहर गया और एक पुरानी केतलीनुमा बर्तन लाया जिसमें केतली के पदार्थों को चलाने का एक लकड़ी का कड़छुल भी लगा था, और उस केतली को वहाँ स्टोर में पीछे रख दिया। उस क्लर्क ने उस बर्तन का सूक्ष्म मुआयना किया और फिर उस डॉक्टर को 500 डॉलर पकड़ा दिए। वह उस क्लर्क की पूरी जमा पूँजी थी।

डॉक्टर ने अपनी जेब से एक कागज निकाला जिस पर एक गोपनीय फार्मूला लिखा था- जिसकी कीमत कदाचित एक राज्य के बराबर थी। लेकिन डॉक्टर को उसकी कीमत मालूम नहीं थी, वह तो उस क्लर्क को ही पता थी। डॉक्टर तो खुश था कि एक पुराना बर्तन (केतली) 500 डॉलर में बेच दी।

क्लर्क ने जरूर पूरे जीवन की पूँजी दाँव पर लगाई थी। उसे क्या मालूम था कि उसके हाथ में अल्लादीन का चिराग लग गया है। क्लर्क ने क्या कमाया- एक आईडिया। यह कोई अरेबियन नाईट्स कथा नहीं वरन् एक हकीकत है। उस क्लर्क को डॉक्टर से जो फार्मूला मिला उससे उसने एक ऐसा पेय निकाल दिया जिसने सारी दुनिया में धूम मचा रखी है। वह पेय था कोकाकोला- कोका नामक पदार्थ से बना यह पेय दक्षिणी अमेरिकी के एक साधारण से कस्बे को विश्व के नक्शे पर ले आया। आज यह कम्पनी करोड़ों लोगों को रोजगार देती है और अरबों की प्यास बुझाती है। उस पूरे प्रकरण की शुरुआत एक आईडिया से हुई जो उस साधारण से क्लर्क के मन में कौंधा था। इससे जार को मूर्त करने का काम डॉक्टर की सहायता से हुआ और आज वह कोकाकोला कंपनी सभी पेय पदार्थों पर कई दशकों से सज कर रही है।

एक बार यह पेय बन गया तो प्रचारतंत्र के जरिए सारे विश्व में व्याप्त हो गया। क्या पता आपके पास भी ऐसा कोई विचार हो जो चमत्कारिक ढंग से सदियों तक आपको अरबपति बनाए रखे?

मैं क्या करूँगा यदि मेरे पास एक मिलियन (दस लाख) डॉलर्स आ जाएं?

यह रोचक कथा भी उसी पुरानी कहावत को चरितार्थ करती है: ''जहाँ चाह है वहाँ राह है।''

यह कथा एक शिक्षाविद् एवम् पादरी स्वर्गीय फ्रैंक डब्ल्यू गुन सॉल्स की है। उन्होंने अपने काम की शुरुआत दक्षिणी शिकागो के एक बाड़े से की थी।

जब वह कालेज में थे तभी उन्हें वहां की शिक्षा प्रणाली काफी दोषपूर्ण प्रतीत हो रही थी। वह कल्पना करते थे कि यदि वह किसी कालेज के प्रमुख हो जाएं तो उनको सुधार सकते थे। उनकी दिली इच्छा थी कि किसी ऐसे शिक्षा संस्थान के प्रमुख हो जाएं जहाँ 'करो और सीखो' वाली पद्धति अपनाई जाती है।

उन्होंने मन ही मन एक योजना बनाई कि कैसे यदि उनके पास 10 लाख डॉलर आ जाएं तो वह उसके दकियानूसी तरीकों को त्याग कर एक नई पद्धति से उसे चलाएंगे।

पर सवाल यह था कि उनको 10 लाख डॉलर कहाँ से और कैसे प्राप्त हो पाएंगे? उसी उधेड़-बुन में वह दिनों-रात लगे रहते और सोते-जागते इसी बारे में सोचते रहते थे।

एक दिन शनिवार के अपराह्न में मुझे एक विचार आया हालांकि दो साल से मैं इस प्रश्न पर विचार कर रहा था परन्तु उस दिन अचानक मुझे लगा कि यह काम असंभव नहीं है। मुझे लगा कि दस लाख डॉलर में एक हफ्ते में जोड़ दूँगा। मेरे सामने एक स्पष्ट इच्छा थी जो एक विचार से पैदा हुई और सामने एक स्पष्ट योजना भी साकार होने लगी।

''मैंने सारे अखबारों को सूचित किया कि आज की सुबह मैं एक उपदेश दूँगा जिसका शीर्षक होगा,''यदि मेरे पास 10 लाख डालर्स आ गए तो मैं क्या करूँगा!''

और मैं उस उपदेश की तैयारी में जी जान से जुट गया। मुझे इतना पक्का विश्वास था कि यह धनराशि मैं कमा लूँगा क्योंकि मुझे लग रहा था कि मानों यह मेरे पास आ गई है। मैंने अपना उपदेश बड़ी अच्छी तरह एक कागज पर लिख लिया और देर रात जब मैं सोने गया तो काफी संतुष्ट था।''सुबह मैं तैयार हुआ। उस कागज को फिर पढ़ा और निष्पक्ष रूप से सोचा कि कैसे यह श्रोताओं को प्रभावित करेगा। फिर मैं उस मीटिंग के लिए चला गया।

''जब मैं वहाँ पहुँचा और मंच पर खड़ा हुआ तो... देखा कि वह कागज तो मैं भूल आया था। इस विचित्र उपदेश ने लोगों के मन में इतनी जिज्ञासा भर दी थी। यदि मैं कागज लेने वापस जाता तो माहौल ही बिगड़ जाता। पता नहीं श्रोता मेरे लौट कर आने का इंतजार करते भी या नहीं! मैं काफी परेशान था। परन्तु जब चेतन मस्तिष्क क्षुब्ध हो तब अवचेतन से सहारा मिलता है। मेरा अवचेतन मेरी सहायता को आया क्योंकि स्वत: प्रेरणा से वह जागृत हो चुका था। मुझे अपने उपदेश का अक्षर-अक्षर याद आने लगा और मैंने बोलना प्रारंभ किया। मुझे लगा कि मैं उस समय श्रोताओं को नहीं, ईश्वर को सम्बोधित कर रहा हूँ। मैंने अपनी शिक्षा योजना पूरे विस्तार सहित लोगों के सामने रखी कि कैसे वह पद्धति न सिर्फ विद्यार्थियों को शिक्षा देगी वरन् उन्हें व्यावहारिक ज्ञान में भी निष्णात करेगी। मैं काफी देर तक बोलता रहा। जब मैं भाषण खत्म कर अपनी कुर्सी पर बैठा तो श्रोतागण मौन ही रहे। परन्तु कुछ मिनट पश्चात् पीछे की तीसरी कतार से एक आदमी चल कर मेरे पास आया और मुझसे हाथ मिला कर बोला, ''फादर! आपका भाषण मुझे अच्छा लगा। मुझे विश्वास है कि आप वह सब कुछ कर सकेंगे जिसका आपने दावा किया है। यह साबित करने के लिए कि मुझे आपके विश्वास पर विश्वास है- मैं आपको दस लाख डालर्स देता हूं। मेस नाम फिलिप डी. आर्मर है। कल सुबह मेरे दफ्तर पर आकर यह रकम आप ले लीजिए।''

और इस रकम से मशहूर आर्मर इन्स्टीट्यूट ऑफ टेक्नोलॉजी की स्थापना हुई थी।

इतना पैसा तो शायद ही किसी पादरी ने इतनी कम अवधि में जोड़ा होगा। उनके मन में आए विचार ने एक इच्छा पैदा की जिसने स्वत: प्रेरणा द्वारा उनके अवचेतन को जागृत कर एक योजना बनाई और उनके अटूट विश्वास ने उसे कार्यान्वित किया।

इस बातपर गौर करें: **उस पादरी के पक्के निर्णय के मात्र 36 घन्टों में ही यह इच्छा मूर्त रूप ले सकी क्योंकि उसके पास एक निश्चित योजना थी।**

गुनसाल्स के साथ यह कोई अनोखी या अनूठी घटना नहीं हुई थी। यदि पक्का विश्वास, स्पष्ट योजना, तीव्र इच्छा के पीछे हो तो आप भी ऐसा कर सकते हैं।

यदि आप उन्हीं में से हैं जो सोचते हैं कि मेहनत और ईमानदारी से ही धन प्राप्त हो सकता है, तो इस धारणा से मुक्ति पा लें। यह सच नहीं है। बड़ी मात्रा में धन संपदा कभी कड़ी मेहनत से नहीं आती। इसके लिए स्पष्ट इरादा, तीव्र इच्छा, पक्का विश्वास होना चाहिए। एक प्रकाशक का ही उदाहरण लें। उसकी एक भी किताब बिक ही नहीं पा रही थी। उसने मार्केट में जाकर शोध किया तो मालूम पड़ा कि पाठक ज्यादातर किताब के शीर्षक देखकर उसे खरीदते हैं- अन्दर का कथानक या सामग्री बाद में सामने आती है। उसने उस किताब की सामग्री बगैर बदले, उसका एक नया 'बॉक्स आफिस' वैल्यू वाला शीर्षक दे दिया। पुरानी किताब का शान्त कवर हटाकर उसे नया कवर और एक 'चटकीला' नाम दे दिया। वही किताब खूब बिकी। सीधी बात थी कि उसको एक विचार सूझा अपनी कल्पना शक्ति से, जिसका उसने लाभ उठाया।

इन विचारों का कोई सार्वजनिक या निश्चित मूल्य नहीं होता। यह तो सूझने वाले की क्षमता पर निर्भर है।

बहुत से लोग स्वयं कोई चमत्कारिक विचार नहीं सोच पाते परन्तु उनमें यह योग्यता होती है कि दूसरों के ऐसे विचारों को पहचान कर उन्हें अपना लें।

यह कोई जरूरी नहीं कि आपको जाने-पहचाने क्षेत्र में ही सफलता मिलेगी। एण्ड्रूज कार्नेगी का ही मामला लें। उन्होंने स्वयं मुझे बताया था कि उन्हें स्टील व्यापार के बारे में कुछ भी ज्ञात नहीं था। परन्तु उन्हें इसी पुस्तक में वर्णित दो सिद्धान्तों का पूरा ज्ञान था और उन्होंने स्टील से अरबों कमाए।

वस्तुत: हर क्षेत्र में बड़ी सफलता तब ही सामने आती है जब किसी नव विचार का सर्जक और उस विचार का वाहक एक दूसरे को पहचान कर हाथ मिला लेते हैं। कार्नेगी का काम करने का तरीका यही था। वे ज्यादातर उन्हीं आदमियों को अपने साथ काम में लेते थे जो वह सब कुछ जानते थे जो कार्नेगी को स्वयं मालूम नहीं था।

हजारों लाखों लोग इसी कारण अपना जौहर नहीं दिखा पाते क्योंकि उन्हें 'ब्रेक' नहीं मिलता। यह ठीक है कि 'ब्रेक' भाग्य से ही प्राप्त होता है पर सफल होने के लिए भाग्यशाली होना आवश्यक नहीं है। यदि लगन हो, स्पष्ट विचार और योजना हो तो आप अपना लक्ष्य प्राप्त कर सकते हैं। 'ब्रेक' से इसे शीघ्रता से प्राप्त कर लेते हैं क्योंकि तब अनन्त मेधा से आपके संपर्क जुड़ जाते हैं। अनन्त मेधा से संपर्क भी तब ही जुड़ता है जब आपकी ज्वलंत इच्छा एक जुनूनी सीमा तक पहुँच गई हो। मैं 25 वर्ष तक अपनी इस साधना में जुड़ा रहा तब कहीं जाकर मुझे 'ब्रेक' मिल पाया।

मेरा वह 'ब्रेक' था मेरा सौभाग्य, जब मुझे श्री एण्ड्रूज कार्नेगी का साथ एवम् सहयोग प्राप्त हुआ। उस समय श्री कार्नेगी ने मेरे दिमाग में वह विचार भर दिया कि किस प्रकार एक स्पष्ट विचार सफलता की सीढ़ियां चढ़ा सकता है। हजारों लोगों ने इस से फायदा उठाया है- यानी मेरे 25 वर्ष के शोध से और करोड़पति बने हैं।

यह ठीक है कि वह सौभाग्यशाली 'ब्रेक' मुझे श्री कार्नेगी के सान्निध्य से ही प्राप्त हुआ पर मेरी दृढ़-प्रतिज्ञता, उद्देश्य की स्पष्टता एवम् अपना लक्ष्य पाने की लालसा के बारे में भी तो सोचिए, जिसके कारण मैं 25 वर्ष तक लगन से जुटा रहा। यही है ज्वलन्त इच्छा को एक जुनूनी दीवानापन बना देना। जब यह विचार सर्वप्रथम मेरे दिमाग में भरा गया था तो उसे मेरे सतत प्रयास ही पालते पोसते रहे थे।

विचार अमूर्त होते हैं परन्तु सही वातावरण में वे अपने जनक मस्तिष्क से भी ज्यादा ताकतवर हो जाते हैं। ईसाईयत को ही देखें। क्राईस्ट के दिमाग में मात्र एक विचार आया था और उनके धर्म का आधार है: "तुम वह करो दूसरों के लिए जो तुम चाहते हो कि दूसरे तुम्हारे लिए करें!" यद्यपि क्राईस्ट तो अब नहीं हैं पर उनका विचार आज भी उन्नतिशील है। पिछले दो हजार वर्षों में यह लगातार विकसित हो रहा है। अपने विचार को भी थोड़ा और समय दें।

सफलता को कोई स्पष्टीकरण नहीं चाहिए और असफलता में कोई बहाने की अनुमति नहीं।'

•••

अमीर बनने की ओर
उठाएं छठा कदम

7

व्यवस्थित योजनाबद्धता
इच्छा की कार्यरूप में उत्पत्ति

पिछले अध्यायों में आपने पढ़ा कि मानव की किसी भी उपलब्धि का मूल उसकी इच्छा ही होती है। इच्छा वह पहला कदम है जो आदमी अमूर्त से ठोस वास्तविकता की तरफ लेता है और कल्पना की कार्यशाला में प्रवेश कर उसकी संपूर्ति के लिए योजनाएं बनाने लगता है।

द्वितीय अध्याय में छह स्पष्ट कदमों का उल्लेख किया गया था जिससे आप इच्छा को उसके भौतिक प्रतिरूप- यथा धन-संपत्ति- में बदल देते हैं। उन कदमों में से एक है एक व्यावहारिक और स्पष्ट योजना बनाना जिसके द्वारा यह परिवर्तन संभव हो पाए।

नीचे बताया गया है कि कैसे वे योजनाएँ बनाएं जो व्यावहारिक हों:-

(क) उस समूह या समूहों के साथ स्वयं को जोड़े जो आपको अपनी इच्छा की पूर्ति में सहायक सिद्ध हों। उसमें आगे के अध्याय में दिए गए 'मास्टर-माइन्ड' सिद्धान्त पूरी तरह लागू [उस निर्देश का पूरी तौर पर पालन अति आवश्यक है- यह याद रहे]

(ख) अपना 'मास्टर माइण्ड' गठबन्धन बनाने के पूर्व निश्चित कर लें कि आप अपने समूह के लोगों को व्यक्तिगत रूप से उनके सहयोग के लिए क्या कुछ प्रतिदान दे सकते हैं। यह बात निश्चित है कि कोई भी बिना कुछ प्राप्त किए कुछ भी लगातार देने को राजी नहीं हो सकता, हालांकि यह प्रतिदान या सहयोग सदैव धन या पैसे के रूप में हो, यह जरूरी नहीं है।

(ग) अपने 'मास्टर माइन्ड' ग्रुप के सदस्यों से हफ्ते में कम से कम दो बार तो अवश्य ही मिलें। यदि ज्यादातर मिल सकें तो और अच्छा। ऐसा तब तक करें जब तक कि आपकी धन कमाने की योजना हर तरह से त्रुटि-हीन और संपूर्ण न हो जाए। मास्टर माइन्ड सिद्धान्त को तब ही सफलतापूर्वक लागू किया जा सकता है जब आपका 'मास्टर माइन्ड' ग्रुप से पूरी समरसता एवम् तादात्म्य स्थापित हो।

इसके अलावा दिमाग को निम्नलिखित तथा स्थायी रूप से रखें :

प्रथमः- आप उस काम में ही दत्तचित्त होकर लगे हैं जो आपके लिए बेहद महत्व का है। आपकी योजना पूरी तरह त्रुटिहीन होनी चाहिए।

द्वितीयः- आपके पास शिक्षा, अनुभव, योग्यता तथा कल्पनाशक्ति तो होनी ही चाहिए। आपकी दूसरों की संगत तभी ठीक बैठेगी जब आपके अन्दर यह गुण तुलनीय रूप से विद्यमान हो।

तुलनीय रूप से इसलिए कि हर आदमी में तो यह गुण एक से नहीं होते- इसलिए उसे दूसरों से सहयोग प्राप्त करना जरूरी है। आपको अपनी योजनाएं- धन प्राप्ति की- तो स्वयं ही बनानी पड़ेंगी परन्तु उनकी अपने 'मास्टरमाइन्ड' ग्रुप से चर्चा तो करनी ही पड़ेगी। तभी तो उनकी उपादेयता और सफलता की संभावना तय हो पाएगी।

आपको ये योजनाएं बनाकर इनकी सफलता की संभावना भी परखनी पड़ सकती है क्योंकि जरूरी नहीं कि आपकी हर योजना सफलता दिलाए ही। वस्तुत: आपको अपनी योजनाएं बनानी और मिटानी तब तक पड़ेंगी जब तक कि वह पूरी तरह से कारगर परिणाम न देने लगें। इसके लिए आपमें धैर्य और लगन चाहिए। इन्हीं की कमी के कारण ज्यादातर लोग अपनी योजनाएं सफल नहीं कर पाते। आपकी योजना तो व्यावहारिक और पूरी तरह से लागू करने योग्य नहीं होनी चाहिए। लेकिन याद रखें अस्थायी हार कोई असफलता नहीं होती।

थॉमस ए. एडीसन दस हजार बार 'असफल' रहे थे इलेक्ट्रिक बल्ब बनाने में सफलता के पूर्व। यानी उन्होंने दस हजार बार अस्थायी हार स्वीकार की परन्तु उसको

अंतिम सत्य नहीं माना। अस्थायी हार से तो सिर्फ एक सबक ही लेना चाहिए कि आपकी योजना में कोई गड़बड़ है। उसको सुधारना बेहद जरूरी है।

हेनरी फोर्ड इतनी दौलत और शोहरत इसलिए नहीं कमा पाए क्योंकि वह कोई बहुत मेधावी व्यक्ति था- बल्कि इसलिए कि उसकी योजना त्रुटिहीन होने तक सुधारी गई। बाद में सफलता तो मिलनी ही थी। फोर्ड से ज्यादा बुद्धिहीन और ज्यादा धैर्यवान लोग भी लाखों होंगे- परन्तु उन दोनों गुणों का सही समन्वय वही प्राप्त कर सका था।

आपकी उपलब्धि आपकी योजना पर ही आधारित रहती है, पर उदाहरण सेमुअल इन्सुल का है। उनका व्यापार मन्दी से पूर्व अरबों डॉलरों का था परन्तु मन्दी में उन्होंने अपनी योजनाएं बदलीं लेकिन वह त्रुटिहीन नहीं रही। जिसके फलस्वरूप वह सब कुछ गंवा बैठे। उनके मामले में कमजोरी का कारण उनकी लगन में कमी थी जो अपनी योजनाओं को पुनः परलक्षित कर सुधार न सकी।

जेम्स जे. हिल को भी अस्थायी हार मिली थी जब उन्होंने (अमेरिका) पूरब से पश्चिम को रेल मार्ग से जोड़ने का प्रयत्न किया था। लेकिन अपनी योजना में सुधार कर उन्होंने उस अस्थायी हार को विजय में बदल दिया। हेनरी फोर्ड को तो असफलता का सामना तय करना पड़ा जब वह अपने विकास के लगभग शिखर पर पहुँच गए थे।

वस्तुतः बिना ऐसे भटके या अस्थायी हार झेले कोई भी इन्सान धन-दौलत एकत्रित करने में समर्थ नहीं हो सकता, न कभी हुआ ही है। हार को यह स्वीकार करते हुए पुनः प्रयत्न करें कि हमारे प्लान में कोई कमी रह गई। यदि पहले ही मैदान छोड़ दिया तो आप एक 'पलायनवादी' ही माने जाएंगे। और यह भी सच है कि 'पलायनवादी' कभी विजयी नहीं होता तथा विजयी कभी पलायन नहीं करता। अपने 'मास्टरमाइन्ड' ग्रुप का चुनाव करते हुए कोशिश करें कि उसके वही सदस्य हों जो हार आसानी से स्वीकार नहीं कर सकते। कुछ लोगों की भ्रान्त धारणा है कि पैसा, पैसे को बनाता है। यह पैसा नहीं वरन उसको प्राप्त करने की अदम्य कामना या इच्छा है जो सही योजना और विश्वास से पैसा बनाती है। पैसा अपने आप में तो कुछ नहीं, एक निष्क्रिय पदार्थ मात्र है। यह न बोलता है न कहता है परन्तु सुन सकता है उस आदमी की आवाज जो इसके प्रति अदम्य इच्छा रखता है।

अपनी सेवाओं की बिक्री के लिए योजना बनाना

बुद्धिमत्ता से अपनी योजना बनाना सफलता की पहली सीढ़ी है। उसके बारे में किस प्रकार काम किया जाए यह ही इस उपशीर्षक के अंतर्गत स्पष्ट किया गया है। हर बड़ा आदमी कुछ न कुछ देकर ही बड़ा बन पाता है। वह क्या देता है- अपने विचार या आईडिया या अपनी योग्यतापूर्ण सेवाएं और बदले में पाता है शोहरत और दौलत।

इस जरूरत का विश्लेषण करते समय हमें दो बातें स्पष्ट रूप से समझ लेनी चाहिए। संसार में ज्यादातर दो ही प्रकार के इंसान मिलते हैं: वे जिनको नेता कहा जाता है और वे जो अनुयायी होते हैं। आप पहले ही तय कर लें कि आप क्या होना चाहते हैं- नेता या अनुयायी। इन दोनों स्थितियों में जो कीमत चुकानी पड़ती है उसका मूल्यों में फर्क बहुत ज्यादा होता है: अनुयायी को वह कभी पाने की उम्मीद नहीं करनी चाहिए जो एक नेता को प्राप्त होता है क्योंकि उसे देना भी ज्यादा पड़ता है।

वैसे एक अनुयायी होने में भी कोई मान-हानि नहीं होती। अनुयायी होना कोई निकृष्ट बात नहीं है। ज्यादातर नेता शुरुआत में तो स्वयं अनुयायी ही रहे थे। वे नेता बन पाए, क्योंकि वे काफी अक्लमन्द अनुयायी थे। कुछ एक अपवादों की बात छोड़ दें तो वह आदमी जो अक्लमन्द अनुयायी नहीं हो सकता, कभी, भी नहीं हो सकता। जो अनुयायी अपने नेता का बुद्धिमत्ता से अनुसरण करता है वह स्वयं योग्यतापूर्ण नेतृत्व के गुण स्वयं में विकसित भी कर लेता है। उसमें यह कुबत होनी चाहिए कि कैसे सही मौका प्राप्त कर अपने नेता के गुणों को आत्मसात करें।

नीचे एक नेता के जरूरी गुणों के बारे में बताया गया है:

1. **दृढ़ साहस** जिसका आधार हो अपना और अपने व्यवसाय से प्राप्त पूरा ज्ञान। कोई अनुयायी ऐसे नेता की कामना नहीं कर सकता जिसका स्वयं पर विश्वास और अपनी करनी का साहस न हो।
2. **आत्म-संयम** जो आदमी अपने आप पर ही नियंत्रण नहीं कर सकता वह दूसरों पर क्या नियंत्रण रख पाएगा? आत्मसंयम अनुयायियों में भी अटूट साहस का संचार करता रहेगा।
3. **एक सूक्ष्म न्याय-बोध** सही-गलत का न्यायोचित विश्लेषण एक नेता का वह गुण होता है जो अनुयायियों से उसके प्रति निष्ठा जागृत करता है।

4. **निर्णय की स्पष्टता** जो भी निर्णय लिए जाएं उसमें कोई संदेह की गुंजाइश न हो।

5. **योजनाओं की स्पष्टता** यानी क्या करना है? वह नेता जो स्वयं ही नहीं जानता कि उसको क्या करना है, किस तरह आगे बढ़ना है, वस्तुतः नेता होता ही नहीं। ऐसे नेता की कोई भी बात उसका अनुयायी क्यों मानेगा? उसके सामने एक पूर्णतः व्यावहारिक कार्यक्रम होना चाहिए, नहीं तो दिशाहीन जहाज की तरह वह भटकता और भटकाता रहेगा।

6. **हमेशा जो मिलने की उम्मीद हो उससे ज्यादा योगदान करने की आदत** ज्यादा खुद करने की इच्छा रखता है। यानी जो वह चाहता है कि उसके अनुयायी करें, उससे ज्यादा उसे खुद करने के लिए सदैव तत्पर रहना चाहिए।

7. **एक सुदर्शन व्यक्तित्व** यहां कोई सौन्दर्यशास्त्र मापदण्ड नहीं वरन् नेता एक सलीके से काम करने वाला आदमी होना चाहिए। वह तरतीब ढंग से स्वयं को रखने वाला नेता अनुयायियों को दया की सीख देगा। वे यह नहीं कहेंगे कि उतना अव्यवस्थित व्यक्तित्त्व उनका मार्गदर्शन कर ही नहीं सकता।

8. **हमदर्दी के साथ समझदारी** किसी भी योग्य नेता का एक आवश्यक गुण है। हर बात पर सहानुभूतिपूर्वक विचार करना और पूरी बात समझने का धैर्य रखना अच्छे नेता के लिए आवश्यक है।

9. **विवरणों पर महारत होना** अर्थात् बिल्कुल फोटोग्राफिक याददाश्त होना। एक बार विवरणों को देखते ही उनके दिमाग में इस प्रकार अंकित हो जाना कि उन्हें कभी भी प्रयुक्त किया जा सके।

10. **पूरी जिम्मेदारी उठाने की तत्परता** यह भाव न सिर्फ श्रेय देने वाले कामों में ही ही होना चाहिए बल्कि ऐसे कामों में भी होना चाहिए जहाँ कमजोरियाँ और त्रुटियाँ उजागर की गई हों। ज्यादातर लोग सफलता की जिम्मेदारी लेने को तो तत्पर रहते हैं परन्तु गलती सदा दूसरों के सर पर डालना चाहते हैं। ऐसे लोग कभी योग्य नेता नहीं हो सकते।

11. **सहयोग देते हुए काम करने की क्षमता** कुछ लोग अकेले काम तो बड़ी मुस्तैदी से कर लेते हैं परन्तु एक दल में हिस्सा बाँटकर काम करना उन्हें नहीं आता। ऐसे नेता न ज्यादा दिन तक टिक पाते हैं न उनको नेता बनने की ही चेष्टा करनी चाहिए। एक अच्छा नेता वह व्यक्ति होता है जिसे चाहे खुद काम करना न आता हो पर दूसरों से काम लेने में महारत होनी चाहिए। नेतृत्व सहयोग की अपेक्षा करता है और सहयोग से ही शक्ति प्राप्त करता है।

नेतृत्व के भी दो प्रकार होते हैं: **आम सहमति से नेतृत्व** जो ज्यादा समय तक रहता है और जबरदस्ती का नेतृत्व जो क्षण स्थायी ही होता है। जैसा कि विश्व के इतिहास से ज्ञात होता है, दूसरी तरह का नेतृत्व अधिनायकों या डिक्टेटर या तानाशाहों का होता है। ऐसे लोग धूमकेतुओं की तरह अचानक चमक उठते हैं और शीघ्र ही अस्त भी हो जाते हैं। मानव का स्वभाव ही नहीं है जबरदस्ती का नेतृत्व बर्दाश्त करना।

आज का युग आम सहमति से नेतृत्व का युग है। जो पुराने टाइप के जबरदस्ती वाले नेतृत्व के हामी हैं वह इस युग में बेकार हैं। आज का नेता वह योग्य नेता होता है जो अपने अनुयायियों के प्रति सौहार्द्र और बराबरी का भाव रखता है। यह आपसी सहयोग का युग हैं, नेपोलियन, कैज़र विलियम, जार ऑफ रशा का नहीं, जो तलवार के जोर पर अपना साम्राज्य चलाते थे। वे कितने दिन चले, यह सबको मालूम है।

नया नेता वह है जिसमें ऊपर दिए 11 गुणों का समावेश है। जिनमें यह गुण होते हैं उन्हें ही आज नेतृत्व करने का सौभाग्य प्राप्त हो पाता है। अपना मौका ताड़ना आज के नेतृत्व की पहली पहचान है। वे ही योग्य नेता सिद्ध होते हैं जो अपना मौका गँवाते नहीं।

नेतृत्व की असफलता के दस मुख्य कारण

1. **विवरणों को सही प्रकार से व्यवस्थित न कर पाना**– आज के युग में जो अपने विवरणों को सही प्रकार व्यवस्थित कर ले वही श्रेष्ठ नेता बन सकता है। जो यह कहते हैं कि वे 'अति व्यस्तता' के कारण व्यवस्था और अनुशासन पर ध्यान नहीं दे पाते, झूठ बोलते हैं। योग्य नेता को यह स्पष्ट पता होना चाहिए कि कहां रोड़े पैदा हो सकते हैं और कहाँ

अव्यवस्था अवरोध पैदा कर देगी। इसका अर्थ यह हुआ कि उसे यह भी ज्ञात होना चाहिए कि व्यवस्था को सुचारु ढंग से चलाने के लिए किस प्रकार जिम्मेदारियाँ बाँटी जाएं। यह निश्चित है कि सब काम वह स्वयं ही तो नहीं कर सकता। उसे काम बाँट कर सबसे सहयोग लेते हुए काम करना आना बहुत जरूरी है नहीं तो वह कभी भी सफल नहीं हो सकता।

2. **छोटा या साधारण काम करने की अनिच्छा**-जो बड़े नेता होते हैं वह मौका पड़ने पर छोटे से छोटा काम करने में नहीं हिचकते। सबसे बड़े को सबसे छोटा काम करना आना चाहिए- यह सिद्धान्त नेतृत्व के क्षेत्र में पूरी तरह लागू होता है।

3. **जो वह 'जानते हैं' उसके आधार पर भुगतान की अपेक्षा करना बजाए उसके जो वह कर रहे हैं**- यह आज एक आम कमजोरी हो गई है। ऐसे लोग यह स्वीकार नहीं कर पाते कि विश्व उसको मान्यता देता है जो वह स्पष्ट प्रकट करते हैं- उसको नहीं जो अभी उनके मन में ही हैं।

4. **अपने अनुयायियों से स्पर्धा का भय**- जो आदमी अपने अनुयायियों से भयाक्रान्त रहता है कि कहीं वे उसको अपदस्थ न कर दें, शीघ्र ही अपदस्थ हो जाता है। क्योंकि उसको मालूम रहता है कि नेतृत्व के वांछित गुणों का उसमें अभाव है और जो उसके अनुयायी या अनुयायियों के पास है। योग्यता में कमी ही ऐसे नेताओं के पतन का मूल कारण होती है। उनको यह समझ नहीं आता कि कैसे वह उस गुण को अपने अन्दर विकसित करे जो उनके अनुयायियों में है और जो वांछित भी है। ऐसे लोग ही दूसरों से काम लेना नहीं जानते क्योंकि उनको भय रहता है कि वह, (दूसरा) आदमी उनसे बेहतर काम करके उनकी अक्षमता को और स्पष्ट कर देगा। दूसरी तरफ, यूँ कि उनमें उतनी योग्यता नहीं है इसलिए ज्यादा काम करने के बावजूद उनकी अक्षमता ही उजागर होती रहेगी।

5. **कल्पनाशीलता की कमी**- स्पष्ट है कि कल्पना शक्ति के बगैर नेता कभी भी योग्य सिद्ध नहीं हो सकता, खास तौर पर जब कोई आपातस्थिति पैदा हो जाए और तुरन्त योजनाएं बनानी हों। ऐसा आदमी नेता बन ही नहीं सकता।

6. **स्वार्थपरता**- नेतृत्व का मूलगुण दूसरों को, अनुयायियों को अधिक से अधिक श्रेय देकर प्रोत्साहन देने में निहित रहता है। यदि वह स्वार्थ के कारण सारा श्रेय खुद ही लेने का प्रयास करेगा तो कौन उसके मातहत होकर काम करना पसन्द करेगा?

7. **संयमहीनता**- कोई भी अनुयायी संयमहीन नेता के साथ काम करना पसन्द नहीं करता। संयमहीनता वस्तुतः एक व्यक्तित्व की कमजोरी होती है जिससे न सिर्फ एक गुट वरन वह व्यक्ति भी कभी सफल नहीं हो सकता।

8. **निष्ठाहीनता**- कदाचित खराब या अयोग्य नेता की यही पहली कमजोरी होती है। जो स्वयं निष्ठाहीन होगा, वह दूसरों को कैसे अनुशासन या संयम का पाठ पढ़ा सकता है। ऐसा आदमी न सिर्फ समाज में वरन किसी उद्योग में कभी भी कोई प्रतिष्ठा प्राप्त नहीं कर सकता।

9. **सत्ताभिमानता**- जो नेता अपनी सत्ता के अभिमान में सदैव दूसरों को झुकाने की चेष्टा करता रहेगा वह लोगों में भय तो जागृत- अस्थायी रूप से- भले ही कर ले, दिल से उसे कोई नेता नहीं मानेगा। यदि असली नेता है तो लोग स्वयं उसके सामने झुकेंगे। यह कह-कह कर कि मैं नेता हूँ वह अंततः एक तानाशाह ही बन कर रह जाएगा जिनका आज के युग में कोई स्थान नहीं है।

10. **उपाधि का मोह**- यदि कोई नेता अपने नाम के पीछे बड़ी-बड़ी उपाधि का पुछल्ला लगाए घूमेगा तो क्या वह अपने अनुयायियों से थोड़ा भी सम्मान प्राप्त कर पाएगा? असली नेता वह होता है जिससे कोई उपाधि स्वयं गौरवान्वित होती है। महात्मा गांधी ने कभी कोई उपाधि की कामना नहीं की और आज भी हजारों-करोड़ों लोग उनको अपना नेता मानते हैं।

यह दस गुण उन प्रमुख कमजोरियों के वाहक हैं जिनके कारण लोग योग्य नेता नहीं बन पाते। उनमें से किसी एक की भी मौजूदगी व्यक्ति को नेता बनने से वंचित कर देगी। पाठक चाहें तो स्वयं इतिहास से सैकड़ों उदाहरण इन गुणों की अपरिहार्यता निश्चित करने के लिए चुन सकते हैं। यदि सफल नेता बनना है तो उन अवगुणों को अपने पास भी न फटकने दें।

कतिपय उर्वर क्षेत्रों का हवाला जिनमें नए नेतृत्व की जरूरत होगी

इस अध्याय को संपन्न करने से पूर्व कतिपय उन उर्वर क्षेत्रों का उल्लेख आवश्यक है जहाँ पुरानी नेतागिरी से काम नहीं चलने वाला और जहाँ नए नेतृत्व गुणों से असीमित मौके उपलब्ध होंगे।

प्रथमः राजनीतिक क्षेत्र जहाँ नए प्रकार के नेताओं की अति आवश्यकता महसूस की जा रही है। आज के उपलब्ध नेता पुरानी चाल के हैं जो जनता का विश्वास लगभग खो चुके हैं। शायद कुछ दिन और ये अपनी शोहरत और दौलत या पद प्रतिष्ठा के कारण और चल जाएं मगर उनका 'काउन्टडाउन' शुरू हो चुका है।

द्वितीयः बैकिंग व्यापार क्षेत्र जो इस समय महती सुधार प्रक्रिया से गुजर रहा है। बड़े-बड़े बैंकरों को समझ में आ चुका है कि उनका युग गया। अब तो नए खून की दरकार है जो इस क्षेत्र को संभाल सकें। इस क्षेत्र में आज असीमित संभावनाएं उपलब्ध हैं।

तृतीयः औद्योगिक क्षेत्र में भी नए नेतृत्व की बड़ी जरूरत महसूस की जा रही है। पुराने उद्योग-नेता का मूल विचार मानव समीकरणों के बजाय संपत्ति-लाभ होता था। आज जरूरत उन लोगों की है जो पूरे उद्योग को एक मानव-दृष्टि से देखें। धन-प्राप्ति तो विकास का एक सह-उत्पाद ही हो सकता है, मुख्य ध्येय नहीं।

चतुर्थः धार्मिक क्षेत्र। आकलन संप्रेषण के इतने माध्यम उपलब्ध हैं कि धर्म की सही या गलत दोनों व्याख्याओं का समाज पर तुरन्त प्रभाव दृष्टिगोचर होता है। पूरे के पूरे टीवी -चैनल आज दर्जनों की संख्या में धर्म की व्याख्या में जुटे हैं। इन्हें अपनी दकियानूसी सोच को विस्तृत करना होगा। धर्म का मूल तत्व कर्तव्य बोध का जागरण है, मात्र पूजा-पाठ का विधान समझाना नहीं। धर्म सिर्फ योगार्थियों की बपौती ही नहीं है- इसके जरिए हम न सिर्फ आध्यात्मिक और नैतिक वरन् सामाजिक, आर्थिक और सांस्कृतिक समस्याओं का निदान प्राप्त कर सकते हैं। धर्म केवल विगत की गतिविधियों का नहीं वरन् भविष्य के कार्यक्रमों का भी सूत्रधार हो सकता है। उसके नेताओं को सिर्फ उपदेश ही नहीं देना होगा वरन् उनको पालन करने का रास्ता भी स्पष्ट करना होगा।

पंचमः पत्रकारिता का क्षेत्र आजकल सर्वाधिक संभावना प्रकट करता है नेतृत्व के विकास के लिए। आज के पत्रकारों के पास इलेक्ट्रॉनिक और प्रिंट मीडिया के जरिए एक बड़ा व्यापक क्षेत्र उपलब्ध है। यह लोग हमारे समाज, देश और धर्म के लिए ज्ञानेन्द्रियों का काम कर रहे हैं, सही–गलत की विवेचना कर निरंतर मानस–मंथन कर अमृत निकाल रहे हैं। उनको यह काम ज्यादा निष्ठा और प्रतिबद्धता के साथ पूरा करना है और तय करना है कि इस जन मानस–मंथन में वे राक्षसों की भूमिका निभाएंगे या देवताओं की।

यद्यपि उन क्षेत्रों के अलावा अन्य कई क्षेत्र भी यथा आई टी– नए नेतृत्व की माँग कर रहा है, परन्तु उन छह क्षेत्रों में नए नेतृत्व की चाह तीव्रतर है क्योंकि अब सोच में एक आमूलचूल परिवर्तन की अपेक्षा है। नीचे दी गई सूचना कई वर्षों के अनुभव का निचोड़ है जिसके द्वारा हजारों लोग अपनी सेवा बड़े–बड़े संस्थानों को बेचने में सफल हुए हैं। इसलिए यह व्यावहारिक एवम् भरोसेमन्द है।

अपनी सेवाएं बेचने या मार्केटिंग करने के कुछ चुने हुए माध्यम

1. **एम्पलॉयमेन्ट ब्यूरो या भर्ती केन्द्रः** सिर्फ ऐसे प्रतिष्ठित संस्थानों में ही प्रयत्न करें जिन्होंने ऐसा काम सफलतापूर्वक कर रखा हो।
2. **विज्ञापन द्वाराः** अखबारों, प्रतिष्ठित व्यापारी पत्रिकाओं एवम् रेडियो या टीवी के माध्यम से आप अपनी सेवाएं विज्ञापित कर सकते हैं। अपना विज्ञापन किसी माहिर से ही बनवाएं क्योंकि उसकी शब्दावली का संभावित खरीददार पर सबसे ज्यादा और प्रथमतः असर होगा।
3. **व्यक्तिगत रूप से भेजी अर्जियांः** अर्जियों को सही रूप से बना सकना एक कला है। बिना अपनी योग्यताओं के बारे में कोई अतिशयोक्तिपूर्ण दावा किए उनका इस तरह से खुलासा करना चाहिए कि संभावित खरीदार को लगे कि आप ही वह प्रत्याशी हैं जो उसे चाहिए।
4. **आपसी जानकारों के माध्यम सेः** उस ओर अर्जी तभी दें जब जानकार भरोसे का हो और ईमानदारी से आपकी अर्जी सही गंतव्य तक पहुंचा दे।

कभी-कभी लोग सिर्फ अपना रंग दिखाने के लिए ही कई प्रत्याशियों को बरगला देते हैं जिससे उन विचारों की शुरुआत ही एक धोखे से होती है।

5. **व्यक्तिगत रूप में:** व्यक्तिगत रूप में अपनी सेवा की बिक्री (या नौकरी) के लिए अर्जी देना तब ही श्रेयस्कर है जब आपको पूरी जानकारी हो- क्योंकि संभावित खरीददार अर्जी ग्रहण करने के साथ आपका एक छोटा-मोटा इन्टरव्यू भी ले सकता है। आपकी योग्यताएं वांछित पद के लिए सटीक होनी चाहिए। साथ में अपने 'रिज्यूम' के साथ एक संक्षिप्त स्पष्टीकरण भी होना चाहिए कि आपको यह काम क्यों चाहिए।

संक्षिप्त लिखित अर्जी का एक नमूना

उसको ऐसे बनाना चाहिए जैसे कि कोई वकील अपना केस बनाता है। संभावित मालिक पर उस अर्जी का बहुत प्रभाव पड़ सकता है। वह देखता है कि प्रत्याशी किस प्रकार स्वयं को प्रस्तुत करता है। आपके प्रस्तुतीकरण पर ही बहुत कुछ निर्भर करता है। अपनी शिक्षा इस प्रकार दें कि वांछित काम के लिए सर्वाधिक उपयुक्त हो। उसके अनुसार अपने अनुभव का भी हवाला दें। यदि किसी गणमान्य व्यक्ति का हवाला देना हो तो बेहतर है अपने पूर्व-मालिक और पूर्व-शिक्षक का उल्लेख करें और उन्हें बता भी दें कि इनक्वायरी आ सकती है। साथ में एक साफ-सा फोटोग्राफ भी लगाएं। यदि पहली बार ही ऐसा काम ढूँढ़ रहे हैं तो उसमें स्पष्ट उल्लेख करें कि आप प्रोबेशन अवधि में- एक हफ्ता, महीनों इत्यादि- बिना वेतन के भी काम करने को तैयार हैं। हो सकता है बहुतों को यह बेढंगा सुझाव लगेगा परन्तु यदि आप अपनी योग्यता के लिए आश्वस्त हैं और अपने काम से लोगों को प्रभावित कर सकते हैं तो ऐसा जरूर करें। यदि आपके पास इसी काम से संबंधित कोई अन्य कार्य हो तो कोई भी मालिक ऐसा मौका देने को तैयार रहेगा।

याद रखें, मुकदमा वह वकील जीतता है जो कानून का महारथी नहीं होता वरन् वह अपना केस उनके सामने सही तरह से प्रस्तुत करना जानता है।

कैसे अपना मनचाहा काम प्राप्त करें

यदि काम मनचाहा हो तो वह काम, काम नहीं एक साधना बन जाता है। यदि कलाकार को कलाकारी दिखाने का काम मिल गया तो वह उसे बोझ थोड़े ही लगेगा। अपना मनचाहा काम प्राप्त करने के कुछ जरूरी निर्देश हैं, उनका पालन कीजिए : -

प्रथम तय कीजिए कि किस तरह का काम आपको चाहिए।

द्वितीय अपना मनचाहा संस्थान चुनिए और फिर उसमें घुसने का पूरा प्रयत्न कीजिए।

तृतीय अपने संभावित रोजगार-प्रदानकर्ता की नीतियों, तरीकों और इच्छा-अनिच्छा का एक लेखा-जोखा बनाइए। उसके अनुसार स्वयं को ढालिए। तभी उन्नति-मार्ग प्रशस्त हो पाएगा।

चतुर्थ अपनी योग्यताएं एवम् प्रतिभा का पूरा विश्लेषण स्वयं कीजिए और निश्चित कीजिए कि आपके पास 'देने' को क्या है ?- अर्थात् आप में ऐसी क्या काबिलियत है जिससे कोई आपको काम प्रदान कर दे ? उसमें शिक्षा- क्षेत्रों से इतर क्षेत्रों में अपनी खास योग्यता (यथा खेलकूद, भाषण प्रतियोगिता, ड्रामा इत्यादि में अपनी उपलब्धि..) का उल्लेख कीजिए।

पंचम आपको क्या मिलेगा, इसके बारे में थोड़ी देर को भूल जाइए और लगातार उसी पर ध्यान केन्द्रित रखिए कि आपके पास क्या-क्या 'माल' है 'संभावित ग्राहक' को आकर्षित करने के लिए।

षष्ठ यदि आपके पास कोई स्पष्ट योजना है तो उसका विवरण एक कागज पर व्यवस्थित ढंग से लिख कर तैयार रखें।

सप्तम फिर यह कागज उस आदमी को दे दें जिसकी कंपनी (जिसमें आप काम चाहते हैं) में सीधी पहुँच हो। यदि यह पहल तार्किक ढंग से की जाए तो संभावित मालिकों पर उसकी गहरी छाप पड़ती है।

आपकी सफलता में बाधा बनने वाले निम्नलिखित तीस कारणों में से आपको कौन बाधित कर रहे हैं?

जीवन एक विडम्बना के रूप में उनके सामने उभरता है जो ईमानदारी से प्रयत्न करने के बावजूद सफल नहीं हो जाते। मैंने हजारों लोगों के जीवन-वृत्त का विश्लेषण किया है जिसमें से 98 प्रतिशत असफल ही रहे। क्या आपको नहीं लगता कि हमारी सम्पन्नता के मापदण्डों में-तथा शिक्षा पद्धति में से एक पर मूलभूत त्रुटि नैतिकता के सिद्धान्तों पर भाषण देने का कोई विचार नहीं है क्योंकि यह इस पुस्तक का विषय भी नहीं है। मैंने शोध किया और पापा की असफलता के कारण या असफलता रूपी बाधाओं की 30 खास वजहें हैं जिनका उल्लेख नीचे किया गया है।

1. **पुश्तैनी प्रतिकूल पृष्ठभूमिः**- जिन लोगों की दिमागी कमजोरी पुश्तैनी हो उसका कोई स्पष्ट उपचार नहीं, सिवाय इसके कि किसी मास्टरमाइन्ड ग्रुप का सदस्य बनने की सलाह दी जाए। अगर सोचने का तरीका ही विपरीत होगा तो सफलता का अवलोकन ही नहीं हो पाएगा। ऐसा नहीं कि इस कमी का कोई इलाज नहीं। सही संगति से उसको सुधारा जा सकता है। यह एक कारण जरूर है जिसका आधार पुश्तैनी आरामतलबी या सामंत शाही मूल्यों में पड़े रहना हो सकता है।

2. **अस्पष्ट जीवन उद्देश्यः**- यदि सामने कोई स्पष्ट लक्ष्य न होगा तो मुसाफिर के लिए कौन-सी राह सही हो सकती है। दस में से कम से कम चार लोग- जिनके बारे में मैंने छानबीन की- जीवन एक अस्पष्ट उद्देश्यहीनता में काट रहे थे। शायद समाज में व्याप्त असफलता का यह सबसे बड़ा कारण है।

3. **सर्वोत्तम प्राप्त करने वाली महत्वाकांक्षा की कमीः**- उसके कारण भी बहुत से लोग प्रतिभा-योग्यता होने के बावजूद आगे नहीं निकल पाते क्योंकि वे सर्वोत्तम को पाने का प्रयत्न ही नहीं करना चाहते। यदि एक बार 100 अंक मांगने पर 20 मिले और आप संतुष्ट हो जाएं तो आप 100 अंक कभी प्राप्त नहीं कर पाएंगे।

4. **नाकाफी शिक्षाः**- इस कमी का कारण अंदर से प्रेरणा का अभाव है। यहाँ शिक्षा का अर्थ डिग्रियों का पुछल्ला लगाना नहीं वरन सही रूप में दिमाग को विकास प्रदान करना है। ज्यादातर लोग, जो अपना भविष्य खुद चमकाते हैं, वे होते हैं जो शिक्षा को सही रूप में ग्रहण करते हैं। असली शिक्षित व्यक्ति जो होता है वो बिना किसी का हक मारे, जीवन में वह सब प्राप्त कर लेता है जो वह चाहता है। शिक्षा सही वह होती है जो न सिर्फ ज्ञान देती है वरन् यह भी बताती है कि कैसे ज्ञान को ग्रहण कर उससे लाभान्वित हुआ जाए। आदमी की कदर सिर्फ उसके ज्ञान से नहीं वरन् उस ज्ञान के सही प्रयोग से बढ़ती है। जिसमें यह काबिलियत होती है वह सब कुछ पा लेता है जिसकी उसे चाह होती है। यदि शिक्षा ही सफलता की कसौटी होती तो एक संस्थान से ही एक-सी डिग्री लेने वाले बिलकुल अलग उपलब्धियाँ कैसे पाते हैं। किसी विश्वविद्यालय से बीए, डिग्री प्राप्त स्नातकों का ग्राफ बिलकुल अलग- अलग चलता है। कुछ बहुत आगे बढ़ जाते हैं, कुछ किनारे पर ही पड़े रह जाते हैं। आगे वही बढ़ते हैं जिन्होंने उस डिग्री से प्राप्त ज्ञान को सही रूप में लागू किया है।

5. **आत्म-संयम का अभावः**- यह तो एक निर्विवादित सत्य है कि आत्म-संयम का अभाव कुछ भी- न सिर्फ धन-प्रतिष्ठा वरन् चैन भी- पाने से आदमी को वंचित रखता है। आपके भीतर बैठा हुआ जो 'भय' नामक जीव है वह आपका सबसे बड़ा हितैषी और सबसे निर्मम दुश्मन एक साथ बनकर उभरता है। यदि इस पर नियंत्रण कर सके तो यह हितैषी है, नहीं तो दुश्मन। कभी शीशे के सामने खड़े होकर उसको पहचान लीजिए।

6. **बुरा स्वास्थ्यः**- प्रायः लोग सफलता पाने की धुन में अपने शरीर का ध्यान नहीं रखते और बिना देखे कुछ भी खाते-पीते रहते हैं और कभी भी सो जाते हैं। कुछ लोगों के साथ यदि प्रकृति ने ही अत्याचार कर दिया है, तो बात अलग है। पर ज्यादातर लोग अपना स्वास्थ्य खुद ही बिगाड़ते हैं। नीचे दिए चार निर्देशों का पालन करें :

(क) भूख से ज्यादा और गरिष्ठ भोजन कभी न खाएं।

(ख) अपने विचार शुद्ध रखें और ऋणात्मक विचारों को न पालें।

(ग) शारीरिक व्यायाम कर अपने शरीर को चुस्त-दुरुस्त रखें।

(घ) अतियों को वर्जित रखें और यौनाचार में ज्यादा लिप्त न रहें।

(ङ) खुली हवा और शुद्ध पानी का सेवन करें।

7. **बचपन में प्रतिकूल माहौल का प्रभावः-** बचपन की अप्रीतिकर परिस्थितियाँ आदमी में ऋणात्मक आवेश भर देती हैं। बुरी संगति छीन के खाने की मानसिकता बना सकती है और अपराधी प्रवृत्ति को प्रश्रय दे सकती है। यदि ऐसा है तो उसका सबसे आसान बचाव साधना है अच्छी संगति और बुरी आदतों से छुटकारा।

8. **टालमटोल की प्रवृत्तिः** यह कारण सर्वाधिक लोगों को असफल करता है। इसका मूल कारण आदमी के भीतर बैठा वह आलसी जीव है जो हर चीज को टालना चाहता है। खुद को ऐसे लोग यही कह कर बहलाते हैं कि 'अभी हमारा समय नहीं आया है।' समय किसी का नहीं होता है- उसे तो अपना बनाया जाता है। यदि समय या भाग्य एक बार गुजर गया तो फिर वापस हाथ नहीं आता है। एक पुरानी कहावत के अनुसार— भाग्य पीछे से नंगा होता है। थोड़े बहुत क्षण जो आगे होते हैं उसी के जरिए उसको पकड़ा जाता है। यदि सामने से वह गुजर गया तो कितना भी हाथ मारो, पीछे से कुछ भी हाथ नहीं आने वाला।

9. **लगन की कमीः** ज्यादातर लोग जो सफलता से वंचित रहते हैं शुरुआत तो बड़े धूम-धड़ाके से करते हैं पर अन्त में फिसड्डी रह जाते हैं। कारण लगन की कमी/यदि पहली हार को ही असफलता मान लिया जाएगा तो एडीसन जैसे लोग कैसे अपने अन्वेषण कर पाएंगे जो अपने दस हजार बार प्रयास के बाद ही इलेक्ट्रिक बल्ब बना पाए थे। इस विषय में पहले भी काफी लिखा जा चुका है।

10. **ऋणात्मक व्यक्तिः** ऐसे लोगों के कल्पना-विचार सब ऋणात्मक होते हैं। वह न कभी धनात्मक या सृजनात्मक रूप में सोचते हैं वरन् दूसरों को भी हतोत्साहित करते रहते हैं। ऐसे लोग अपनी सारी ऊर्जा बेकार में बर्बाद करते रहते हैं।

11. **अनियंत्रित यौन भावः** यौन भाव मानव शरीर का सबसे शक्तिशाली संवेग है जो एक विचार को क्रिया में परिवर्तित कर देता है। चूंकि यह बहुत शक्तिशाली होता है, बड़े-बड़े ऋषि-मुनि अपनी तपस्या से च्युत हो जाते हैं। इस पर नियंत्रण रखना आवश्यक है।

12. **'न कुछ से कुछ पाने की उद्दंड कामना':** जैसा कि विश्व का सर्वमान्य सिद्धान्त है: बिना कुछ गँवाए कुछ नहीं मिलता; परन्तु ऐसे लोग चाहते हैं कि शून्य से ही सृष्टि बना दें! इसका एक बड़ा उदाहरण सन् 1929 की भयंकर मंदी थी जब ज्यादातर अमेरिकी लोगों ने 'स्टॉक मार्जिन' में जुआ खेलकर धनी होने की कोशिश की थी और सबके सब असफल हुए।

13. **निर्णय लेने की स्पष्ट क्षमता का अभावः** सफल व्यक्ति सदा अपने निर्णय शीघ्र लेता है परन्तु उन्हें बदलता बड़े धीरे-धीरे है। अतिनिर्णयात्मकता और टालमटोली जुड़वां बहनें हैं- क्योंकि जहाँ एक होगी दूसरी तो होगी ही।

14. **छह मूल डरों में से एक की भी उपस्थितिः** उन डरों का विश्लेषण आगे के अध्याय में किया गया है। इन डरों से पार पाना आवश्यक है क्योंकि यह आपको आगे बढ़ने से सदैव भयभीत रखते हैं।

15. **जीवन साथी का गलत चुनावः** यद्यपि वह बिन्दु थोड़ा अटपटा-सा जरूर लगता है परन्तु यह एक बहुत बड़ा कारण है। वस्तुतः जीवन-साथी यदि गलत हो जाए तो मानसिक-शारीरिक चैन खत्म हो जाता है जिसके बिना आदमी अपनी पूरी ऊर्जा और उत्साह के साथ किसी भी काम में नहीं जुट पाता।

16. **जरूरत से ज्यादा सावधान रहने की आदतः** सावधान रहना तो ठीक है परन्तु अति सावधानी, कम सावधानी जैसी ही खराब है। आप अपनी अति सावधानी के कारण असली माल पाने से वंचित रह जाते हैं क्योंकि तब तक बहुत देर हो चुकी होती है। असली माल दूसरे ले जाते हैं। आपको दोनों ही अतियों की वर्जना करनी चाहिए।

17. **व्यापार में गलत सहयोगियों का चुनावः** व्यापार में असफलता का यह एक प्रमुख कारण है। अपनी सेवाएं बेचने में यदि आपने गलत आदमी का सहयोग किया तो आपकी बात सही स्रोत तक पहुँच ही नहीं पाएगी।

ज्यादातर सहयोगियों का असर आपकी करनी पर भी पड़ता है- इसलिए उनका चुनाव बेहद सावधानी से ही करना चाहिए।

18. **अंधविश्वासी एवम् पूर्वाग्रही होना:** अन्धविश्वास भी एक तरह के भय का रूप ही होता है। व्यापार में कई तरह के अंधविश्वास चलते हैं- कई लोग अपनी दुकानों पर तरह-तरह के टोटके कराते रहते हैं और इस चक्कर में कई बार बड़े लाभ के मौके से वंचित हो जाते हैं। पूर्वाग्रही होना भी किसी पुराने भय की पुनरावृत्ति के खिलाफ स्वयम् को सचेत करना होता है। व्यापार में काम सदैव खुले दिमाग और मजबूत हृदय के साथ करना चाहिए।

19. **व्यवसाय या पेशे का गलत चुनाव:** आजकल यह भेड़चाल का युग है। दूसरे की देखा-देखी लोग अपना भी पेशा चुन लेते हैं और बाद में पछताते हैं। जैसे आजकल एमबीए, करके व्यापार-प्रबन्धन में घुसने की होड़ लगी है। सभी लोग तो उसके लिए योग्य नहीं हो सकते। हो सकता है कुछ काबिल इन्जीनियर हों या डॉक्टर हों और प्रबन्धन में रुचि ज्यादा न लेते हों। इसलिए अपने पेशे का चुनाव आदमी को अपनी स्वाभाविक रुचि के अनुसार ही करना चाहिए।

20. **एकाग्रता की कमी और ढुलमुल प्रयास:** यह कारण स्वतः स्पष्ट है और किसी विशेष स्पष्टीकरण की माँग नहीं करता। इतना निश्चित है कि जो काम आपकी रुचि का नहीं होगा, उसमें एकाग्रता लाना मुश्किल होगा- उसी कारण आपके प्रयास में यह कमी रहेगी।

21. **बिना सोचे समझे पैसा खर्च करना:** यह भी स्पष्ट ही है। ऐसा आदमी तो हर क्षेत्र में असफल रहेगा क्योंकि बिना सोचे-समझे खर्च करने से तो कुबेर का खजाना भी खाली हो सकता है।

22. **उत्साह की कमी:** उत्साह के बिना तो सफलता कभी भी प्राप्त नहीं हो सकती। उत्साह की कमी का मुख्य कारण होता है संसाधनों की कमी या प्रतिफल के बारे में स्वयं आश्वस्त होना। आप पूरा हिसाब लगाकर ही किसी काम में कूदें- तभी उत्साह के साथ काम कर पाएंगे।

23. **असहनशीलता:** कुछ लोग अपने दिमाग में ऐसी धारणा कर लेते हैं कि कुछ लोगों के साथ वह काम नहीं करेंगे। ऐसा करके स्वयं ही अपने लिए व्यर्थ की सीमाएं निर्धारित कर लेते हैं- फलस्वरूप सफलता उन्हें वंचित करती है। जैसा कि पहले लिखा जा चुका है अपना दिमाग खुला रखिए और पूर्वाग्रह से मुक्त रहिए।

24. **उच्छृंखल आचरण:** उसका हवाला अन्य उपशीर्षकों के अंतर्गत कई बार दिया जा चुका है। संयमित व्यवहार तो सफलता की पहली जरूरत है।

25. **दूसरों का साथ निभा पाने की अयोग्यता:** सफलता की ग्रह पर कई लोगों से वास्ता पड़ता है। व्यापार का क्षेत्र तो दूसरों के साथ निभा पाने की योग्यता पर ही खुलता है। यदि दूसरों के साथ निभा पाना संभव नहीं है तो सफलता की कामना करना ही व्यर्थ है!

26. **थोपी हुई शक्ति के बल पर घमण्ड करना:** ज्यादातर प्रसिद्ध और सफल व्यक्तियों की संतानें इसी कारण असफल रहती हैं कि जो सुविधा या पद वह प्राप्त करते हैं वह उनकी अपनी कमाई नहीं होती। याद रखें अनायास प्राप्त दौलत गरीबी से ज्यादा घातक होती है- क्योंकि गरीबी दूर करने के लिए तो आदमी प्रयत्न कर सकता है पर अचानक हाथ आई दौलत कभी टिकती नहीं और ऐसा आदमी कभी सही तरह से प्रयत्न नहीं कर सकता।

27. **बेईमानी की मंशा:** ईमानदारी का कोई विकल्प नहीं होता। हो सकता है परिस्थितिवश कोई बेईमान हो जाए, पर वह सुधर सकता है। परन्तु जिसकी नियत में ही बेईमानी है वह कभी स्थायी रूप से सफल नहीं हो सकता।

28. **दर्पी और घमण्ड भरा स्वभाव:** ऐसे लोग सफल होने के पूर्व ही घमण्ड से यह समझने लगते हैं कि वे सफल हो गए। घमण्डी का सर सदैव नीचा होता है। सफलता से आत्मसम्मान प्राप्त होता है तथा घमण्ड से सदैव आत्मग्लानि ही मिलती है। सफलता के यदि इच्छुक हैं तो घमण्ड और दर्प से मुक्ति पाएं।

29. **बजाय सोचने-समझने के तुक्का लगाना:** जो स्वभावत: आलसी होते हैं वह मेहनत से जी चुराते हैं और पड़े-पड़े ही तुक्का लगाते रहते हैं। ऐसे लोगों का असफल होना स्वाभाविक है।

30. **पूँजी की कमी:** ज्यादातर वे लोग जो तुम्हें या दिवास्वप्नों के बल पर काम करते हैं अपनी पूँजी-निवेश का सही ज्ञान भी नहीं लगा पाते। हर काम में अड़चनें आना तो स्वाभाविक ही है- ऐसे लोग एक अड़चन पर ही अपनी पूरी पूँजी लुटाकर फटेहाल हो जाते हैं। यह नौसिखियों के साथ ही होता है।

[उनके अलावा एक वजह वह भी हो सकती है जो आप व्यक्तिगत रूप से भुगत चुके हों और जो इस फेहरिस्त में नहीं आई। उसको भी उसमें जोड़ सकते हैं]

संसार का सबसे पुराना उपदेश है जो हर धर्म-संस्कृति में मौजूद है : 'स्वयं को पहिचानो।' यह सिद्धान्त हर क्षेत्र में सत्य है। आप भी जो प्राप्त करना चाहते हैं और उसके बदले में जो देना चाहते हैं उसका अच्छी तरह पहचान कर ही अपना प्रयत्न प्रारंभ करें।

इस संदर्भ में एक मजेदार घटना नीचे उद्धृत है। एक युवा ने एक व्यापारिक संस्थान में नौकरी के लिए प्रार्थना पत्र दिया। इन्टरव्यू में उसने वहाँ के मैनेजर पर बहुत अच्छा प्रभाव डाला। अंत में उस मैनेजर ने पूछा, "तुम क्या वेतन-भत्ता इत्यादि की अपेक्षा करते हो" [अर्थात् स्पष्ट उद्देश्य की कमी]

मैनेजर ने कहा: "ठीक है। एक हफ्ते तक काम करवा कर हम तुम्हें परखेंगे और फिर तुम्हें तुम्हारी योग्यता के अनुसार भत्ता-वेतन इत्यादि प्रदान कर देंगे।"

"मुझे यह स्वीकार नहीं," उस युवक ने कहा: "क्योंकि उससे ज्यादा तो मैं वैसे ही प्राप्त कर रहा हूँ!"

स्वयं के विश्लेषण हित एक प्रश्न तालिका

1. क्या मैं वह लक्ष्य पा चुका हूँ जो मैंने उस वर्ष में पाने के लिए तय किया था।

2. क्या मैंने अपने काम को उच्च गुणवत्ता के साथ, अपनी पूरी क्षमता से किया है या मैं उससे भी बेहतर ढंग से उसे अंजाम दे सकता था।
3. क्या मैंने अपनी सेवा पूरी मात्रा में प्रदान की है?
4. क्या मेरा बर्ताव पूरी तरह समरसता पूर्ण और सहयोगपूर्ण रहा है?
5. क्या मैंने टालमटोली कर अपनी योग्यता व क्षमता को किसी तरह कुंठित किया है? यदि हां तो किस हद तक?
6. क्या मैंने अपने व्यक्तित्व को विकसित किया है? यदि हाँ तो कैसे?
7. क्या मैं अपनी योजनाएं पूर्ण करने के लिए प्रयासरत रहा हूँ?
8. क्या मैंने निर्णय शीघ्रता और स्पष्टता से लिए हैं?
9. क्या मैं छह डरों में से किसी एक से भी ग्रसित रहा हूँ?
10. क्या मैं अति-सावधान या अति-असावधान रहा हूँ?
11. क्या मेरा बर्ताव काम में सहयोगियों के साथ सद्भावपूर्ण रहा है या असद्भावपूर्ण- यदि असद्भावपूर्ण रहा तो उसका कारण दूसरे लोग थे या मैं स्वयं?
12. क्या एकाग्रता की कमी के कारण मैंने अपनी ऊर्जा जाया की है?
13. क्या मैं खुले-दिमाग से कार्यरत रहा हूँ और सबके प्रति स्नेहशील भी? यदि नहीं तो किस कारण से?
14. मैंने सेवा प्रदान करने में अपनी योग्यता में कैसे सुधार किया है?
15. क्या मैंने कभी भी संयम खोया या खान-पान और अन्य आदतों में गलत राह पर गया था?
16. क्या मैंने किसी स्थिति में घमण्ड का प्रदर्शन किया है?
17. क्या मेरा बर्ताव ऐसा रहा है कि मेरे मातहत मुझे सम्मान और आदर प्रदान करें- वह भी सहजता से?
18. क्या मेरी राय या निर्णय गहन सोच पर आधारित थे कि मात्र तुक्केबाजी पर?
19. क्या मैंने अपने समय, खर्च और आमदनी के बजट के अनुसार खर्च किया है। क्या मैं उन मामलों में मितव्ययी रहा हूँ?

20. कितना प्रयास मैंने व्यर्थ के कामों में बर्बाद किया है?
21. हर वर्ष अपनी योग्यता बढ़ाने के लिए मैं किस प्रकार अपने समय को पुनर्निर्धारित करूँ?
22. क्या मैंने कोई काम अपनी आत्मा की आवाज के विरुद्ध किया है?
23. क्या कभी मैंने प्राप्त धन की तुलना में ज्यादा सेवा या बेहतर सेवा प्रदान की है?
24. क्या मैंने किसी के साथ अत्याचार किया है; यदि हाँ तो किस तरह?
25. क्या ऐसी सेवा मैं अपने ही किसी काम के लिए देता तो मैं स्वयं भी संतुष्ट रह पाता?
26. क्या मैंने सही पेशे का चुनाव किया है। यदि नहीं तो क्यों नहीं?
27. क्या मैंने जिसको यह सेवा प्रदान की है वह सहज रूप से मेरे काम से संतुष्ट है?
28. सफलता के मूलभूत सिद्धान्तों के अनुसार मेरी सफलता को कितने अंक मिलने चाहिए? [स्वयं को आंक लें]

इन प्रश्नों का पूरी ईमानदारी से यदि उत्तर देंगे तो आप अपना सही आकलन कर अपनी व्यक्तिगत सेवाओं के विपणन हेतु योजना बनाने को तैयार हो जाएंगे।

•••

अमीर बनने की ओर
उठाएं सातवां कदम

8

निर्णय

लगभग 2,50,000 लोगों के जीवन-वृत्तों का गहन विश्लेषण करने के पश्चात् मैं इस निष्कर्ष पर पहुँचा हूँ कि निर्णय न ले पाने की क्षमता उसमें कभी असफलता का मुख्य कारण बनकर उभरती है। यह कोई एक पाक्षिक सिद्धान्त पर आधारित कथन नहीं वरन् एक सार्वभौमिक सत्य है।

टालमटोली (अंग्रेजी में प्रोक्रैस्टीनेशन) निर्णय के ठीक विपरीत चलने वाली प्रक्रिया है। टालमटोली का स्वभाव मानव सभ्यता का सबसे बड़ा शत्रु है।

बड़े और महान लोगों के जीवन से हमें एक स्पष्ट पाठ मिलता है कि वे सभी शीघ्र निर्णय लेने में माहिर थे और यदि कभी अपने निर्णय को बदलने की जरूरत पड़ती थी तो वे उसे बहुत धीरे-धीरे बदलते थे।

हेनरी फोर्ड भी अपने निर्णय बहुत त्वरित गति से लेता था परन्तु उन्हें बदलता बेहद धीमी गति से था। अपनी उस आदत के कारण बहुत से लोग उसे जिद्दी भी समझते थे। जब उन्होंने अपनी प्रसिद्ध कार 'मॉडल टी' बनाई तो उनके सारे सलाहकार, संभावित क्रेता एक मत थे कि इसका मॉडल बदल दिया जाए। उनके अपने निर्णय पर जमे रहने के कारण उन्हें जिद्दी भले ही समझा गया हो पर उनको इसी मॉडल से आशातीत धन प्राप्त हुआ।

ज्यादातर लोग जो अपना निर्णय शीघ्र नहीं ले पाते, दूसरों के प्रभाव में शीघ्र आ जाते हैं। लोगों का स्वभाव है एक नई बात कहना : 'मुंडे-मुंडे मर्तिभिन्ना' कहावत

यही तथ्य प्रकट करती है। बात सबकी सुननी चाहिए परन्तु करना अपनी ही बुद्धि से चाहिए। क्योंकि दूसरे तो एक आम धारणा से बात पैदा करते हैं जबकि आपको एक खास मत चाहिए। वह मत जो आपकी परिस्थिति के आकलन के बाद लिया जाए। यदि दूसरों से शीघ्र प्रभावित होते रहेंगे तो आप न सिर्फ अपना निर्णय नहीं ले पाएंगे वरन् आप अपनी इच्छा से भी हाथ धो बैठेंगे जब इच्छा ही न होगी तो क्या सफलता और क्या धन प्राप्ति।''सिवा अपने 'मास्टरमाइंड' ग्रुप के औरों की बात भी सुनें पर करे वही जो आपके उद्देश्य के अनुकूल दिखाई पड़े। आखिर भगवान ने आपको भी अपनी आँखें और दिमाग दिया है। उनका इस्तेमाल करें।

वैसे भी आम लोगों का स्वभाव होता है कि जितना उन्हें मालूम है उससे कहीं ज्यादा अपनी विद्वता प्रदर्शित करते हैं। ऐसे लोग जरूरत से ज्यादा बोलते हैं। पुरानी कहावत है कि सुनो सबकी पर करो अपने मन की। भगवान ने दो कान, दो आँखें और एक मुँह इसी तथ्य को रेखांकित करने के लिए दिया है कि ज्यादा सुनो और देखो पर बोलो कम! ज्यादा बोलने से आप अपनी सभी योजनाएं और मंतव्य उनके सामने खोल देते हैं जिन्हें उन्हें ध्वस्त करने में ही मजा आता है। कोई भी नहीं चाहेगा कि आप उनसे आगे निकल जाएं। अपना खजाना हर एक के सामने खोलने की कोई दरकार नहीं है। इसमें दो नुकसान हैं: एक-दूसरों को उसे जाँचने परखने और ध्वस्त करने का मौका प्राप्त होता है; दूसरे- आप धीरे हो जाते हैं।

इसलिए सदैव दुनिया को बताएं कि आप क्या करना चाह रहे हैं पर पहले उसकी एक बानगी दिखा लें।

इसीलिए पुराने विद्वानों ने कहा भी है: ''शब्द नहीं कृत्य को बोलने दो।''

टाल-मटोल की कुशलता

संसार के महानतम निर्णय बड़े जोखिम के साथ लिए गए हैं। ज्यादातर ऐसे थे जिसमें निर्णायक की मृत्यु निश्चित थी परन्तु अपनी मृत्यु का जोखिम उठाकर भी उस निर्णय करने वाले ने सभी को मुक्ति प्रदान की।

लिंकन ने जब अपने प्रसिद्ध- ''स्वतंत्रता उद्घोष'' की घोषणा की थी जिसने श्यामवर्ण के लोगों को मुक्ति का संदेश दिया था तो लिंकन को मालूम था कि इस

घोषणा से उसके हजारों हितैषी और मित्र उसके विरोधी बन जाएंगे। अन्त में वही हुआ भी। लिंकन की हत्या हो गई परन्तु काले लोगों को वह मरते-मरते स्वतंत्रता दे गया।

सुकरात ने जहर का प्याला पीने का निर्णय लिया और अपनी बात पर कायम रहा। गैलीलियो को सूली पर चढ़ा दिया गया परन्तु वह सत्य उद्घोषित करता ही रहा: "वह (धरती) अब भी घूम रही है।" [जब कि चर्च का मानना था कि धरती स्थिर है और सारे ग्रह नक्षत्र चलायमान हैं]। अमेरिकी इतिहास पूरा भरा हुआ है ऐसे ही जोखिम भरे निर्णयों से, जिसमें निर्णयकर्ता को अपनी जान गँवानी पड़ी परन्तु उसने सत्य का साथ नहीं छोड़ा।

जो निर्णय शीघ्र लेने की क्षमता रखते हैं उन्हें ज्ञात होता है कि उन्हें क्या चाहिए। यही कारण है कि वह नेता होते हैं। जो निर्णय नहीं ले सकते वे मात्र अनुयायी होकर रह जाते हैं। आप जीवन के किसी भी क्षेत्र में देख लें- जो शीघ्र निर्णय लेते हैं वह अपने क्षेत्र के सिरमौर बनते हैं। चाहे नेपोलियन हो या सिकंदर, लिंकन हो या जॉर्ज वाशिंगटन, महात्मा गांधी हो या जवाहरलाल नेहरू- ये सभी अपनी त्वरित निर्णय लेने की क्षमता से इतने महान नेता बन पाए। निर्णय लेने की क्षमता एक पहाड़ों से आने वाली शक्तिशाली धारा के समान होती है; वह रास्तों की सारी रुकावटें दूर कर अपनी राह स्वयम् निकाल लेती है।

उसके बरअक्स, अनिर्णय एक आलसी बँधा-ढँका तालाब जैसा होता है। प्रायः अनिर्णात्मक आदत की शुरुआत जवानी में ही हो जाती है। जैसे-जैसे जीवन में वह व्यक्ति आगे बढ़ता जाता है उसकी निर्णय न ले पाने की प्रवृत्ति और उद्दंड होती जाती है। ऐसा वही लोग करते हैं जिनके पास अपने उद्देश्य की स्पष्टता नहीं होती। तूफान में उड़ता हुआ सूखा पत्ता क्या निर्णय लेगा? उसकी नियति तो सिर्फ तब तक रहना है जब तक वह स्वयं ही खण्ड-खण्ड होकर व्योम में विसर्जित न हो जाए।

उसका बहुत बड़ा कारण हमारी शिक्षा पद्धति की कमजोरियाँ हैं। यह कभी नहीं सिखाती कि निर्णय लेना एक आवश्यक प्रक्रिया है उत्थान के लिए। निर्णय लेना, अपना उद्देश्य स्पष्ट रखना, सफलता की आवश्यक सीढ़ियाँ हैं। भेड़चाल के मारे हुए ज्यादातर विद्यार्थी विद्या-प्राप्ति के बाद स्वयम् को अनिर्णय के चौराहे पर खड़ा पाते हैं।

शिक्षा पद्धति में स्कूली फॉर्म भरने में एक खास कॉलम होना चाहिए जिसमें विद्यार्थी यह स्पष्ट लिखे कि उसका कोई डिग्री पाने या सर्टिफिकेट प्राप्त करने के पीछे उद्देश्य क्या है। क्यों उसे शिक्षा चाहिए? आखिर उसका उद्देश्य क्या है? क्यों वह बी.ए., या एम.ए. या एम.बी.ए., करना चाहता है?

दुर्भाग्यवश स्कूली शिक्षा- अवधि में जो अनिर्णय की आदत विकसित कर ली जाती है वह पेशेवर काम में भी अपना प्रभाव दिखाती है। सबसे पहले तो ऐसा विद्यार्थी यही तय नहीं कर पाता कि उसे कौन-सा व्यवसाय चुनना है। पढ़ाई पूरी करने के पश्चात् जो नौकरी हाथ आती है वह वही करने लगता है। आज 90 प्रतिशत लोग वह काम कर रहे हैं जो उनका चुना हुआ नहीं है। देश में कुछ भेड़चाल का बोलबाला रहने के कारण सभी एक-से ही पेशे में घुसना चाहते हैं बिना अपनी योग्यता या काबिलियत की परवाह किए। जब आप एक प्रबंधन योग्यता वाले प्रत्याशी को शोध कार्य में घुसेड़ेंगे और शोध कर्ता को प्रबंधन का काम देंगे तो आप दुहरा नुकसान करेंगे-न सिर्फ उस व्यक्ति का वरन् देश का भी। कारण, और दो अच्छी सेवाओं से हाथ धो बैठेंगे और पाएंगे दो खराब सेवाएं।

अनिर्णय का एक बहुत बड़ा कारण लोगों में अपने काम के लिए कोई कुर्बानी देने के वादे की कमी भी है) चाहे ये लोग अपने अभिभावकों को गलत-व्यवसाय-चुनाव का दोषी बनाएं परन्तु सत्य तो यह है कि उनमें खुद भी न साहस था न कुर्बानी का बना कि अपने मन का पेशा चुनते। ज्यादातर लोगों का यही हाल है कि 'मन का तो मिलता नहीं, अत: जो मिलता है उसे ही चाहने लगता हूँ।' स्वाभाविक है कि ऐसे लोग अपने काम के शिखर पर नहीं पहुँच सके क्योंकि न उनमें उसकी इच्छा ही होगी, न जुनून और न ही स्वत:-प्रेरणा।

निर्णय की स्पष्टता बड़े साहस की माँग करती है। अमेरिका के 'डिक्लेरेशन आफ इन्डिपेन्डेंस' पर दस्तखत करने वाले 56 लोगों ने अपना जीवन दांव पर लगा कर इस दस्तावेज को वैध बनाया था। हर आदमी सफलता की कीमत चुकाता है परन्तु उसके लिए साहस भी बहुत चाहिए। लिंकन, एडीसन या हेनरी फोर्ड ने अपना जीवन ही होम कर सफलता अर्जित की थी। यदि आप धनपति होना चाहते हैं और उसके लिए अदम्य इच्छा रखते हैं तो वह जुनून पैदा कीजिए जिससे आप अपना स्वप्न साकार कर सकें।

सैम्मुअल एडम्स ने 'कॉलोनियों' के लिए स्वतंत्रता की चाह की थी तो एक पूरे जुनूनी जोर के साथ। आप भी यदि करोड़पति अरबपति होना चाहते हैं तो उसके लिए इच्छा, साहस, जुनून और लक्ष्य की स्पष्टता प्राप्त कीजिए- और फिर देखिए कि आपकी यह इच्छा कैसे फलीभूत होती है।

आगे के अध्याय 'व्यवस्थित योजना बद्धता' में आप पूर्ण निर्देश पाएंगे कि कैसे अपनी हर तरह की व्यक्तिगत सेवा का सही विपणन करके आप लाभान्वित हो सकते हैं। उसी अध्याय में आपको निर्देश मिलेंगे कि कैसे अपना मनचाहा व्यवसाय- नौकरी ही नहीं वरन् मालिक (एम्पलॉयर) को चुनें। लेकिन यह निर्देश किसी काम के नहीं होंगे यदि आप स्पष्टता से उन पर ध्यान देने का चुनाव न करेंगे। इसीलिए शांत चित्त से उन्हें चुनें और व्यवस्थित होएं।

•••

अमीर बनने की ओर
उठाएं आठवां कदम

9

लगन

यदि इच्छा को मूर्त रूप देना है तो अध्यवसाय या लगन एक परम आवश्यक तत्व है। अध्यवसाय का मूल आधार है इच्छा-शक्ति।

यदि इच्छा-शक्ति और अध्यवसाय एक साथ जुड़ जाएं तो एक असीमित शक्ति पैदा कर देते हैं। प्राय: बड़ी सम्पदा-संपन्नता अर्जित करने वालों को ठंडें-खून वाला तथा कुछ हद तक निर्भय माना जाता है। यह एक विशुद्ध गलतफहमी है। वे सिर्फ अध्यवसायी होते हैं और अपनी इच्छा को मूर्त रूप देना जानते हैं। एडीसन, हेनरी .फोर्ड, कार्नेगी तथा रॉकफैलर्स इसी श्रेणी में आते हैं।

यदि आप भी यह पुस्तक इसी मंतव्य से पढ़ रहे हैं कि इसमें दिए गए सिद्धान्तों को आप अपने जीवन में लागू करेंगे, तो पहले अपने अध्यवसाय की परख कीजिए और द्वितीय अध्ययन में दिए गए छह कदमों का अक्षरश: पालन कीजिए।

सारी उपलब्धियों का पहला कदम होता है- अदम्य इच्छा का होना। उसको सदैव अपने दिमाग में रखिए। यदि इच्छा कमजोर होगी तो कमजोर परिणाम ही लाएगी- जैसे हल्की आग से तो हल्की गर्मी ही प्राप्त होगी। पहले अपनी इच्छा की परख करें और उसे कामना के ताप में तपाकर तप्त करें।

पहले पूरी पुस्तक पढ़ें और फिर द्वितीय अध्याय को दुबारा पढ़ें तथा उसमें दिए गए छह कदम सम्बन्धी निर्देशों का पालन करें। जितनी तत्परता से आप उनको पढ़ेंगे तथा पालन करेंगे उतना ही आपको आपकी इच्छा की अदम्यता से साक्षात्कार मिलेगा।

यदि आपको लगे कि उदासीनता हावी है तो समझ लें कि आपकी इच्छा अभी अदम्य नहीं हो पाई है।

महानता की चाह लोगों को उसी प्रकार अपनी तरफ खींचती है जैसे नदियाँ समुद्र की तरफ बहती जाती हैं। यदि लगन में कमी की अनुभूति हो तो 'मास्टरमाइंड की शक्ति' वाले अध्याय में दिए निर्देशों को ध्यानपूर्वक पढ़ें। 'मास्टर माइंड' की संगति लगन की यह कमी दूर कर सकती है। कुछ निर्देश 'स्वतः प्रेरणा' अध्याय में भी दिए गए हैं जिसमें अवचेतन की शक्ति का विवेचन है। उससे आपको मालूम होगा कि कभी-कदा किए गए काम उतने ही बेकार सिद्ध होते हैं जितना एक पूरे तालाब को नीला करने को डाला गया बाल्टी भर रंग। वांछित परिणाम तभी प्राप्त होगा जब आप पूरे मन से प्रयत्न करेंगे। पूरे मन से प्रयत्न न करने का अर्थ है कि आप में इच्छा और लगन की कमी है। वस्तुतः मूलभूत सिद्धान्त वही है: जैसा आप चाहेंगे, वैसे ही बन जाएंगे।

यदि आपका मन गरीबी की ओर खिंचता है तो आप कभी धनाढ्य नहीं हो सकते। गरीबी का भाव, सहानुभूति, संवेदन आपकी अपनी अमीरी की इच्छा को दबा देगी। यह अवचेतन का प्रभाव है।

आपको एक उदाहरण देता हूं। मान लीजिए आप एक दुःस्वप्न देख रहे हैं। आपको लग रहा है कि सामने से पूरी तेजी से भारी इंजन आ रहा है और आप पटरी पर पड़े हैं। पूरी ताकत लगाकर भी आप टस से मस नहीं हो पा रहे हैं। जब इंजन बिल्कुल ही पास आ जाता है तब आप अपनी पूरी ताकत लगाकर करवट लेकर सामने से हटना चाहेंगे। और आप देखेंगे कि न सिर्फ आप इंजन से बच गए हैं, वरन् जागरण में भी **करवट** लेते हैं। अर्थात् स्वप्न की भयावहता ने जागरण में भी असर डाला। आपके अवचेतन के प्रभाव में चेतन मस्तिष्क भी आ गया है।

इस प्रकार का अवचेतन-बल जागृत करने के लिए स्वतः प्रेरणा काम करती है। इसी स्वतः प्रेरणा से आप 'मास्टर-माइन्ड ग्रुप' को ढूंढ़ते हैं। यदि थोड़ी सावधानी से ऐसा करेंगे तो आपको उस समूह में कम से कम एक आदमी जरूर ऐसा मिल जाएगा जो आपमें अध्यवसाय को दृढ़ता प्रदान करेगा। उससे प्रेरित होकर आपके मन में भी वह लगन जागेगी।

लगन या अध्यवसाय के बगैर तो आप अपाहिज ही रहेंगे, खासतौर पर इच्छा-पूर्ति के क्षेत्र में, क्योंकि अध्यवसाय की भरपाई किसी और भाव से नहीं हो सकती। लेकिन उसको आप निश्चित रूप से विकसित कर सकते हैं- व्यक्तिगत अनुभव और इच्छा-शक्ति के बल पर। यह तो आपके दिमाग की एक प्रवृत्ति है। यदि आप यह तय कर लें कि मुझे कोई चीज पानी ही है, तो दिमाग भी उसी तरह काम करने लगता है। उसको विकसित करने के लिए नीचे कुछ कदम सुझाए गए हैं।

1. **उद्देश्य की स्पष्टता:** यह पहला कदम इसलिए है क्योंकि आपको यदि यही नहीं स्पष्ट कि क्या पाना है तो आप किस तरफ चल पाएंगे। यह उद्देश्य तो स्पष्ट होना ही चाहिए।
2. **इच्छा:** उद्देश्य की स्पष्टता आपकी इच्छा की अदम्यता ही प्रकट कर देगी। यदि इच्छा तीव्र होगी तो उद्देश्य स्वतः स्पष्ट होने लगेगा।
3. **आत्म-निर्भरता:** यदि आपको भरोसा हो कि आप अपना प्राप्य अपने आप ही पा सकते हैं, तो आपकी इच्छा भी बलबती होगी और लगन भी पैदा हो जाएगी।
4. **स्पष्ट योजना:** योजना चाहे कमजोर या अव्यावहारिक भी प्रतीत हो, उससे इच्छा-शक्ति को बल मिलता है। और इच्छाशक्ति से अध्यवसाय में गति आती है। वस्तुतः यह सारे संवेग एक दूसरे से एकीकृत रूप में सम्बद्ध रहते हैं।
5. **सही ज्ञान:** इसमें कोई तीन-तुक्का नहीं होता। सही ज्ञान की प्रेरणा लगन से ही होती है। यदि एडीसन में लगन थी कि बिजली का बल्ब अन्वेषित करूँगा तो अपनी लगन से वह अंततः सही ज्ञान भी पा ही गया।
6. **सहयोग:** यदि आस-पास के लोग दिल बढ़ाने वाले हों तो लगन दृढ़तर होती जाती है- लेकिन यदि कुछ लोग उनमें हताशा जगाने वाले हों तो भी लगन में धार आती है और मन में यह भाव लगता है कि 'यह तो मुझे करके दिखाना ही है!'
7. **इच्छा-शक्ति:** इच्छाशक्ति तो लगन या अध्यवसाय का आधार है। किसी उद्देश्य को पाने की इच्छा, जब इच्छाशक्ति का साथ पाती है तो लगन बनकर उभरती है।

8. **आदतः** यह एक परम आवश्यक तत्व है। इसीलिए बार-बार कहा जाता है कि 'जीतने की आदत डालो!' क्योंकि यदि एक बार भी हार से समझौता कर लिया तो आदत भी वैसी ही हो जाएगी। कभी भी उद्देश्य से कम पर समझौता नहीं करना चाहिए। कहते हैं प्रसिद्ध इतालवी मूर्तिकार भाई ...... ने रोम में एक चर्च में हजारों भित्तिचित्र बनाने का काम पूरा कर लिया तो वह उसका मुआइना करने आया। उसने देखा कि उसके बनाए गए हजारों चित्रों में एक चित्र ऐसा है जिसमें एक आदमी की नाक थोड़ी टेढ़ी लग रही थी। यद्यपि सर उठाकर काम करते हुए उसकी गर्दन इतनी जकड़ चुकी थी कि उसको हिलाना भी मुश्किल था, फिर भी उसने उस चर्च के प्रबंधक से छैनी, हथौड़ी और एक सीढ़ी देने को कहा। उस प्रबन्धक ने कहा :"उतने हजारों चित्रों में एक चित्र की यह कमी कौन देख पाएगा! जाने दो!" परन्तु यशस्वी मूर्तिकार बोला :"नहीं.. सब सामान लाओ! मैं तो वह कमी देख रहा हूँ।" अर्थात् काम सम्पूर्णता से करने की आदत पैदा करनी चाहिए। तभी अध्यवसाय या लगन की धार में पैनापन आएगा।

लगन की कमी के लक्षण

इस उपशीर्षक में उन 'दुश्मनों' का हवाला दिया गया है जो आपके और आपकी वांछित उपलब्धि के बीच अड़कर खड़े होते हैं। उन्हें पहचानिए और उनको दूर करने (वध करने) का प्रयास कीजिए:

1. अपना स्पष्ट उद्देश्य न पहचानना।
2. बिना किसी जायज वजह के करने की प्रवृत्ति।
3. विशिष्ट ज्ञान प्राप्त करने हेतु आलस्य।
4. अनिर्णय की समस्या या निर्णय न ले पाने की समस्या। पलायन की प्रवृत्ति।
5. मेहनत से प्राप्त किए गए शोध उचित निष्कर्षों के बजाय तुक्कों और इलहास पर काम करने का तरीका।
6. शीघ्र संतुष्ट हो जाने की आदत। पहले भी लिखा जा चुका है, यह एक बड़ी गलत आदत है और इसे दूर करने का हर संभव प्रयत्न करना चाहिए।
7. उदासीनता- यह भी पलायन वृत्ति का ही एक प्रारंभिक लक्षण है।

8. दूसरों पर दोष मढ़ने का स्वभाव- ऐसे लोग अपनी हर गलती को दूसरों पर ही मढ़ना चाहते हैं और अपनी कमी स्वीकार नहीं करना चाहते। ऐसे लोग प्रायः प्रतिकूल परिस्थितियों को अपरिहार्य मान लेते हैं- 'कि उनका कोई प्रतिकार नहीं हो सकता।'

9. इच्छा की कमजोरी- चूंकि उद्देश्य का सही चुनाव नहीं किया गया।

10. पहली हार या झटके पर ही छोड़ भागने की आतुरता [उसका, कारण आगे 'भय' सम्बन्धी अध्याय से देखें]

11. न विचार ग्रहण करने की आतुरता, न मौका छोड़ने की कामना!

12. सिर्फ कामना मात्र करना, उससे सम्बन्धित किसी दृढ़इच्छा की अनुपस्थिति होना।

13. व्यवस्थित योजनाओं का अभाव।

14. धन समृद्धि प्राप्त करने के लिए जमकर मेहनत करने के बजाय, गरीबी से समझौता कर अपने दुर्भाग्य को कोसते हुए समय काटना।

15. धन-संपदा के लिए सदैव 'पतली गली' की तलाश में रहना और कभी सीधे रास्ते से धन प्राप्ति करने की कोशिश भी न करना। ऐसे लोग प्रायः जुआ, लॉटरी, सट्टा, घुड़दौड़ इत्यादि के आकर्षण में अपना सब कुछ गंवाते रहते हैं।

16. **आलोचना का भय** ऐसे लोग 'दूसरे क्या कहेंगे' वाली सोच में डूबे रहते हैं और अपनी इच्छा प्राप्त नहीं कर पाते। वस्तुतः यह भीरू स्वभाव अध्यवसाय को सर्वाधिक कमजोर करता है। काम शुरू करने का भय और उसमें असफलता का भय, ऐसे लोगों को काम ही नहीं करने देता। आलोचना का भय एक ऐसा भाव है जो बड़ी से बड़ी इच्छा का नाश और लगन को तोड़ सकता है। ऐसे लोग दूसरों को अपने ऊपर प्रभाव बनाने के लिए खुली छूट देते हैं और फिर उनके प्रभाव के कारण अपना मनचाहा अवसर भी प्राप्त नहीं कर पाते। सच कहें तो ये लोग बहुत कुछ अर्थों में प्रतिक्रियावादी हैं। उनकी क्रिया का आधार किसी की प्रतिक्रिया ही होती है।

मैं अपना ही उदाहरण देता हूँ। जब- एण्ड्रूज कार्नेगी ने यह सुझाव दिया कि इस काम में मैं अपने बीस वर्ष लगाऊँ, मेरा भी पहला विचार था- लोग क्या कहेंगे! मैंने ऐसा काम पहले किया नहीं था। मेरा दिमाग तुरन्त उसे न करने के बहाने तलाशने लगा। मेरे अंदर से मानों कोई कहने लगा, "तुम ऐसा नहीं कर पाओगे। इसमें बहुत समय और मेहनत की दरकार होगी! यही सब करोगे तो कमाओगे? कैसे और कैसे अपना भरण-पोषण कर पाओगे? क्या किसी ने पहले भी इस प्रकार सफलता का व्यवस्थित रास्ता बनाने का कभी प्रयत्न भी किया है? तुम कैसे सोचते हो कि यह काम तुम कर-सकोगे" इस तरह के कई हतोत्साहित करने वाले विचार मेरे दिमाग में गूँजने लगे। मुझे लगा कि सारा विश्व मुझे ही देख रहा है, मुझे अपमानित करने और मेरा मजाक बनाने के लिए।

मेरे पास एक मौका था इस संभावना की वहीं भ्रूण-हत्या करने का। बाद में अपने शोध के दौरान मैंने पाया कि हमारे ज्यादातर विचार पैदा होते समय मृत हो जाते हैं जब तक कि हम उनमें आशारूपी प्राणवायु का संचार न करें! इसलिए यदि कोई विचार अपने जन्मसमय में ही आशा रूपी प्राणवायु नहीं प्राप्त करे तो मर जाएगा। उसको मारने के लिए आलोचना का भय बड़ा घातक हथियार सिद्ध होता है। इस भय से मुक्ति पाना आवश्यक है।

कई लोगों की भ्रान्त धारणा है कि धन संपत्ति की प्राप्ति किसी सौभाग्यशाली 'ब्रेक' से होती है। परन्तु यह सही नहीं है। भाग्य का हाथ उसमें जरूर होता है परन्तु पूरा भाग्य का ही काम नहीं होता। उसमें वह प्रयत्न भी शामिल है जो उन 'ब्रेक' को ढूंढ़ने में सहायक सिद्ध होता है। अर्थात् जिनको इस ब्रेक का आईडिया होता है वही इसे तलाश कर सकते हैं। कम से कम उस क्षेत्र में तो घुसो जिसमें आप ब्रेक चाहते हो। यह ठीक है कि सफलता के भवन में प्रविष्टि आपको तभी मिलती है जब भाग्य दरवाजा खोलता है परन्तु उस दरवाजे तक पहुँच कर उसे खटखटाना आपका ही काम है, भाग्य का नहीं।

उसका कारण यही होता है कि हम सही रूप में यह जानते ही नहीं कि हमें जीवन में क्या तलाश है। आप चाहें तो यह परीक्षा स्वयं कर सकते हैं। आप किन्हीं दस

आदमियों को चुन लीजिए और उनसे पूछिए कि वाकई में आपको जीवन में क्या चाहिए। पहले तो वे भौंचक्के से निहारेंगे। जब आप बहुत जोर देंगे तब उनमें से कुछ कहेंगे! 'सुरक्षा'- कुछ 'धन' मांगेंगे। बहुत कम 'खुशी' की बात करेंगे- कुछ 'मान्यता' चाहेंगे तो कुछ आध्यात्मिक 'आनन्द' की चाह बताएंगे। लेकिन कोई भी स्पष्ट शब्दों में अपनी वास्तविक 'चाह', शायद कोई भी नहीं बता पाएगा- क्योंकि उसे खुद नहीं मालूम कि उसकी असली चाह क्या है। कारण, वही उसकी जिन्दगी जीने का स्वभाव और दोयम स्थिति में हमेशा जिन्दगी गुजारने का आलस्य। ऐसे में लगन या अध्यवसाय का भाव कहाँ से आ सकता है।

उसके लिए निम्न बातों का ध्यान रखना चाहिए ''जीवन का एक उद्देश्य पैदा करें और तय करें कि आपको क्या चाहिए। फिर उस चाह को एक अदम्य इच्छा का रूप दीजिए; योजना बनाइए तथा एक बार जो रास्ता तय कर लिया उसको खंडित करने के लिए किसी प्रकार का ऋणात्मक विचार, आलोचना या हतोत्साहित करने वाली बातें कतई मत सुनिए। उसके बजाय उन लोगों का साथ करें जो उसको बढ़ाने में आपका उत्साह बढ़ाते रहें।''

यह प्रक्रिया सिर्फ धन प्राप्ति के लिए नहीं, किसी भी प्रिय चीज को प्राप्त करने के लिए कारगर हो सकती है। उदाहरणार्थ श्रीमती वालिस सिम्पसन और इंग्लैण्ड के राजा किंग एडवर्ड का ही मामला लीजिए। श्रीमती सिम्पसन ने दोबारा शादी की परन्तु उनके मन का मीत नहीं मिला। लेकिन उनके मन में लगन थी सो उनकी खोज जारी रही। अंतत: किंग एडवर्ड को पाकर यह खोज खत्म हुई। दोनों को लगा कि मानो उनकी इच्छा मूर्तिमान होकर उनके सामने आ गई। यह वाकया विश्वयुद्ध द्वितीय से पहले का ही है। उस समय इंग्लैंड की तूती सारे विश्व में बोल रही थी। इंग्लैंड के राजा थे किंग एडवर्ड! जब उसने उस अमेरिकन, तलाकशुदा महिला, श्रीमती सिम्पसन से विवाह की इच्छा जाहिर की तो ब्रिटेन के कानून सामने आ गए। ब्रिटिश कानून के अनुसार वहाँ का राजा किसी तलाकशुदा महिला से विवाह नहीं कर सकता। परन्तु किंग एडवर्ड भी हठी थे। उनको अपनी इच्छा साकार होती लग रही थी। अत: उन्होंने कानून की राय मानते हुए राजगद्दी छोड़ने का फैसला किया परन्तु मिसेज सिम्पसन को नहीं छोड़ा। प्रेम का ज्वलन्त उदाहरण आधुनिक युग में दुर्लभ है जहाँ सत्ता के लोभ में लोग घनिष्ठ से

घनिष्ठ व्यक्ति की कुर्बानी देने में गुरेज नहीं करते। यह ऐसा इसलिए हो सका कि दोनों के हृदय में प्रेम की आग पूरी शिद्दत से थी। दोनों को लग रहा था कि प्रेम के सामने राजगद्दी, वैभव या सत्ता का या पूरी दुनिया का कुछ मोल नहीं है। दोनों ने अपनी अदम्य इच्छा का मूर्तिमान स्वरूप प्राप्त कर लिया।

स्टुअर्ट आस्टिन वियर के शब्दों में हम भी अपने भाव मिलाकर कह सकते हैं:

''सौभाग्यशाली है वह आदमी जिसने पहचाना? कि हमारे विचार ही हमारे मधुरतम विचार होते हैं।''

वह आदमी जो कालिमा की गहराई से प्रेम का प्रकाश देख सकता है

और कह सकता है

कि मेरे मधुरतम भाव सिर्फ तुम्हारे लिए हैं- मेरे प्रिय!

यदि आप अध्यवसाय या लगन का करिश्मा समझना चाहते हैं तो पैगम्बर मोहम्मद की जीवनी पढ़िए- वह जो थॉमस सुग्रू द्वारा लिखी गई है और जिसका सार नीचे दिया गया है।

अंतिम महान पैगम्बर

मोहम्मद एक पैगम्बर थे पर उन्होंने कोई चमत्कार कभी नहीं दिखाया। वह तो एक रहस्यवादी संत थे जिनको कोई औपचारिक शिक्षा नहीं मिली थी। उनका असली काम तो चालीस साल की उम्र पर प्रारंभ हुआ था। जब उन्होंने घोषित किया कि वह परमात्मा का पैगाम लेकर आए हैं पूरी दुनिया को दीन का पाठ पढ़ाने के लिए तो उनका मजाक बनाया गया और पागल करार दिया गया। बच्चे उन्हें परेशान करते और स्त्रियाँ उन पर गंदगी फेंकती। उन्हें अपने शहर मक्का से भी निष्कासित कर दिया गया था। सारा साजो-सामान छीन कर अपने गिने-चुने अनुयायियों के साथ रेगिस्तान में भेज दिया गया जहाँ उन्होंने दस वर्ष तक उपदेश दिया। पर उनके पास सिवाय अपने निष्कासन, गरीबी और उपहास के दिखाने के लिए कुछ भी नहीं था। लेकिन दस वर्षों का समय गुजरते-गुजरते वे पूरे अरब के अधिनायक, और मक्का के मठाधीश समझे जाने लगे थे। वह एक नए विश्व- धर्म के सर्जक थे जिसका प्रभाव डैन्यूब से पायरैनीज पर्वत

श्रृंखला तक हावी रहा था। उनके उपदेशात्मक सीख की तीन मुख्य बातें थीं, शब्दों की ताकत, प्रार्थना की सच्चाई और आदमी की ईश्वर से निकटता।

उनका जीवन बड़े अटपटे ढंग से प्रारंभ हुआ था। मक्का के एक संभ्रान्त परन्तु गरीबी ग्रस्त परिवार में उनका जन्म हुआ था। उस समय मक्का विश्व व्यापार का केन्द्र, प्रसिद्ध जादुई पत्थर काबा वाला एक अस्वास्थ्यकर जलवायु का शहर था, इसलिए वहाँ के बच्चे 'बेडोउनी' जाति के पास रेगिस्तान में भेज दिए जाते थे। मोहम्मद का भी ऐसे ही वातावरण में पालन-पोषण हुआ- घुमन्तु, जाति के साथ घूमते-फिरते। उनका काम गड़रिये का था- भेड़ों को चराना और उनकी रखवाली का। शीघ्र ही एक विधवा ने उन्हें अपने कारवाँ का प्रमुख नियुक्त कर दिया। उन्होंने पूर्वी-विश्व का बड़ा दौरा किया- कई धर्मों के लोगों से वार्तालाप किया और ईसाईयत का पराभाव भी देखा जो कई शाखाओं में विभाजित हो चली थी। 28 वर्ष की आयु में उन्होंने खदीजा नाम की एक विधवा से विवाह कर लिया, यद्यपि उनके पिता ने उसका विरोध भी किया था पर उस विधवा ने अंततः उन्हें राजी कर लिया। बाद के 12 वर्षों तक वह एक धनी व्यापारी की तरह शानो-शौकत में रहे। फिर उन्होंने रेगिस्तान में घूमना प्रारंभ किया। एक दिन जब वह वापस आए तो उन्होंने खदीजा को बताया कि उनके पास कुरान का ज्ञान आ गया है। एक बड़े फरिश्ते जबरील ने उन्हें बताया है कि वह खुदा के पैगम्बर हैं।

अल्लाह द्वारा प्रदत्त कुरान का ज्ञान ही एक मात्र चमत्कारिक सत्य घटना है जो उनके जीवन में घटी। वह कोई कवि नहीं थे, शब्दों के सही प्रयोग से नावाकिफ- लेकिन जो कुरान की आयतें वह ईमान वाले लोगों को सुनाते थे किसी भी निष्णात् कवि की कविता से ज्यादा प्रभावशाली थीं। अरब के लोगों के लिए यही एक चमत्कार से कम नहीं था। फिर कुरान ने एक नया ज्ञान दिया कि सभी इन्सान बराबर हैं और समग्र विश्व सभी का है। यह एक लोकतांत्रिक व्यवस्था है। मोहम्मद काबे में 360 मूर्तियों के पूजा-पाठ के विरोधी थे जिसके लिए उनको वहाँ से निकाला गया था। उनका मानना था कि ऐसी मूर्ति-पूजा वैमनस्य पैदा करती है। उसके बाद वह मरु-प्रदेश में भ्रमण करने को चले गए और विश्व का राजा होने की घोषणा की।

उनके जरिए ही इस्लाम का विस्तार हुआ- ज्ञान का एक दीप जला, उसका आलोक फैला। मोहम्मद ने सभी को आमंत्रित किया अपने एकेश्वरवादी धर्म को

स्वीकार करने के लिए। उसमें यहूदी भी थे और ईसाई भी। यदि ये लोग सही प्रकार से मोहम्मद के निमंत्रण को स्वीकार कर लेते तो इस्लाम पूरे विश्व में फैल गया होता। लेकिन उन्होंने ऐसा नहीं किया। लोग तो मोहम्मद द्वारा शुरू किया गया मानवीय जेहाद भी स्वीकार नहीं कर पाए। जब इस पैगम्बर की सेवाएं जेरूसलम के भीतर पहुँचीं तो अपने ईमान के कारण एक भी आदमी हताहत नहीं हुआ था। लेकिन बाद में जब दूसरे धर्म के योद्धा वहाँ पहुँचे तो एक भी मुसलमान आदमी, औरत या बच्चा बख्शा नहीं गया। लेकिन ईसाईयत ने एक पाठ तो मुसलमानों से सीखा था विश्व-बंधुत्व का!

•••

अमीर बनने की ओर
उठाएं नौवां कदमः

10

'मास्टर-माइन्ड' की शक्ति

शक्ति या ताकत का केन्द्रीकरण बेहद आवश्यक है धन-राशि प्राप्त करने के लिए। यदि आपके पास ताकत नहीं तो सारी योजनाएं धरी की धरी रह जाएंगी। इस अध्याय में उन कुछ तरकीबों पर विचार किया गया है जिससे 'कोई व्यक्ति ताकत प्राप्त कर धनाढ्य बन सकता है।'

शक्ति की परिभाषा करें तो कह सकते हैं, "यह व्यवस्थित और अक्लमन्दी से लागू किया गया ज्ञान है।" यानी यह एक व्यवस्थित प्रयास का द्योतक है जिसके जरिए कोई अपनी इच्छा को धन के रूप में परिवर्तित कर सकता है।

आइए इस शक्ति प्राप्ति के तरीकों पर विचार करें। यदि शक्ति 'सुव्यवस्थित ज्ञान' का स्वरूप है तो हम देखें कि इस ज्ञान को प्राप्त करने के स्रोत क्या-क्या हो सकते हैं।

(क) **अनन्त मेधा:** रचनात्मक कल्पना की सहायता से इस स्रोत से सम्पर्क किया जा सकता है।

(ख) **एकत्रित अनुभव का खजाना:** इसका स्रोत किसी भी अच्छे वाचनालय से बड़े लोगों की जीवनियां पढ़कर प्राप्त किया जा सकता है।

(ग) **प्रयोग एवम् शोध:** विज्ञान तथा जीवन के अन्य क्षेत्रों में प्रयोग तो होते ही रहते हैं जिनसे नए-नए साथ उद्घाटित होते हैं। यदि एकत्रित अनुभव का खजाना अनुपलब्ध हो तो जो नए प्रयोग संसार में हो रहे हैं। उनका सहारा लेना चाहिए।

ज्ञान उनमें से किसी भी स्रोत से प्राप्त किया जा सकता है। उस ज्ञान को स्पष्ट योजनाओं के माध्यम से कार्यान्वित कर शक्ति अर्जित की जा सकती है। इन तीनों स्रोतों की जाँच-परख कर आप ज्ञान को, अपनी इच्छा को जिन्दा व पूरा देखने के लिए कर सकते हैं। इसके अलावा शक्ति प्राप्ति का एक और बड़ा स्रोत है 'मास्टर-माइन्ड'।

मास्टरमाइन्ड द्वारा शक्ति-प्राप्ति का तरीका

एक स्पष्ट उद्देश्य को प्राप्त करने के लिए दो या अधिक लोगों के मध्य, एकात्मभाव से किया गया प्रयास इस मास्टरमाइन्ड को परिभाषित करता है। कोई भी व्यक्ति बिना उस 'मास्टरमाइन्ड' की शक्ति का उपयोग किए बगैर बड़ी शक्ति प्राप्त नहीं कर सकता। पिछले अध्यायों में निर्देश दिए गए हैं कि किस प्रकार आप योजनाबद्ध तरीके से अपनी अमूर्त इच्छा को मूर्त भाव-धन-संपदा में परिवर्तित कर सकते हैं। यदि आप ऐसा लगन और अध्यवसाय के साथ करेंगे तथा अपने 'मास्टर माइण्ड ग्रुप' का सही चुनाव कर लेंगे तो आप हर प्रकार से अपनी वांछित उपलब्धि प्राप्त कर लेंगे। इस ग्रुप के साथ काम करने में तो पहले आपको पूरी ईमानदारी और समरसता के साथ काम करना जरूरी है। यह एक प्रकार का गठबन्धन होता है जिसमें एक ही उद्देश्य प्राप्त करने के लिए कुछ लोग साथ जुड़ते हैं। सच पूछें तो हर बड़ी उपलब्धि के पीछे किसी एक का नहीं, कई लोगों का हाथ होता है- यद्यपि श्रेय एकाध को ही मिलता है।

असल में यह ध्यान में रखना चाहिए कि समस्त ब्रह्माण्ड दो अस्तित्वों या तत्वों से ही बनता है, पदार्थ और ऊर्जा (पिछली शताब्दी के चुने गए महागणितज्ञ, अल्वर्ट आइंस्टीन ने इन दोनों का सम्बन्ध स्थापित करते हुए अपना प्रसिद्ध सूत्र ई-एम सी (वर्ग) [E=mc2] निकाला था। जब दो मानव मस्तिष्क पूरी तादात्म्यता के साथ-काम करने लगते हैं तो उनकी ऊर्जा सम्मिलित होकर एक तीसरे मस्तिष्क का सृजन करती है। आर्थिक जगत में इसकी बड़ी उपादेयता है। सर्वप्रथम इस मास्टरमाइन्ड सिद्धान्त के बारे में मुझे एन्ड्रूज कार्नेगी ने लगभग पच्चीस वर्ष पूर्व बताया था। सच कहूं तो इस सिद्धान्त से प्रभावित होकर मैंने उनका सुझाया हुआ यह काम लिया जो शायद मेरी जिन्दगी का सबसे महत्वपूर्ण काम बन गया।

कार्नेगी महोदय के मास्टर माइन्ड में पचास आदमियों का समूह काम करता था। सभी के सामने एक स्पष्ट उद्देश्य था- स्टील की मार्केटिंग। उन्होंने बाद में बताया कि

वह अपनी समग्र उपलब्धि का श्रेय इसी मास्टर माइन्ड समूह को देते हैं। वस्तुतः आप किसी बड़े या महान आदमी के जीवन वृत्त का विश्लेषण करें तो पाएंगे कि जाने या अनजाने में वे सभी इसी मास्टर माइन्ड सिद्धान्त से लाभान्वित हुए थे।

हेनरी फोर्ड का जीवन-वृत्त ही देखें। जब उसने काम प्रारंभ किया था तो गरीबी, अशिक्षा एवम् अज्ञान से भरा था। लेकिन जब वह महान मास्टरमाइन्ड से जुड़ा तो उसने उन कमजोरियों को बाहर निकाल फेंका और उनके समकक्ष या उनसे भी बड़ा और महान व्यक्ति बन गया। उसके पास अकूत धन ही नहीं आया, असीमित शक्ति भी मिली थी। उनके साथ जुड़े थे एडीसन, बरबैंक, वरोज् और फायरस्टोन जो अमेरिका की प्रसिद्ध और धन सम्पदा के निर्णायक भागीदार माने जा सकते हैं।

आप गांधी जी को ही देखें। क्या था उनके पास जब वह भारत में आन्दोलनों में कूद पड़े थे- सिर्फ अपने दक्षिण अफ्रीका के कटु अनुभव, ब्रिटिश राज का तिरस्कार, एक अस्पष्ट-सी भाषा और एक मरीयल-सा शरीर। परन्तु उनके पास दिमाग की ताकत थी- ऐसी ताकत जिसने अपने सहयोगियों के साथ मिलकर ब्रिटिश शासन को भारत में चलता कर दिया था। उनकी एक आवाज का साथ देने के लिए लगभग 20 करोड़ आवाजें पैदा हो गई थीं- वह जिधर भी जाते मानों पूरा देश ही उसका अनुसरण करने लगता। यह शक्ति उन्हें कहाँ से प्राप्त हुई थी ? अपने सहयोगियों से, अपने अनुयायियों और अपने अनुभवों से। इसी मास्टर माइन्ड सिद्धान्त का उसने सर्वाधिक कारगर प्रयोग किया। यह कोई चमत्कार ही था कि एक साधारण सा आदमी करोड़ों के दिल पर राज करने लगा था। उसने अपने साथियों को सिखाया कि कैसे सब मिलकर एक साथ अपना लक्ष्य प्राप्त करने में सहभागी हो सकते हैं। वह एक चमत्कार ही था- इसीलिए अल्वर्ट आइन्सटीन ने उसकी मृत्यु पर यह उद्गार व्यक्त किए थे: ''आने वाली नस्लें मुश्किल में ही विश्वास करेंगी कि ऐसा हाड़-मांस वाला मनुष्य वाकई इस पृथ्वी पर पैदा हुआ था।''

याद रखें, धन-संपदा एक झेंपू, नखरेदार युवती है। इसको 'पटाना' बड़ा मुश्किल काम है क्योंकि यह आसानी से काबू में नहीं आ सकती। उसके लिए पहले अदम्य इच्छा, स्वयं पर पूर्ण विश्वास, लगन, स्वतः प्रेरणा और कार्य करने की सही योजनाओं की दरकार होती है।

यह भी याद रखें कि यह धन-संपदा स्वभाव से बेहद चंचल होती है। उसको पाना ही मुश्किल नहीं वरन् टिका पाना भी बड़ी टेढ़ी खीर है। क्योंकि यह जिस रफ्तार से आती है उसी रफ्तार से जाती भी है। यह एक अदृश्य 'शक्ति' द्वारा संचालित होती है जिसकी तुलना एक नदी से की जा सकती है। परन्तु इस धाय और नदी की धार में एक फर्क भी है। जहाँ नदी की धारा सदैव एक दिशा में ही बहती है, इस धारा के दो हिस्से होते हैं जो दोनों किनारों पर अलग-अलग और एकदम विपरीत दिशाओं में ही बहते हैं। एक किनारे पर धन आगम वाली धाय होती है जो धनात्मक विचार, प्रबल इच्छा-शक्ति इत्यादि से बहती है। परन्तु दूसरी तरफ ऋणात्मक धारा होती है जो उलझनों, बाधाओं और परेशानियों को दूसरी तरफ बहा ले जाती है। एक किनारे से एक धारा धन संपत्ति प्रदान करती है तो दूसरी तरफ जाने वाली इसकी धारा उस धाय को प्राप्त करने की बाधाओं को दूर करती रहती है। ये दोनों धाराएं जब अजस्त्र रूप में प्रवाहित होती हैं तभी आदमी बड़ी संपदा प्राप्त कर एडीसन, फोर्ड या गांधी सदृश्य हो पाता है। यदि आपके पास इच्छाशक्ति है, विचार है, विश्वास है तो आप धनात्मक धारा के साथ बहते हैं- यदि नहीं तो विपन्नता की धारा आपको गरीबी की ओर ढकेलती रहती है।

संसार में दोनों ही बल सदा से विद्यमान रहते हैं। संसार का मूल अर्थ है सम-सार, अर्थात् दो समान ताकत वाले गुणों के सार का रूप। इसे चाहे संपन्नता, विपन्नता कह लें या सुख-दुख। संसार में दोनों का बल समान है। यह आपकी ताकत पर निर्भर करता है कि आप किसके साथ जुड़ना चाहते हैं। पर याद रखें विपन्नता एक ऐसी युवती है जो बिन्दास है और सदैव पास आने को आतुर रहती है। वही संपन्नता एक नखरीली, नाजुक 'ब्यूटीक्वीन' है जिसको बड़े जतन से अपने कब्जे में किया जाता है। यदि एक के प्रति उदासीन हुए तो दूसरी आप पर हावी हो जाएगी।

धन प्राप्ति की तो सभी आशा करते हैं पर यह मिलता उन्हीं को है जो उसके लिए अदम्य इच्छा रखते हैं, पूरी ईमानदारी-से प्रयत्न करते हैं, योजनाएं बनाते हैं और उन्हें कार्यरूप में परिवर्तित कर अपनी अमूर्त इच्छा को मूर्त रूप में धन सम्पदा की ठोस उपलब्धि के रूप में बदलने का साहस रखते हैं।

•••

अमीर बनने की ओर
उठाएं दसवां कदम

11

यौनभावों में परिवर्तन के रहस्य

यौनभाव रूपान्तरण का रहस्य: रूपान्तरण का अर्थ होता है एक रूप का बिलकुल दूसरे ही रूप में काया कल्प हो जाना। भाव तो वह मूलभाव है जो सभी जीवधारियों में विद्यमान रहता है। शास्त्रों में कहा गया है कि हर जीव की मूल प्रकृति में चार क्रियाएं अंतर्निहित है; आहार (खाना-पीना), निद्रा (सोना), भय एवम् मैथुन। ये चारों किसी भी जीवधारी की नितान्त आवश्यकताएं हैं। उसमें यौन भाव की संपूर्ति एक बड़ा बलशाली भाव है। साधारण भाषा में यौन भाव को 'काम' के रूप में समझा जाता है।

कहते हैं ईश्वर ने उस भाव का सृजन तीन कामों के लिए किया था:

1. मैथुनी सृष्टि के द्वारा मानवता का अस्तित्व जारी रखना।
2. मानव के स्वास्थ्य को सही रखना।
3. यौन भाव के रूपान्तरण द्वारा एक साधारण व्यक्ति को जीनियस बनाना।

तीसरा कारण थोड़ा अटपटा जरूर लग सकता है परन्तु है यह बिल्कुल सही बात। यौन भाव या काम सर्वाधिक शक्तिशाली आवेग या भाव है। यही वह भाव है जिसके वशीभूत होकर बड़े से बड़े आत्म-संयमी, संत व ऋषि का कारण भी यही भाव था और है। एक युवती के यौवन को प्राप्त करने के लिए कैसी-कैसी लड़ाइयाँ हुई थीं। द्रौपदी क्या महाभारत का मूल कारण नहीं थी ? यह भाव बड़ी मुश्किल से वश में आता है। उसके लिए लोग पूरी जिन्दगी होम कर देते हैं परन्तु काम के वशीभूत ही रहते हैं। रावण का उदाहरण सामने है। शूर्पनखा द्वारा सीता का ऐसा नख-शिख वर्णन किया गया था कि रावण सीता को प्राप्त करने के लिए व्याकुल हो उठा था। और फिर क्या

हुआ? उसका पूरा वंश उसी काम की आग में जल गया। राज्य, पद, सिंहासन, वंश सभी कुछ इस काम के मारे ही रावण ने दाँव पर लगा दिया।

यह भाव एक सहज भाव है और न उसको मिटाया जा सकता है न पूर्ण तरह तृप्त किया जा सकता है। यह एक उमड़ती नदी के समान है। कुछ देर को तो शायद बोध से वह रुक पाए परन्तु कुछ ही समय बाद यह फिर उच्छृंखल हो उठती है। यदि उसी भाव को सृजनात्मक रूप में ढाला जा सके तो चमत्कारिक उपलब्धियां प्राप्त होती हैं।

वैज्ञानिक शोधों से भी निम्नलिखित तथ्यों की सत्यता मानी गई है-

1. संसार में जो महान व्यक्ति हुए हैं उनके अंदर 'काम-भाव' बेहद प्रबल था। यह उनका करिश्मा ही था जिसने उस काम भावना को सृजनात्मक रूप में ढाल दिया।
2. वे व्यक्ति जिन्होंने असीम संपदा या किसी भी क्षेत्र में बड़ी मान्यता प्राप्त की, किसी न किसी स्त्री से निश्चित रूप से प्रभावित रहे थे।

इन दोनों तथ्यों के संबंध में भारत से कई उदाहरण पेश किए जा सकते हैं। गांधी जी ने स्वयं माना कि वे काम से बेहद प्रभावित थे और विपरीत से विपरीत परिस्थितियों में भी वह अपनी पत्नी के साथ मैथुनरत हो जाते थे। उनकी आत्मकथा वस्तुतः मौन-भाव को राष्ट्रीय चेतना के भाव में बदलने की एक अद्भुत कथा है। भारतीय संतों में तुलसीदास का नाम मणि कवियों में आता है। उनके लिखे ग्रंथ हिन्दू समाज क्या मानव समाज के लिए भी पवित्र धर्मग्रन्थ का दर्जा रखते हैं। उनकी प्रसिद्ध कृति 'श्रीराम चरितमानस' में यद्यपि भक्तिभाव की विस्तृत चर्चा है, परन्तु महाकाव्य का आखिरी दोहा है

कामहि नारि पिपरि जिम, लोभहिं जिम उर दाम!
तिमि रघुनाथ निरन्तरहि, प्रिय लागहु मोहि राम!

अर्थात् जिस प्रकार कामी पुरुष को नारी, लोभी को धन, प्रिय होता है उसी प्रकार हे रघुनाथ! आप मेरे प्रिय बनें। स्पष्ट है कि पूरा ग्रंथ लिखने के पश्चात् तुलसीदास को भक्ति की तीव्रता बताने के लिए कोई धनात्मक तुलना सूझी ही नहीं और दोनों ही ऋणात्मक भावों के जरिए अपने मन के उद्गार प्रकट कर पाए। इसीलिए प्रसिद्ध

आलोचकों का निष्कर्ष है कि तुलसीदास 'काम' को पार करके ही 'राम' तक पहुंचे थे। उनके अनुसार संसार में उससे बड़ा इम्तेहान ही कोई नहीं होता। इसीलिए जब बड़े-बड़े संत, महामुनि तपस्या करते थे तो उन्हें तपस्या से च्युत करने के लिए इन्द्र सदैव बेहद मोहिनी अप्सराएं ही भेजा करते थे। उसको मालूम था कि कोई कितना भी प्रयत्न कर ले, इस यौन भाव से बच कर नहीं जा सकता।

उसके साथ यह भी तथ्य जुड़ा है कि यौन भाव ही नवसर्जना का प्रेरक भाव है। यदि कामेच्छा न हो तो मनुष्य संतानोत्पत्ति नहीं कर सकता। अर्थात् यौन भाव में असीमित सृजनात्मक ऊर्जा छिपी रहती है। यदि किसी जीव से उसके कामोत्तेजक ग्रंथियों को निकाल दिया जाए तो वह बिलकुल नाकारा हो जाएगा। शायद इसीलिए बछिभाए हुए बैल किसी काम के नहीं रहते। उनका सिर्फ शारीरिक बल ही खत्म नहीं होता, कुछ करने का भाव भी समाप्त हो जाता है। ऐसे जीव में संघर्ष शक्ति या सृजनात्मक उद्वेग काम के साथ ही पनपता है।

वस्तुतः दिमाग को शीघ्र अनुप्राणित करने वाले दस भाव होते हैं जिनका हवाला नीचे दिया गया है-

1. कामेच्छा या यौन-अभिव्यक्ति
2. प्रेम
3. धन संपत्ति, सत्ता और प्रसिद्धि के लिए अदम्य इच्छा
4. संगीत
5. मित्र-लैंगिक या समलैंगिक व्यक्तियों में आपसी एकात्म का भाव
6. पूर्ण समरसता और निष्ठा हास प्राप्त किया गया 'मास्टर माइन्ड' समूह का प्रभाव
7. बेहद त्रासदी परिस्थितियों में फंसे लोगों के बीच सहानुभूति का भाव
8. स्वतः प्रेरणा
9. भय
10. नशीली वस्तुएं और एल्कोहल के प्रति आकर्षण।

कामेच्छा सही रूप में इस फेहरिस्त में सबसे ऊपर रखी गई है। यही वह भाव

है जो एक साथ दिलो-दिमाग पर छा जाता है और शरीर को भी इच्छापूर्ति के लिए उत्तेजित करता है।

ऊपर दिए गए दस मनोभावों में से आठ तो सहज और सकारात्मक भाव हैं- सिर्फ दो ध्वंसात्मक हैं। उन भावों का वर्गीकरण इसलिए किया गया है कि कामेच्छा या यौन भाव कोई ऋणात्मक या ध्वंसात्मक भाव नहीं है। कहा भी जाता है कि 'कामानन्द' 'ब्रह्मानन्द' सहोदर होता है। यानी काम के आनन्द में वही भाव विद्यमान रहता है जो ब्रह्म से साक्षात्कार में स्पष्ट होता है।

कामानन्द का यह सुदीर्घ विवेचन एक विशेष कारणवश किया गया है। यह बताने को कि यह सर्वाधिक शक्तिशाली भाव है और यदि उसे ठीक प्रकार से नियंत्रित कर लिया जाए तो यही एक साधारण व्यक्ति को एक जीनियस बना सकता है उसका समानान्तर उदाहरण बिजली से दिया जा सकता है। आकाश से गिरने वाली बिजली इतनी ताकतवर होती है कि यदि उसे ठीक से सहेज लिया जाए तो एक बार गिरने वाली बिजली 2 दिन तक समस्त विश्व की बिजली की आपूर्ति कर सकती है। चाहे पानी गरम करने के लिए ग्रीजर में इस्तेमाल हो या ठण्डा करने के लिए फ्रीजर में। सारी बात बिजली के सही उपयोग पर निर्भर करती है। इसी प्रकार यदि यौन- भाव की ऊर्जा को रूपान्तरित किया जा सके तो कौन सी ऐसी उपलब्धि है जो मनुष्य हासिल नहीं कर सकता। ऐसे ही लोग जीनियस होते हैं। जीनियस का अर्थ एक लम्बे बालों वाला, गंदा रहने वाला, महका हुआ पागल इंसान नहीं वरन् वह व्यक्ति है जो अपनी सर्वाधिक शक्तिमान भावना को अपने मन चाहे ढंग से क्रियात्मक ऊर्जा में बदल सकता है।

बेशक उन परिभाषाओं पर सवाल उठ सकते हैं। एक सहज प्रश्न है: 'ऐसे लोग अपने साधारण कंपन द्वार उत्पन्न विचारों को किस प्रकार असाधारण मेधा के विचार बनाते हैं! तथा 'किस प्रकार उन विचारों को कार्यान्वित किया जा सकता है! इन प्रश्नों का उतर हमारी छठवीं इन्द्रिय की सक्रियता में निहित है जिसका विवेचन नीचे किया गया है।

'जीनियस' का विकास छठवीं इन्द्री द्वारा होता है

'छठवीं इन्द्री' या 'सिक्स्थ सेंस' की वास्तविकता एक सिद्ध तथ्य हो चुका है।

इसको ही हम 'रचनात्मक कल्पनाशीलता' के नाम से जानते हैं। उसका अधिकतर लोग तो कभी भी जिन्दगी में प्रयोग ही नहीं करते- और अगर करते हैं तो अचानक एक झटके से- वह भी इत्तेफाकन। बहुत ही कम लोग ऐसे हैं जो उसका उद्देश्यपूर्ण ढंग से और सोच-विचार कर प्रयोग करने में सक्षम हो पाते हैं- और वही लोग ही जीनियस की श्रेणी में आते हैं।

यहीं रचनात्मक कल्पनाशीलता से संपर्क सूत्र बनता है मानव की सीमित मेधा और अनंत मेधा में। अचानक आने वाली 'अन्तःप्रज्ञा' या 'इलहाम' (इन्टयूशन) को लहर का वाहक भी यही रचनाशीलता होती है जिसका आभास धार्मिक लोगों को ईश्वरीय वाणी तथा अन्वेषकों को नई खोज के रूप में होता है।

जब यह विचार या आइडिया मस्तिष्क में कौंधते हैं तो उनका स्रोत नीचे दिए हुए एक माध्यम से बनता है-

1. अनंत मेधा या इनफाईनाईट इन्टैलीजेन्स
2. अवचेतन मस्तिष्क यहाँ पर पंच ज्ञानेन्द्रियों द्वारा भेजे गए संवेग इकट्ठे होते रहते हैं।
3. किसी दूसरे के दिमाग से जिसने अचानक ही किसी विचार या छवि का दिग्दर्शन किया हो।
4. किसी दूसरे के अवचेतन मस्तिष्क से जिसकी अनुभूति आपको जागृति या स्वप्न के जरिए होती है।

रचनाशीलता सर्वाधिक सक्रिय तब ही रहती है जब किसी प्रेरणा से आपके मस्तिष्क में कंपन हो रहा हो- अर्थात् साधारण अवस्था से कहीं ज्यादा तेजी से जब मस्तिष्क काम करता है तब ही रचनात्मक कल्पनाशीलता सक्रिय होती है और 'इलहाम' होता है। यह वो अवस्था होती है जब संपर्क सूत्र अनन्त मेधा से जुड़ने लगते हैं। यह जरूरी नहीं कि यह सब अचानक ही हो। ऐसे कई उदाहरण हैं जब कोई लगातार सालने वाला विचार दिमाग को अचानक इलहाम दे। आइंस्टीन के बारे में मशहूर है कि प्रकाश की गति को लेकर विचार उनके मस्तिष्क को बचपन से ही सालता रहता था। जब वह सातवें क्लास में थे तब उन्होंने अपने भौतिकविज्ञान के शिक्षक से पूछा था: ''यदि हम प्रकाश की गति के बराबर वेग से चलें तो प्रकाश क्या हमें खड़ा दिखाई पड़ेगा?''

शिक्षक तो उन्हें कुछ नहीं बता पाया बल्कि डाँट कर बैठा दिया। लेकिन यह विचार उनके दिमाग को मथता रहा और अन्ततः उसका जवाब उन्होंने अपने 'सापेक्षता के सिद्धान्त' में बरसों बाद ढूँढ निकाला। यह ठीक है कि प्रकाश की गति के बारे में इस तरह का विचार पहले नहीं था। तो आइंस्टीन के मन में यह कैसे आया यही रचनात्मक कल्पनाशीलता की पहचान है। अनन्त मेधा से यह संपर्क जुड़ा जिसने यह सवाल पैदा किया और अंततः अनन्त मेधा ने ही उसका जवाब दिया। इस तरह के 'इलहाम' महसूस तो और लोगों को भी होते होंगे परन्तु सभी आइंस्टीन नहीं हो पाते कि इस 'इलहाम' को अपने दिमाग में सहेज कर रखें।

कुछ लोग उसे 'आत्मा की आवाज' भी कहते हैं। यह भी छठवीं इन्द्रिय के जरिए ही सुनाई देती है। ज्यादातर उम्दा भाषणाकर्ता अपना भाषण देने के पूर्व कुछ देर तक आँखें बन्द कर मौन रहकर कुछ सोचते भी हैं। जब एक बड़े प्रभावशाली वक्ता से पूछा गया तो उसने जवाब दिया: ''मैं आँखें बन्द कर अपनी 'आत्मा की आवाज' सुनने का प्रयत्न करता हूँ। वह आवाज ही मुझे सही रास्ता दिखलाती है।'' हर बड़े से बड़ा लेखक, साहित्यकार, संगीतकार, कवि या मूर्तिकार भी यही कहता है ''कि वह तो निमितमात्र है- असली करिश्मा तो यह अंदर की आवाज ही दिखाती है।''

डॉ. गेट्स नामक एक अमेरिकी वैज्ञानिक ने तो अपनी प्रयोगशाला में एक 'व्यक्तिगत संप्रेषण कक्ष' बनाया हुआ था। वह साउण्ड प्रूफ था और इस प्रकार की प्रकाश व्यवस्था थी कि जब चाहे तो उसे पूरी तरह प्रकाश-शून्य भी किया जा सकता था। इसमें एक छोटी टेबल पड़ी रहती थी जिस पर लिखने का सामान तथा सामने दीवार पर एक 'पुश बटन' था प्रकाश व्यवस्था को मनचाहा ढंग देने के लिए। जब कभी उन्हें अपनी रचनात्मक कल्पनाशीलता में कुछ आन्दोलन मालूम पड़ता था तो वह तुरंत उस कक्ष में जाकर बैठ जाते थे और विचार करते थे। वहीं उन्हें वह विचार कौंधते थे जो उनके महान अन्वेषण का सूत्रपात करते थे।

जब ऐसे विचार कौंधते हैं तो उसमें तर्क का कोई स्थान नहीं होता। क्योंकि तर्क का आधार हमारे ज्ञात अनुभव ही होते हैं जबकि यह विचारों का स्रोत उनसे परे होता है। आइंस्टीन ने जब प्रकाशगति से बराबर के वेग से चलने वाली बात सोची तो तर्क के अनुसार तो यह बेतुकी ही थी। उस समय तक के ज्ञान अनुभव में इसका कोई

जिक्र नहीं था। इसीलिए उनके शिक्षक ने उन्हें बचपन में डाँट कर बैठा दिया था। कोई साधारण मनुष्य होता तो इस विचार को उस समय उपलब्ध तर्क व्यवस्था के आधार पर जवाब देता। परन्तु आइंस्टीन में जीनियस होने के वे सूत्र मौजूद थे। वह लगे रहे और अन्ततः एक युगान्तकारी सूत्र ढूंढ़ ही लिया।

यही फर्क होता है एक संभावित जीनियस और एक तुक्के वाले जीनियस में। संभावित जीनियस की विचार प्रक्रिया कभी बन्द नहीं होती, जबकि तुक्के वाले जीनियस को या तो पूरा 'इलहाम' होता है या कुछ नहीं होता। ये गेट्स, अल्वर्ट आइंस्टीन और एडीसन सदृश महानुभाव पहली श्रेणी में आते हैं। ये लोग अपनी 'कौंध' को पालते रहते हैं। ऐसे लोग ज्यादातर यौन-भाव से विमुख ही रहते हैं। यह नहीं कि उनके अन्दर विपरीत लिंग के प्रति आकर्षण नहीं होता, पर वे उस आकर्षण को प्रदान करने वाले यौन भाव को अपनी रचनात्मक क्रियाशीलता में बदलने का माद्दा रखते हैं। इसीलिए ज्यादातर अन्वेषक जीवन के उत्तरार्द्ध में ही अपनी बड़ी खोजें करते हैं। पहले भाग में वे जीवन में प्राप्त यौन की तीव्रता समझकर फिर दूसरे भाग में उसको रचनात्मक कल्पनाशीलता में बदल देते हैं।

इसीलिए ज्यादातर अन्वेषकों, महानकवियों, लेखकों, कलाकारों के जीवन में स्त्रियों का बड़ा हाथ होता है। फ्रांस का शहंशाह नेपोलियन बोनापार्ट इस बात से अच्छी तरह वाकिफ था। नीचे कुछ महान जीनियसों के नाम दिए गए हैं। उनमें से हर एक की जीवनी यह बताती है कि उनमें यौनवेग या यौन-भाव बहुत बढ़ा-चढ़ा था-

जॉर्ज वाशिंगटन

नेपोलियन बोनापार्ट

अब्राहम लिंकन

राल्फ वाल्डो इमर्सन

रॉबर्ट बर्न्स

थॉमस जेफरसन

एल्वर्ट हब्बार्ड

इलबर्ट एच गैरी

ऑस्कर वाइल्ड

वुडरो विल्सन

जॉन एच पैटरसन

एण्ड्रूज जैकसन

इस कथन का यह आशय नहीं कि ये लोग दुश्चरित्र थे या कई महिलाओं से उनके शारीरिक सम्बन्ध बने थे। उसका सिर्फ अर्थ यही है कि उन्होंने अपने जीवन में इस यौन वेग की तीव्रता समझी और बाद में उसको अपनी रचनात्मक कल्पनाशीलता में ढाल लिया। इसीलिए यह यौवनारंभ में कोई बड़ा काम नहीं कर पाए थे और उनकी सारी महान कृतियाँ/उपलब्धियों का काल चालीस वर्ष के बाद ही रहा था।

चालीस वर्ष के पूर्व आदमी को सफलता क्यों नहीं मिल पाती

मैंने 25,000 से ज्यादा लोगों की जीवनियों का गहरा विश्लेषण किया है और पाया है कि चालीस से पूर्व सफलता वाले (खिलाड़ियों या अभिनेताओं को छोड़कर) लोग विरले ही होते हैं। उस विषय ने मेरे अन्दर उतनी दिलचस्पी पैदा की कि मैं बारह वर्ष तक यही शोध करता रहा।

मेरा निष्कर्ष यही है कि चालीस वर्ष के पूर्व आदमी अपनी ऊर्जा का ह्रास यौन भाव की शारीरिक आपूर्ति में ही करता रहता है। थोड़ा वयस्क होने पर उन क्रियाशील लोगों की समझ में आता है कि यौन भावों की तीव्रता कैसी असहाय करने वाली होती है और उसको सृजनात्मक कल्पनाशीलता में भी बदला जा सकता है। तभी उन्हें मालूम पड़ता है कि उनके शरीर में एक ज्वालामुखी छिपा है। बजाय उसकी शक्ति एक क्षणिक उन्माद में .... करने के यदि उसको क्रमबद्ध रूप में प्रयुक्त किया जाए तो यह शक्ति चमत्कार पैदा कर सकती है। अपनी इस मौन शक्ति को जागृत और जीवन्त रखने के लिए ही अमेरिका में खूबसूरत (स्त्री) सचिव रखने का चलन प्रारंभ हुआ।

सेल्स लाइन के एक निष्णात् शिक्षणकर्ता ने अपना नाम गोपनीय रखते हुए मुझे यह सत्य बताया कि जो सेल्समैन यौन भाव से ज्यादा भावित रहते हैं, वे अमूमन एक बेहतर सेल्समैन भी साबित होते हैं। ऐसे लोगों के व्यक्तित्व में एक चुम्बकीय आकर्षण पैदा

हो जाता है जिससे कोई बच नहीं सकता। ऐसे लोगों को आप चाहें या न चाहें परन्तु उनके प्रति उदासीन नहीं रह सकते। उनकी चाल-ढाल, वार्तालाप का ढंग, आवाज में एक ऐसी विलक्षणता होती है कि आकर्षित हुए बिना रहा ही नहीं जाता। लेकिन उन लोगों में एक कमजोरी होती है कि वे अपना नियंत्रण शीघ्र खो बैठते हैं। यदि ये अपनी ऊर्जा को सही रूप में लगा सकें तो ये हर क्षेत्र में अपनी रचनात्मक कल्पनाशीलता का जौहर दिखा सकते हैं।

यौन भाव की महत्ता को मनोचिकित्सक या डॉक्टर भी भलीभांति जानते हैं। उनका मानना है कि स्त्री के प्रेम में भयानक से भयानक अपराधी सुधर सकता है। यौन भाव एक भावनात्मक परिवर्तन पैदा करता है। कई ऐसे डकैतों का हवाला मिलता है जिनमें स्त्री-प्रभाव के कारण भावनात्मक परिवर्तन हुआ और वे सुधर गए। सिर्फ यौन भाव नहीं, उसके साथ प्रेम का भाव जब उदय होता है तो ऐसे परिवर्तन स्पष्टगोचर होते हैं। इसी भाव की प्रधानता के कारण यह माना जाता है कि हर आदमी की इच्छा होती है स्त्रियों पर प्रभाव डालने की। कहा जाता है कि संसार के कई हथियारों की खोज इसलिए हुई कि आदिम अवस्था में नर अपनी मादा को प्रभावित करने हेतु कई प्रकार के शिकार करके अपनी प्रियतमा के लिए लाना चाहता था। इसीलिए यह धारणा बनी कि यदि यह संसार एक- लैंगिक हो जाए तो उसका सारा विकास कुंठित हो जाएगा। यह एक सत्य है परन्तु आदमी कभी उस बात को स्वीकार नहीं करता। किन्तु सत्य यह भी है कि उन साधु-समाजों, अखाड़ों के जहाँ स्त्री की वर्जना है, आदमी पशुत्व के ऊपर नहीं उठ पाता। ईश्वर ने स्त्री-पुरुष को एक-दूसरे का पूरक बनाया है। एक के बिना दूसरा बेकार है। स्त्री का मूल भाव पुरुष को प्रस्तावित करना ही होता है। उसका कारण है एक दूसरे के प्रति यौन भाव की उपस्थिति- क्योंकि यह सबको ज्ञात है कि यह भाव मानव प्रकृति का सर्वाधिक शक्तिशाली संवेग होता है। यदि इस भाव को नियंत्रण में लाया जा सके तो बड़े-बड़े जीनियस पैदा हो जाते हैं।

इसलिए यौन भाव की मौजूदगी पहले शारीरिक क्रियाकल्प तक ही सीमित रहती है और चालीस साल के उपरान्त मेधावी लोग उसे रचनात्मक कल्पनाशीलता में बदल देते हैं। यह रूपान्तरण हर जीनियस के चमत्कारों का मूल आधार होता है।

•••

अमीर बनने की ओर
उठाएं ग्यारहवां कदम

12

अवचेतन मस्तिष्क

अवचेतन का मस्तिष्क वह संपर्क सूत्र है जो चेतन मस्तिष्क में प्राप्त किए गए हर संवेग को छानकर उसका समेकित प्रभाव एकत्रित करता रहता है और जिससे असीम मेधा के तार भी जुड़ते हैं। इसमें हर तरह के चेतन संवेग जुड़ते रहते हैं चाहे कैसे भी हों। जब चेतन संवेग से अनन्त मेधा के तार जुड़ते हैं तो दिमाग में करिश्माई विचार या विचार-श्रृंखला चालू होती है। यदि उसकी एक बार अनुभूति हो जाए तो उसे नियंत्रित भी किया जा सकता है।

यह एक भ्रान्त धारणा है कि अवचेतन मस्तिष्क तभी कार्यरत होता है जब चेतन मस्तिष्क सुषुप्ति में चला जाता है। वस्तुतः तथ्य यह है कि यह दिन-रात कार्यशील रहता है। उसमें आए संवेग और अनन्त मेधा की अंतरक्रिया सदैव चलती रहती है। यह ठीक है कि चेतन रूप से हम अपने अवचेतन पर नियंत्रण स्थापित नहीं कर सकते, परन्तु उसमें एक इच्छा तो स्थापित कर ही सकते हैं। ऐसे कई उदाहरण हैं कि अवचेतन में डाली गई इच्छा चेतन को भी नियंत्रित कर देती है। एक पुराना तरीका है कि तकिए से कह कर सोना कि हमें सुबह 5 बजे (या जितने बजे भी चेतन मस्तिष्क की उठने की कामना हो) जगा देना। ऐसे कई लोग मिल जाएंगे जो उसी प्रकार सोकर उठ जाते हैं। आखिर जब चेतन मस्तिष्क सो रहा हो तो वह कौन-सी प्रेरणा है जो रात को बताए गए समय पर हमें सुबह सजग कर देती है। यह तो हमारे रोजमर्रा के जीवन का उदाहरण है। उसी कारण यह माना जाता है कि चेतन मस्तिष्क और अवचेतन में एक निश्चित संपर्क सूत्र है। यह मानव को ज्ञात नहीं है परन्तु उसकी उपस्थिति निर्विवाद है। यह भी स्पष्ट

है कि अवचेतन से चेतन से परे, अनन्त मेधा (या ईश्वरीय शक्ति) से भी कोई संपर्क सूत्र होता है। तभी तो इच्छा का मूर्त रूप हमारे सामने आ पाता है।

लेकिन अवचेतन के सामने एक स्पष्ट लक्ष्य होना चाहिए। इसीलिए पिछले अध्यायों में बार-बार यह कहा गया कि अपनी इच्छा स्पष्ट रखिए- चाहे तो उसको सूक्ष्म रूप में कागज पर लिखकर चेतन मस्तिष्क के अन्दर बैठा दीजिए। वह निश्चित ही अवचेतन तक पहुँचेगी।

इस पुस्तक में दिए गए 13 सिद्धान्त वह तरीका बताते हैं जिसके जरिए आप अपने अवचेतन को भी जागृत कर सकते हैं। वैसे तो यह सदैव जागृत रहता है परन्तु इन सिद्धान्तों के माध्यम से आप उसको मनचाही दिशा में जागृत कर सकते हैं। उसका उत्तर भी संभव है। यदि चेतन की इच्छा को आप अवचेतन तक नहीं पहुँचा पाए तो यह आपको किसी न किसी रूप में बार-बार ऐसा करने को 'कौंधता' रहेगा। मान लीजिए आपको अपना आयकर रिटर्न एक निश्चित तारीख तक भरना है और आप उसे भूल गए। तो जब भी आप धन सम्बन्धी कोई काम करेंगे तो उसका विचार बार-बार आएगा। यह तब तक आएगा जब तक कि आप उसे पूरा नहीं कर लेते।

आदमी जो भी करता है उसका सर्वप्रथम विचार एवं संवेग के रूप में उभरता है। यह संवेग ही एक इच्छा बनता है जिसमें कल्पना और विश्वास का पुट अदम्यता भरता है। यह अदम्यता इच्छा को दृढ़ता प्रदान करते हैं और अवचेतन में उसकी उपस्थिति दर्ज कराती है। जब कोई विचार आपके अवचेतन में वास करने लगता है तभी उसका मूर्त रूप प्राप्त करने की ललक आपके मन में उभरती है। यह पूरी प्रक्रिया स्वतः चलती है। उसमें चेतन का काम उसी इच्छा को मरने न देना मात्र है।

इस पुस्तक के जरिए आप अपने को तैयार कर रहे हैं कि किस प्रकार अपने अवचेतन के 'श्रोतागणों' को सम्बोधित किया जाए, जिससे मांग एक संवेग इच्छा बनकर अपना मूर्त समरूप-भून-संपदा वास्तव में प्राप्त कर सके। इसलिए यह बहुत जरूरी है कि आप समझें कि कैसे उन भीतरी 'श्रोतागणों' को सम्बोधित किया जाए। आपको उसी भाषा में बोलना पड़ेगा जो अभी समझ में आती है। जैसे 'श्रोतागण को निर्देश देने के लिए उसी भाषा का प्रयोग किया जाता है जो वह समझता है, उसी प्रकार आपकी वह भाषा होनी चाहिए जो अवचेतन समझ सके। उसको समझने के लिए यह

समझ लीजिए कि सात धनात्मक भाव होते हैं अवचेतन के लिए और सात ऋणात्मक भाव। कोशिश यही करें कि धनात्मक भावों पर जोर दें और ऋणात्मक भावों से बचते रहे।

सात प्रमुख अनात्मक भाव

इच्छा का भाव

विश्वास का भाव

प्रेम का भाव

काम का भाव

उत्साह का भाव

रोमांस का भाव

आशा का भाव

यद्यपि धनात्मक भाव कई और भी हो सकते हैं पर ऊपर प्रमुख भाव बताए गए हैं। प्रयत्न कीजिए कि इन्हीं भावों का आपके मन में ज्यादा समावेश होता रहे। [जितना ज्यादा उनको ग्रहण करने का प्रयत्न करेंगे उतने ही ज्यादा में आपके मन में आते रहेंगे।] यह स्मरण रहे कि यह पुस्तक आप धन-संपदा के प्रति ज्यादा जागरूक होने के लिए पढ़ रहे हैं। और धन संपदा एक धनात्मक इच्छा है। यदि ऋणात्मक भाव आपके मन में ज्यादा आते रहेंगे तो धनात्मक भावों के लिए कोई जगह ही न बचेगी।

सात प्रमुख ऋणात्मक भाव (उनसे बचें)

भय का भाव

ईर्ष्या का भाव

नफरत का भाव

बदले का भाव

लालच का भाव

अंधविश्वास का भाव

क्रोध का भाव

यह याद रखें कि दिमाग में ऋणात्मक और धनात्मक भाव एक साथ नहीं रह सकते। एक की उपस्थिति दूसरे को खाने लगेगी। इसलिए यह आपकी जिम्मेदारी है कि धनात्मक भाव को कायम रखें और ऋणात्मक भावों का प्रवेश दिमाग में न होने दें। उस विषय में आदत ही बना लेना चाहिए कि दिमाग स्वतः ही ऋणात्मक भावों को टिकने न दे। यदि एक भी ऋणात्मक भाव दिमाग में रह गया तो वह धनात्मक भावों को कतई टिकने न देगा।

उस विषय में एक और तथ्य आपको समझना होगा। आपने प्रायः देखा होगा कि लोग प्रार्थना तब करते हैं (दिल से) जब वे **हर तरफ से** असहाय हो जाते हैं। जब तक ऐसा नहीं होता तब तक उनकी प्रार्थना मात्र एक खोखली औपचारिकता ही प्रतीत होती है। परेशानी में जब वे सच्चे दिल से प्रार्थनारत होते हैं तो वे सदा भय और संशय से आक्रान्त रहते हैं। चूंकि भय और संशय लगातार परेशान अवचेतन से प्रकट होते हैं, वे दिमाग में स्वभावतः, ऋणात्मकता का संचार कर देते हैं। यह एक सार्वभौमिक सिद्धान्त है कि अवचेतन में भरे भाव ही अनन्त मेधा से अंतर किया करते हैं। और जो आपके पास उपलब्ध होता है उसी के अनुरूप फल भी प्राप्त करते हैं। इसलिए पूरे विश्वास से प्रार्थना करें और ऐसा करते रहें हर काम करने से पूर्व- न कि हर तरफ से असफल होने के बाद। यदि ऐसा करते रहेंगे तो धनात्मक संवेग धनात्मक प्रतिफल भी प्रदान करेंगे। आप अपने विगत के जीवन का विश्लेषण करें तो पाएंगे कि जब-जब प्रार्थना विश्वास पूर्ण ढंग से की गई थी तो आपकी प्रार्थना सफल भी हुई थी। यह मस्तिष्क में उपस्थित धनात्मक भावों के वर्चस्व के कारण ही था। इसीलिए एक पुरानी मान्यता है कि दुख में भगवान का स्मरण करने से बेहतर है सुख में उसका सदैव स्मरण किया जाए- क्योंकि ऐसा करने से दुख होगा ही नहीं। प्रार्थना से एक बल भी मिलता है और अवचेतन भी स्पष्ट रूप से धनात्मक हो जाता है। मेरा तो मानना है शीघ्र संसार में एक ऐसा युग आएगा जब स्कूलों कालेजों में 'प्रार्थना का विज्ञान' सिखाया जाएगा। इस शिक्षा में बताया जाएगा कि प्रार्थना एक धनात्मक मानसिक माहौल में की जानी चाहिए। क्योंकि तभी विश्वास और निष्ठा प्रार्थना में जुड़कर उसे अमोघ बनाती है। विश्वास से दैवी कृत्य की भी व्याख्या बदल जाती है। उसको एक उदाहरण से स्पष्ट किया जा सकता है।

आज से लगभग 200 वर्ष पूर्व बिजली गिरना ईश्वरीय प्रकोप का अवतरित होना

ही समझा जाता था। यदि कहीं बिजली गिरती थी तो समझा जाता था कि ईश्वर उस व्यक्ति या स्थल पर कोपित है। लेकिन आज वैज्ञानिक प्रगति के फलस्वरूप आकाश से गिरने वाली इस बिजली को समेट कर पृथ्वी पर समृद्धि लाने के लिए सारा उद्योग जगत प्रयत्नशील है। कुछ दशक पूर्व ग्रहों के बीच एक प्रकार का द्रव्य 'ईथर' की कल्पना थी क्योंकि तब का मानव यह समझ नहीं पाता था कि कैसे शून्य में भी आपसी संपर्क संभव हो सकता है।

इसी तर्क को आगे बढ़ाते हुए मानव मस्तिष्क का अनन्त मेधा के साथ जुड़ाव समझाया जा सकता है। मानव मेधा और अनन्त मेधा के मध्य कोई चुंगी-पोस्ट नहीं है, न कोई 'मीडिया' है। यह तो ईमानदार व अदम्य इच्छा, धैर्य, लगन और धनात्मक समझ के कारण संभव हो पाता है।

आप जिन्दगी भर प्रार्थना को, तोते की तरह रटते रहें, कुछ फल प्राप्त नहीं होगा जब तक कि वे विचार जो आप अनन्त मेधा तक पहुंचाना चाहते हैं वह रूपान्तरित होकर आपके अवचेतन से ही न प्रक्षेपित हों।

अनन्त मेधा से संप्रेषण कायम करने का तरीका वही है जिसके द्वारा ध्वनि कंपन रेडियो द्वारा किया जाता है। यदि आप इस तरीके से वाकिफ हैं तो आपको यह भी ज्ञात होगा कि ध्वनि-कंपन की यह तरंगें ईयर के माध्यम से तब तक प्रेषित नहीं की जा सकती जब तक कि उनकी तरंग दैर्ध्य बहुत छोटी आवृत्ति की न हो- जिसे 'शॉर्ट वेव' कहते हैं। उसको ग्रहण कर रेडियो का रिसीवर उसे उन टुकड़ों में बाँट देता है जिनसे फिर वह मानव भाषा का रूप ले लेते हैं।

अवचेतन मस्तिष्क इस संदर्भ में मध्यस्थ की भूमिका निभाता है। वह चेतन मस्तिष्क द्वारा की गई प्रार्थना को उस भाषा में रूपान्तरित कर देता है जो पुनः अनन्त मेधा गम्य हों- अर्थात् जो भाषा अनन्त मेधा द्वारा समझी जाती हो। उसी क्रम में प्रार्थना का फल भी प्रेषित होता है। इस सिद्धान्त को यदि आप समझ लें तो आप पर यह खुद ही जाहिर हो जाएगा कि मात्र प्रार्थना- पुस्तक से स्तुतियाँ दुहराने से कुछ नहीं होगा जब तक कि उसके साथ निष्ठा और विश्वास न जुड़ा हो। यह विश्वास अवेचतन से प्रकट होता है और उसी के जरिए मानव अनन्त मधा से सम्पर्क स्थापित कर पाता है।

आपकी प्रार्थना अनन्त मेधा (जैसा कि इस लेखक हास निर्धारित सिद्धान्त है) तक पहुँचते-पहुँचते एक आध्यात्मिक आयाम प्राप्त कर लेती है क्योंकि श्रद्धा का या विश्वास का संपुट ही सांसारिक विचारों, आध्यात्मिकता का आवेग प्रदान कर पाता है। विश्वास और भय का आपस में कभी मेल नहीं होता। इसलिए प्रार्थना में विश्वास का समावेश करें, भय का नहीं।

•••

अमीर बनने की ओर
उठाएं बारहवां कदम

13

मस्तिष्क: विचारों की प्राप्ति और प्रसारण का केन्द्र

कई दशक पूर्व जबकि लेखक डॉ. एलेक्जेन्डर बेल और डॉ. एल्मर गेट्स के साथ काम कर रहा था, उसकी समझ में आया कि मानव मस्तिष्क विचारों की प्राप्ति और प्रसारण के एक जागृत केन्द्र की तरह काम करता है।

पिछले अध्यायों में जिस रचनात्मक कल्पनाशीलता की चर्चा की गई है वह मस्तिष्क का 'रिसीविंग सेट' होता है जो अन्य लोगों के द्वारा प्रेषित भावों को ग्रहण करता है। अवचेतन मस्तिष्क वह प्रसारण स्टेशन है जिसके जरिए विचारों के कंपन किए संप्रेषण जाते हैं। इस केन्द्र का संचालन स्वत: प्रेरणा के सिद्धान्त द्वारा होता है।

पिछले अध्यायों में आपको स्पष्ट किया गया है कि किस प्रकार इच्छा को मूर्त रूप में रूपान्तरित किया जा सकता है। उसकी तुलना में मानसिक प्रसारण कक्ष की प्रक्रिया आसान है। लेकिन उस कार्य प्रणाली को पूरी तरह समझने के लिए आपको तीन सिद्धान्तों की समझ होनी चाहिए: वह जिसके जरिए अवचेतन मस्तिष्क, रचनात्मक कल्पनाशीलता और स्वत: प्रेरणा का संचालन होता है। परन्तु यह भी समझ लें कि :

सर्वाधिक शक्तिशाली बल सदैव अमूर्त रूप में ही होते हैं

संसार में आयी हाल की मन्दी ने विश्व को अमूर्त बलों का प्रभाव समझने के कगार तक तो ला दिया है। दुर्भाग्यवश पहले युगों में मानव उतना अपनी ज्ञानेन्द्रियों

पर आधारित रहा कि वह उन्हीं का अस्तित्व समझता था जो उसके भौतिक शरीर द्वारा महसूस किए जा सकते थे। यानी उनका जिनको वह छू सकता था, सूंघ सकता था या नाप सकता था। लेकिन अब हम एक अद्भुत युग में प्रवेश कर रहे हैं। जहाँ शोध का केन्द्र अमूर्त बलों का आकलन है। धीरे- धीरे हमारी समझ में आने लगा है कि अदृश्य दृश्य से ज्यादा बलशाली होता है। मानव अभी तक समझ नहीं पाया है कि वह क्या बल होता है जो दृश्यमान नहीं होता, न महसूस ही किया जाता है- पर जिससे पूरा सागर उद्वेलित हो जाता; जो उस पृथ्वी को अपनी कक्षा में लगातार गति में रखता है। यही वह बल है जो मानव जीवन को नियंत्रित करता है यद्यपि मानव अभी तक इस तथ्य से पूरी तरह आगाह नहीं है। उसका मूल कारण यही है कि मानव सदा अपनी भौतिक ज्ञानेन्द्रियों के बल पर अपनी समझ कायम करता रहा है। सिर्फ 100 वर्ष पूर्व ही उसकी समझ में थोड़ा बहुत तब आया जब बेतार दूर संचार के माध्यम कायम हुए। अब बहुत कुछ उन अमूर्त बलों की महत्ता समझ में आने लगी है। वस्तुतः यही वह असली बल है जो मानव मस्तिष्क को संचालित करता है और जिसके जरिए मस्तिष्क अपनी अमूर्त इच्छाओं को मूर्त रूप प्रदान करने में सक्षम होता है। लेकिन उसकी गाथा के पूर्व हमें मानव मस्तिष्क. की वह कथा जाननी होगी जो उतनी ड्रामाई प्रतीत होती है मानों किसी नाटक का आलेख हो।

मानव मस्तिष्क की ड्रामाई कथा

अपनी सारी उपलब्ध ज्ञान-निधि के बावजूद अभी मानव विचारों की अमूर्त शक्ति से पूरी तरह से परिचित नहीं हो पाया है। उसे मस्तिष्क के भौतिक रूप का तो बहुत कुछ ज्ञान हो गया है परन्तु किस प्रकार उसके द्वारा अपना अमूर्त विचार अपना मूर्तिमान स्वरूप पा सकते हैं, इस बारे में अभी वह बहुत कुछ अनभिज्ञ है।

मानव मस्तिष्क की संचार प्रणाली की इतने असंख्य सूक्ष्म धाराएं हैं कि, "डॉ. सी जूडसन हैरिक, यूनिवर्सिटी ऑफ शिकागो, के अनुसार "प्रकाश वर्ष सरीखी कल्पना उनके सामने बौनी लगने लगती है।"

अभी तक वैज्ञानिक खोजों में यह निष्कर्ष निकल गया है कि मानव मस्तिष्क में लगभग 20 अरब कोशिकाएं या सैल हैं जो एक निश्चित पैटर्न में लगे हैं। सर्वाधिक

ताज्जुब की बात है कि यह सारे सेल हर समय आपस में अंतरक्रिया करते रहते हैं। आज का सर्वाधिक शक्तिशाली कंप्यूटर भी इस असीम संवेदनशीलता से बहुत पीछे है।

उसकी विषमता और असीम संप्रेषणीयता को देखते हुए यह मानना निरर्थक-सा लगता है कि उतना शक्तिशाली मस्तिष्क केवल भौतिक संदेश-वाहक का केन्द्र ही होगा। क्या यह असीम मेधा से सम्बन्धों का वाहक नहीं होगा? जरूर ही उसका सम्बन्ध अमूर्त संवेग के आदान-प्रदान से है, यह बात अभी मानव का तार्किक मस्तिष्क समझ नहीं पाया है। जब यह पुस्तक पूरी हो गई और प्रकाशकों के पास भेजी जा रही थी तब 'न्यूयॉर्क टाइम्स' में एक संपादकीय छपा। उसमें हवाला दिया गया था एक शोध पत्र का जो 'डॉ. राइन' और उनके साथियों ने ड्यूक विश्वविद्यालय में किया था। उसमें 'टेलीपैथी' और 'क्लेयर वॉएन्स' ['अर्न्तप्रज्ञा' के दो प्रकार जिसमें क्रमशः दूरस्थ व्यक्तियों में क्रमशः भाव-तादात्मय और 'इलहाम' की शक्ति पैदा हो जाती है] के बारे में नई सूचनाएं और निष्कर्ष दिए गए थे। डॉ. राइन के प्रयोगों से यह स्पष्ट था कि वैज्ञानिक रूप से भी टेलीपैथी और क्लेयरवाँएन्स का अस्तित्व स्वीकार्य है।

इस प्रयोग में कई प्रतिभागियों के सामने कुछ कार्ड रखे गए थे (ताश के) और एक ने जब उनको देखा तो उनसे दूर बैठे हुए दूसरे साथी ने सही पहचाना। ऐसे कई प्रयोग किए गए। पूरी सावधानी बरती गई थी कि एक के पास जो सूचना थी उसे दूसरे के पास भेजने का कोई अन्य भौतिक साधन न हो। उस प्रयोग में तीर-तुक्का की कोई गुंजाइश नहीं थी। यह सब कैसे हुआ? ज्ञानेन्द्रियों के आपसी अनुभव के संप्रेषण का कोई भी साधन उनके पास नहीं था। उसकी स्पष्टीकरण विकिरण या रेडिएशन के सिद्धान्त से तो कतई नहीं हो सकता क्योंकि इस प्रयोग में दूरी से कोई फर्क नहीं पड़ता। कार्ड देखने वाला 20 फीट दूर हो या 20 मील दूर उसका साथी फिर भी सही ढंग से कार्ड को पहचानने में सक्षम रहता था। यह इसलिए और सही है क्योंकि विकिरण के सिद्धान्त वाली धारणा में दूरी का अत्यधिक महत्व होता है। जैसा कि जानते हैं विकिरण की तीव्रता मध्य की दूरी के वर्ग के अनुपात में घटती चली जाती है। अर्थात् जब दो वस्तुएं बिलकुल निकट हों तो उनमें विकिरण की तीव्रता ज्यादा रहती है और दूर होने से यह क्षीणतर होती जाती है। वस्तुतः उस प्रयोग से यह पूरी तरह सिद्ध हो गया कि यह टेलीपेथी या 'क्लेयरवाँएन्स' पर भौतिक तत्त्वों का कोई प्रभाव नहीं पड़ता।

आम धारणा के विपरीत एक तथ्य और सामने आया कि यदि साधक या 'ऑबजेक्ट' अर्धनिद्रित या निद्रित है तो यह क्षमता बेहद कम हो जाती है। जब वह पूरा जागृत होता है तो यह अपनी उच्चतम तीव्रता पर रहती है।

इस प्रयोग के हवाले से इसके लेखक ई. एच. राइट ने भी हायर मैगजीन के दो अंकों में छापे थे। निष्कर्ष निकालते हुए लेखक ने जोर देकर कहा था कि वस्तुत: टेलीपैथी और 'क्लेयरवाँएन्स' एक ही विद्या या दैवी गुणों के दो रूप है। यह सबमें नहीं होते। उन गुणों पर नशे का गलत प्रभाव पड़ता है परन्तु मस्तिष्क यदि धनात्मक रूप से उद्वेलित हो तो उसका प्रदर्शन काफी सुधर जाता है। उन दोनों 'ऑब्जेक्ट' के बीच में किसी तरह के व्यवधान या उखड़ से भी कोई फर्क नहीं पड़ता।

डॉ. राइन और श्री राइट के उन प्रयोगों ने एक बात बिल्कुल स्पष्ट कर दी है कि मानव मस्तिष्क की पहुँच और क्षमता असीम है। उसी कारण यह असीम मेधा से सम्पर्क बना कर 'इलहाम' या 'अंतर्प्रज्ञा दृष्टि' प्राप्त करता है।

उसी प्रयोग जैसा एक प्रयोग मैंने भी अपने दो साथियों के साथ किया। हमने पाया कि आदर्श स्थिति तब बनती है जब कि छठी इन्द्रिय का पूर्ण विकास हो सके उस प्रयोग में हमने अदृष्ट सलाहकारों से भी काम लिया जिनके बारे में अगले अध्याय में बताया गया है। हमारी कार्य-विधि कोई जटिल नहीं थी। हम तीनों एक कान्फेरेन्स टेबल के पास बैठ गए और वह समस्या उठा ली जिस पर हमने चर्चा करने का निश्चय किया था। इस बैठक में हम एक-दूसरे के मस्तिष्क के उद्वेलित कर उनको अपने सर्वोत्तम प्रदर्शन को प्रोत्साहित करते रहे। बातचीत के दौरान सबको खुली छूट थी कि उस समस्या पर बेबाक होकर बोलें। हमको वाकई में महसूस हुआ कि जब हमारा दिमाग पूरी तरह उद्वेलित था, उस समय हमें किसी अज्ञात का सहारा मिल रहा था। कैसे मिल रहा था यह बात हम नहीं समझ पाए। लेकिन उस प्रयोग से यह तो साबित हुआ कि यदि सही ढंग से उद्वेलित हो तो मानव मस्तिष्क के विचारों में अनन्त मेधा का सहयोग स्पष्ट परिभाषित होता है।

यदि आपने पिछला अध्याय (मास्टर माइन्ड से सम्बन्धित) गौर से पढ़ा है तो आपकी समझ में आ जाएगा कि वह प्रयोग जो कान्फेरेन्स टेबल के चारों ओर बैठकर

किया गया, वास्तव में 'मास्टर माइण्ड' को जीवंत करने का एक व्यावहारिक प्रयोग था। उसमें तीन व्यक्ति बैठकर एक ही समस्या पर खुले दिमाग से विचार करते हैं। उनकी सम्मिलित विचार विश्लेषण शक्ति कुछ ऐसे तथ्य उद्घाटित करती है जो अकेले में बैठकर शायद किसी के दिमाग में आते भी नहीं। यदि उसी प्रकार अभ्यास किया जाए तो न सिर्फ हम दूसरों के मस्तिष्क से विचार ग्रहण कर सकते हैं, वरन् दिमाग के तीव्र उद्वेलनों के दौरान असीम मेधा से भी निरंतर संपर्क कायम कर बिलकुल अनूठी घोषणाएं कर सकते हैं।

कोई भी दर्शन का विद्यार्थी एक सीधी सादी योजना के द्वारा उस कार्नेगी फार्मूले को प्राप्त कर सकता है जो इस पुस्तक के आमुख में संक्षिप्त रूप से उल्लेखित है। इस पुस्तक को खत्म करने के बाद उसे प्रायः पढ़ेंगे तो बात बिलकुल स्पष्ट हो जाएगी। अमूर्त-विचार-संप्रेषण के प्रक्रिया को स्वीकारना शायद मन्दी के उस दौर की सबसे बड़ी उपलब्धि मानी जाएगी।

•••

अमीर बनने की ओर
उठाएं तेरहवां कदम

14

अतीन्द्रिय ज्ञान

बुद्धि मंदिर का द्वार

यह तेरहवां सिद्धान्त 'छठवीं इन्द्रिय' के रूप में जाना जाता है जिसके जरिए अनन्त मेधा स्वत: या माँगने पर किसी व्यक्ति से संप्रेषण कायम करती है।

उस दर्शन का यह शीर्ष-बिन्दु है इसलिए इसका प्रयोग पहले वर्णित बारह सिद्धान्तों को भली प्रकार आत्मसात् करके ही करना चाहिए।

यही सिक्थसेंस या छठवीं इन्द्रिय है जिसको अवचेतन मस्तिष्क संदर्भ में रचनात्मक कल्पनाशीलता के रूप में उल्लिखित किया जा चुका है। यही अनन्त मेधा से संप्रेषण प्राप्त करने का 'रिसीविंग सेट' भी है। उसी के माध्यम में प्रेरणा 'कौंधती' है और 'इलहाम' होता है।

छठवीं इन्द्रिय को शब्दों में नहीं समझाया जा सकता- खास तौर पर उनको जिन्होंने अभी पहले के बारह सिद्धान्त नहीं समझे हैं। क्योंकि उसकी तुलना किसी अन्य से नहीं हो सकती। छठवीं इन्द्रिय की समझ तो समाधि लगाने या ध्यान करने से अन्दर से ही पैदा होती है। यही वह संपर्क सूत्र है जिसमें द्वारा मानव-बुद्धि अनन्त मेधा से सम्बन्ध कायम कर पाती है। यह वस्तुत: मानसिक और आध्यात्मिक संवेगों का संगम स्थल है। यहीं पर मानव-मानस और अनंत मेधा का संयोग पैदा होता है।

उसी के जरिए आपको अचानक आगामी खतरों के बारे में चेतावनी प्राप्त होती

है। यही वह संरक्षक फरिश्ता है जो आपको तूफानों से बचाकर महाबुद्धि के द्वार तक ले जाता है।

यह सत्य है या नहीं, इसको समझाया नहीं जा सकता- यह तो सिर्फ महसूस करने का भाव है। यहाँ यह स्पष्ट समझ लेना चाहिए कि लेखक कोई 'चमत्कारों' का कायल नहीं। लेकिन यह छठवीं इन्द्रिय की अनुभूति एक चमत्कार के समकक्ष ही होती है। यद्यपि मुझे नहीं ज्ञात कि यह कैसे काम करती है परन्तु उसकी शक्ति को नकारा नहीं जा सकता। यह एक शक्ति का पूंजीभूत रूप है जो सृष्टि के कण-कण में व्याप्त है। यही वह परम शक्ति है जिसके कारण रात-दिन होते हैं, पानी ऊपर से नीचे होता है, पेड़-पौधे उगते हैं और सृष्टि का क्रम चलता है।

यह सिद्धान्त अंतिम होते हुए भी गहन अनुभूति का है और इसीलिए आपको यहाँ धीरे- धीरे, बारह चरण के बाद लाया गया है। लेकिन उसको समझने के पूर्व आपका पहले बारह सिद्धान्तों पर महारत होनी चाहिए।

जब मैं बढ़ने की उम्र में था- मेरे मन में 'हीरो' का भाव उदय होता था- तब मैं भी अपने मनचाहे नायकों की नकल करने के प्रयत्न करता था। मुझे अनुभव ने यह ज्ञान दिया था कि यदि कोई स्वयं महान न हो पाए तो कम से कम उसे महान लोगों के अनुकरण करने का प्रयास तो करना ही चाहिए।

मैं भी शुरू से ही अपने प्रिय नायकों का अनुसरण करता था लेकिन बाद में मैंने जिनके जीवनियों से सीखा था। मेरे 'हीरो' थे ये नौ महान व्यक्ति: इमर्सन, पाइन, एडीसन, डारीबन, लिंकन, बरबैन्क, नेपोलियन, फोर्ड और कार्नेगी।

मैं रात को अपनी कल्पनाशीलता में उन नौ महानुभावों के साथ मुलाकात करता था। उनको ही मैं 'अदृश्य सलाहकार' मानता था। रोज सोने के पूर्व, मैं आँखें बन्द कर उन नौ लोगों के साथ एक टेबल के चारों ओर उन्हें बिठाकर, मंत्रणा करता था। जो उस समय मुझे सबसे महान प्रतीत होता था वह उस कॉन्फ्रेंस का 'चेयरमैन' होता था।

ऐसा करने में मेरा एक विशिष्ट उद्देश्य निहित था। मैं चाहता था कि मेरे व्यक्तित्व और चरित्र का इस प्रकार विकास हो जिसमें उन नौ महानुभावों के व्यक्तित्व का समावेश रहे। मुझे ज्ञात हो गया था कि उस अज्ञान और अंध विश्वास का माहौल- जो

मुझे बचपन में प्राप्त हुआ था निजात एक काल्पनिक पुनर्जन्म के माध्यम से ही हो सकता है। यही वह तरीका है जिससे मैं अपनी स्वभावगत कमजोरियों से त्राण पा सकता था।

अतीन्द्रिय ज्ञान के जरिए चरित्र निर्माण

मनोविज्ञान का विद्यार्थी होने के कारण मैं जानता था कि आदमी अंततः वही बन जाता है जो उसके दिमाग में विचारों के वर्चस्व के कारण उसकी छवि उभरती है। मुझे यह भी ज्ञात था कि मन में पैदा हुई हर इच्छा अपनी मूर्त सम्पूर्ति चाहती है और उसके लिए बाह्य अभिव्यक्ति तलाशती है। इसीलिए स्वतः सुझावों की प्रक्रिया चरित्र निर्माण में एक निर्णायक भूमिका निभाती है। इसलिए मैं अपनी रात्रि के कैबिनेट मंत्रणा में अपने 'कैबिनेट' के हर सदस्य को अलग-अलग सम्बोधित करता रहता था। मैं ऐसा क्या करता रहता था, उसकी बानगी नीचे दी हुई है।

''मि. इमरसन! आपसे मैं प्रकृति, के बारे में वह गहरी समझ लेना चाहता हूं जिसने आपके जीवन को बनाया। मैं चाहता हूँ कि आप मेरे अवचेतन में प्रकृति को समझने के नियम भर दें और उस ज्ञान अर्जन में मेरी सहायता करें।'' मि. बरबैन्क! आपसे यह प्रार्थना करता हूँ कि मुझे प्रकृति के वे रहस्य बताएं जिसके जरिए आपने नागफनी सदृश पेड़ को काँटे त्यागकर खाद्य-पदार्थ बनने पर मजबूर कर दिया; और फूल तथा फलों को समृद्धशाली विकास का रास्ता बनाया।''

''मि, नेपोलियन! मैं आपसे वह शक्ति चाहता हूँ जिसके माध्यम से आप हजारों सैनिकों को अपने पर अपनी जान न्यौछावर करने के लिए भी तैयार कर लेते थे और वह, जो आपकी हार को एक जीत में बदल देता था।''

''मि. पाइने! मैं आपसे विचारों की स्पष्टता और अपनी धारणा को व्यक्त करने का असीम साहस चाहता हूँ।''

''मि. डार्विन! आपसे मैं आपकी वह गहन दृष्टि चाहता हूँ जिससे आप प्रकृति विकास के सहज नियम खोज सके थे!''

''मि. लिंकन! मैंने आपसे अडिग न्यायप्रियता का गुण पाया है, मैं असीमित धैर्य, सूक्ष्म विनोद प्रियता, मानव मात्र के कल्याण के प्रति निष्ठा चाहता हूँ।''

“मि. कार्नेगी! मुझे अपने जीवन का उद्देश्य आपसे ही मिला है जिसके लिए मैं वैसे ही आपका ऋणी हूँ! मैं आपसे व्यवस्थित प्रयास के सिद्धान्तों में महारत चाहता हूँ जिसके द्वारा आपने अपना पूरा औद्योगिक साम्राज्य खड़ा किया था।”

“मि. फोर्ड! आपके जीवन से मुझे अपनी उस पुस्तक के लिए बहुत सामग्री मिली है, जिसके लिए मैं आपका आभारी हूँ। मैं आपसे अध्यवसाय एवम् लगन, दृढ़-प्रतिज्ञता एवम् वह आत्म-विश्वास चाहता हूँ जिसने आपको उतना सफल और समृद्ध बनाया!”

“मि. एडीसन! मैंने आपकी सीट अपने सबसे पास रखी है क्योंकि मेरे शोध के दौरान मुझे आपसे काफी सहायता व्यक्तिगत रूप से प्राप्त हुई। मैं आपसे वह गहन विश्वास का भाव चाहता हूँ जिससे आप अपने प्राप्य को पाने में डटे रहे और वह प्राप्त करके ही हटे, तथा हर हार को एक जीत बना सके!”

उनको सम्बोधित करने का तरीका बदलता भी रहता था मेरी उस दिन की मांग के अनुसार, लेकिन मूलभाव याचना का अपरिवर्तित ही रहा करता था।

उन नौ आदमियों में अपनी एक खासियत थी जिसने मुझे थोड़ा आश्चर्यचकित भी किया था। उदाहरण के लिए लिंकन की आदत थी सदा देर से पहुँचने की और वह भी बेहद धीरे-धीरे परेड में चलने की। चेहरे पर सदा एक ओढ़ी हुई गंभीरता मानो विभाजित देश की चिंता उनके सर पर सवार है।

मेरी इस ‘कैबिनेट’ का उद्देश्य स्पष्ट कर ही दिया गया है। मैं चाहता था कि मैं उन लोगों के गुणों के साथ विकास करूं परन्तु बिल्कुल उन जैसा नहीं बनूँ। मेरा कुछ अपना गुण तो रहना ही चाहिए। मुझे कहने में कोई संकोच नहीं कि इस कल्पनाशील ‘कैबिनेट-मीटिंग’ से मुझे काफी फायदा हुआ।

बाद में मेरी इस ‘कैबिनेट’ में कुछ नए सदस्य भी जुड़े-जैसे क्राइस्ट, सैन्ट पॉल, गैलिलियों, कॉपरनिकस. एरिस्टोटल, प्लैटो, सुकरात, होमर, वाल्टेयर, ब्रूनो, स्पिनोजा, डूमण्ड, कान्ट, शोपनहॉवर, न्यूटन, कन्फ्यूशस, एल्बर्ट हुब्बार्ड, ब्रान इन्जरसोल, विल्सन और विलियम जेम्स!

इस बात का जिक्र करने का साहस शायद मैं पहली बार दिखा पा रहा हूँ। इसका कारण यही है कि मैं चाहता हूँ कि मेरी लिखी हुई शोध-साधना से जितने ज्यादा से ज्यादा लोग लाभान्वित हों उतना ही अच्छा! अधेड़ या वयस्क होने का एक काम यह भी होता है कि आपमें साहस आ जाता है सत्य कहने का, चाहे उसका परिणाम कुछ भी हो।

मैं यह भी स्पष्ट करना चाहता हूँ कि मेरी यह 'कैबिनेट-मीटिंग' वास्तव में कल्पना में ही हुई थी और एक अमूर्त भाव में ही रही परन्तु उनसे मुझे कुछ ठोस और मूर्त लाभ निश्चित रूप से मिले हैं। यह भी मस्तिष्क का करिश्मा है।

उसी मस्तिष्क में एक गोपनीय हिस्सा है जिसमें वे विचार 'कौंधते' हैं जिन्हें हम 'इलहाम' कहते हैं। यही भाग हमारी छठवीं इन्द्रिय का घर है। यद्यपि विज्ञान अभी इसकी सही स्थिति नहीं जान पाया है परन्तु उसका कोई महत्व भी नहीं है। सत्य यह है कि इस प्रकार के दैवी संदेश हमारे दिमाग में छठवीं इन्द्रिय के माध्यम से ही कौंधते हैं। यह कौंध बिजली की तेजी से प्रकट होती है। पाठकों में से कई लोगों ने उसकी अनुभूति की होगी जैसे- तीव्र गति में जाती हुई कार को पेड़ से बचाने का तरीका ड्राइवर को तुरंत ही सूझता है। इस 'इलहाम' का स्रोत अनन्त मेधा और हमारे 'कैबिनेट' के सदस्य भी हो सकते हैं क्योंकि उन सबको उसकी इन्द्रिय का सही उपयोग करना आता था।

छठवीं इन्द्रिय ऐसी कोई चीज नहीं जो बन्द या खुल सके। उसमें अपनी मर्जी बिल्कुल नहीं चलती। यह तो अगर जागृत है तो है। वैसे यह बहुत धीरे-धीरे जागृत होती है। वैसे उसका लय या आयु से कोई सम्बन्ध नहीं परन्तु कब इच्छा या छठी इन्द्रिय बोल रही है, उसकी पहचान वयस्कता पर आती है और शायद उसका सही प्रयोग तो पचास वर्ष के बाद ही संभव होता है।

उस अध्याय को पढ़ते हुए आपको भी यह लगा होगा जैसे आपका मानसिक सार अनुभूति के क्षेत्र में थोड़ा ज्यादा विकसित और संवेदनशील हो चला है। यदि ऐसा है, तो बहुत अच्छा है। एक महीने बाद इसको दोहराएं- तब आपको अपने संवेदना-स्तर में और इजाफा मिलेगा। धीरे-धीरे रियाज़ करते हुए आपके पास एक ऐसी शक्ति

आ जाएगी जो आपको अपने हर प्रकार के भय, टालमटोली का भाव और हताशा की इतिश्री कर आपकी कल्पनाशीलता को उन्मुक्त छोड़ देगी। फिर आप पाएंगे कि आपकी छठी इन्द्रिय सक्रिय हो चली है और आप भी 'इलहाम' या 'अंतर्प्रज्ञा' का स्वर पहचानने लगेंगे। वह आपकी इच्छा को मूर्त रूप देकर आपको धनी और संपन्न बनाने का एक महत्वपूर्ण सोपान होगा।

विश्वास बनाम भय

पिछले अध्यायों में बताया गया है कि किस प्रकार स्वत:-सुझाव, इच्छा और अवचेतन के माध्यम से आप विश्वास पैदा कर सकते हैं। अगले अध्याय में भय को काबू में करने का विशद विवेचन है। उसमें छह प्रकार के भयों का जिक्र किया गया है जो हर प्रकार की हताशा, भीरूता, टालमटोली, उदासीनता, अनिर्णयात्मकता एवम् महत्वाकांक्षा, खुद पर भरोसा, पहल एवम् आत्म-नियंत्रण तथा उत्साह की कमी मूल कारण हैं।

ध्यानपूर्वक उन छह दुश्मनों का अध्ययन करें क्योंकि यह आपके अवचेतन में भी छिपे रह सकते हैं और आप उन्हें खोज भी नहीं पाते।

यह याद रखें कि यह छह प्रकार के भय एक प्रकार के भूत ही हैं क्योंकि उनका कोई भौतिक अस्तित्व है ही नहीं। ये तो भाव आपके दिमाग में रहते हैं। यह आपके अपनी अनियंत्रित कल्पना की उपज ही होते हैं। लोगों ने उनके द्वारा अपना बड़ा अहित किया है। यदि उनका अस्तित्व न समाप्त किया गया तो ये एक भौतिक अस्तित्व लेकर और भी भयावह हो सकते हैं।

याद रखें कि 1929 में गरीबी के भय ने कितना जबरदस्त नुकसान किया था। वैसी मन्दी शायद दुबारा न उठ खड़ी हो जिसका भूत आज भी लोगों का आक्रान्त करता रहता है।

•••

अमीर बनने की ओर
उठाएं चौदहवां कदम

15

भय

भय के छह भूतों से कैसे निबटें?

इस किताब में वर्णित दर्शन या थ्योरी को आप कार्यान्वित तब ही कर सकते हैं जब आप अपने तीन भयावह शत्रुओं से अपना पीछा छुड़ा लें। वे हैं: अनिर्णयात्मकता, संदेह और भय।

यदि उन तीनों दुश्मनों में से एक भी ऋणात्मक बोध जीवित रहेगा तो आपकी छठवीं इन्द्रिय कभी जागृत नहीं हो सकती।

वस्तुतः अनिर्णयात्मकता से भय का बीज पड़ता है क्योंकि अनिर्णयात्मकता संदेह की जननी है और उनके संयोग से ही भय का जन्म होता है। ये तीनों सदा प्रच्छन्न या छिपे रूप में आपके ही मस्तिष्क में निवास करते हैं। उनको न सिर्फ ढूँढ़ निकालना मुश्किल है वरन् उनका मिट जाना तो और भी दुरूह होता है। पहले उन भयों की सही प्रकार से पहचान कर लें।

छह मूल भय

यह छह प्रकार के मूल भय होते हैं जिनसे या जिनके आपसी संयोग से ज्यादातर लोग शासित रहते हैं। जिस प्रकार साधारण रूप में यह पैदा होते हैं उनको नीचे दिखाया गया है।

विपन्नता या गरीबी का भय

खराब सेहत का भय

किसी का प्रेम खोने का भय

वृद्धावस्था का भय

मृत्यु का भय

तीन भय तो किसी की भी चिन्ता, आलोचना का भय का मूल कारण होते हैं।

बाकी जो भी भय होते हैं: वे उन्हीं छह मूल भयों की शाखा-प्रशाखा के रूप में वर्गीकृत किए जा सकते हैं। समय-समय पर यह भय अपना वर्चस्व दिखाते रहते है। यदि मंदी में गरीबी का भय समग्र विश्व को सालता है तो विश्वयुद्ध में-मृत्यु भय सबको आक्रान्त किए रहता था। फिर महामारी इत्यादि के समय सेहत बिगड़ने का भय आपको भयभीत किए रहता है।

लेकिन स्पष्ट समझ लें कि भय एक मानसिक स्थिति मात्र का परिचायक है। सभी जानते और समझते हैं कि अच्छे डॉक्टर और वैध ज्यादातर बीमार नहीं पड़ते- क्योंकि वे स्वयम् को रोग भय से मुक्त रखते हैं।

जिस प्रकार हमारे धनात्मक भाव भी मन से ही पैदा होते हैं उसी प्रकार यह भय भी मन से ही पैदा होते हैं उसी प्रकार यह भय भी मन से ही पैदा होते हैं। पहले एक भ्रान्त धारणा के कारण मन में भय पैदा हो जाता है फिर उसका कारण बाहर ढूँढ़ा जाता है।

गरीबी का भय

गरीबी और अमीरी में कोई समझौता नहीं हो सकता। उन दोनों का रास्ता एक-दूसरे से बिलकुल विपरीत है। यदि आप धनी या अमीर होना चाहते हैं तो आपको वह परिस्थिति या राह चुनने से दूर ही रहना चाहिए जो गरीबी की तरफ ले जाती है। अमीरी का रास्ता चुनना है तो पहले उसके लिए इच्छा पैदा करें। लेकिन उसके लिए आपकी इच्छा स्पष्ट और आकलन योग्य का मात्रात्मक होना जरूरी है। पहले यह तय कीजिए कि आपको कितनी दौलत चाहिए- तब आप स्वयम् को अमीर कह सकते हैं। क्योंकि अमीरी-गरीबी तुलनात्मक शब्द हैं। आपकी विद्यमान स्थिति से उनका आकलन संभव

होता है। किसी जमाने में लखपति होना अमीरी की निशानी माना जाता था- परन्तु रुपये की खरीदने की क्षमता का ह्रास होने के कारण अब एक साधारण मनुष्य को दस लाख या एक मिलियन अमीरी की पहली सीढ़ी लग सकती है।

इसलिए आप पहले तय करें कि आपको कितनी दौलत की दरकार है। इच्छा को स्पष्ट कीजिए और उसका मूर्त रूप पाने के लिए अपना रोड-मैप बनाइए। यदि आप उसमें स्पष्ट या सूक्ष्मता रूप से सही न हुए तो आपका रास्ता ही शुरू नहीं हो पाएगा। यह नितान्त आपकी ही जिम्मेदारी है। यह आपकी मानसिक स्थिति का प्रतिफलन है।

और मानसिक स्थिति क्या है? वही जो आप सोचें। निर्धारित करें। उसी प्रकार गरीबी का भय भी आपकी एक मानसिक स्थिति मात्र ही है। उसका कोई क्रय-विक्रय नहीं हो सकता, यह तो स्वयं ही सृजित की जाती है।

अब यदि आपके मन में गरीबी का भय है तो आपकी मानसिक स्थिति कोई निष्पक्ष आकलन नहीं कर सकती। एक बेहद भूखे आदमी की साधारण खुराक का आकलन उसकी वर्तमान स्थिति से नहीं हो सकता। लेकिन यदि पहले से ही गरीबी का भय विद्यमान है तो आप अपनी जिम्मेदारी कैसे पूरी कर सकते हैं। क्या बहते हुए पानी में कोई रेखा खींची जा सकती है।

यह गरीबी का भय है जो आपकी तर्क-शक्ति, कल्पनाशीलता आत्म-विश्वास, उत्साह इत्यादि सबको खत्म कर देता है। एक बार कैसा भी भय मन में बैठ जाए तो आपकी पूरी शख्सियत फीकी पड़ जाती है। खास तौर पर गरीबी का भय सबसे घातक भय होता है। इसीलिए भयों के वर्ग में उसको पहला स्थान दिया जाता है। इस भय पर काबू कर पाना सर्वाधिक कठिन काम है। यहाँ गरीब का अर्थ साधन हीनता समझें और अमीरी का माने साधन संपन्नता। यदि आपकी इच्छा पूर्ति के लिए हर तरह की सुविधा और साधन उपलब्ध हैं तो आप अमीर हैं, नहीं तो गरीब।

आज के युग में गरीबी से बड़ा कोई अभिशाप नहीं। एक पुरानी कहावत है कि सारे गुण-अवगुण का निर्णय आपके पास धन होने या न होने से ही होता है। चाहे कितना भी गुणवान व्यक्ति क्यों न हो, यदि उसके पास धन-साधन नहीं है, तो उसकी कदर नहीं होती। उन्हीं समाजगत धारणाओं के कारण गरीबी सबसे बड़ा अभिशाप

समझा जाता है। वे जो जाहिर तौर पर गरीबों की हिनायत का ढोंग करते हैं, लगातार प्रयत्न करते रहते हैं कि कैसे अमीर बनें। गरीब कोई नहीं होना चाहता। फिर भी गरीबी फैलती जाती है। उसका कारण है, हम गरीबी लाने के लक्षणों से अनभिज्ञ रहते हैं। जिस प्रकार बाढ़ का पानी घरों में चुपके से प्रवेश करता है वैसे ही एक दिन हमको मालूम होता है कि हम गरीब हो चुके हैं। इसलिए पहले गरीबी लाने वाले भय के लक्षणों को पहचानना जरूरी है।

गरीबी के भय के स्पष्ट लक्षण

उदासीनता: इसका साधारण रूप में महत्त्वाकांक्षा की अनुपस्थिति, गरीबी सहने की स्वीकार्यता, और बिना किसी ऐतराज के जीवन में जो प्राप्त हो जाए उसको निबाहने का भाव; मानसिक और शारीरिक आलस्य इत्यादि को स्पष्ट किया जाता है। इसी के कारण आदमी में पहल करने की चाह, कल्पना, उत्साह और आत्म-संयम पर ताला लग जाता है।

अनिर्णयात्मकता: माने खुद सोचने समझने के बजाय दूसरों की सोच के द्वारा नियंत्रित होने को एक आलस्यपूर्ण इच्छा। ऐसे लोग हमेशा तलाशबीन होते हैं, किरदार नहीं।

संदेह की बहुलता: बहानेबाजी अपनी अक्षमता या असफलता दिखाने के लिए; हर बात को संदेह के चश्मे से देखना तथा अपनी योग्यता को भी न परखने की आलसी चाह।

चिंतित रहना: उसकी शुरुआत होती है दूसरों के दोष ढूँढ़ने से, आय से ज्यादा खर्च करने से; शराब और नशे की दवाइयों का सहारा लेने से 'गलत करने से, घबराहट एवम् आत्म-विश्वास और संयम की कमी से जो परेशान करती है।

अति-सावधान रहने की प्रवृत्ति: हर स्थिति का ऋणात्मकता पूर्ण आकलन; सदा असफलता और हार की कल्पना करना, बजाय अपनी योजना को सफल बनाने हेतु जमकर प्रयत्न करने के! ये लोग सदैव ध्वंस और असफलता की संभावना से आक्रान्त रहते हैं। ऐसे लोग सदा उनका हवाला देते हैं जो असफल हुए और कभी उनकी बात

नहीं करते जो सर्वदा विपरीत परिस्थिति, में भी कामयाब हो पाए थे। छिद्रान्वेषण उनकी आदत होती है और सदैव निराश रहना प्रवृत्ति।

टालमटोली करना: उसके बारे में पहले भी उल्लेख हो चुका है। टालना उनकी आदत का हिस्सा बन जाता है। आज का काम ये कल पर इसलिए टालते हैं कि परिस्थिति सुधरेगी। परन्तु चूंकि परिस्थिति में कोई सुधार लाने का प्रयत्न ही नहीं करते इसलिए 'जरूरी काम' सदैव 'मुल्तवी' ही रहता है।

स्वाभाविक है कि उन लोगों को सफलता कभी भी नहीं मिल पाती और यह गरीबी ही झेलते रहते हैं। कारण उनकी अपनी ही करनी है। यह कभी उन लोगों का साथ नहीं करना चाहते जो अपने प्रयत्न से अमीर हुए हैं- क्योंकि उनसे मिलने में हीनता का एक भाव सामने आने लगता है। परिणामस्वरूप ये कभी भी गरीबी के दलदल से बाहर नहीं आ पाते।

धन दौलत की ही कामना क्यों? :

कई पाठकों के मन में यह प्रश्न उठ खड़ा होगा कि मैंने यह किताब सिर्फ धन-दौलत की प्राप्ति को ही लेकर क्यों लिखी है। आखिर पैसा ही तो सब कुछ नहीं है। जीवन में ऐसी कई समृद्धियाँ हैं जो पैसा नहीं खरीद सकता। हर तरह की खुशी उपलब्ध कर पाना पैसे के बस की बात नहीं है।

यह ठीक है और मैं भी उन तथ्यों को नकारता नहीं। पैसा वाकई खुदा नहीं है पर व्यावहारिक स्तर पर देखें तो पैसा खुदा से कमतर भी नहीं है। धन की समृद्धि पहली समृद्धि है। जब पेट में रोटी होती है तब ही देह के नंगेपन का मान होता है; रहने-सोने की शानोशौकत दिमाग में आती है। यह करेंसी नोट और सिक्के वह साधन उपलब्ध करते हैं जिनकी कृपा से बड़ी से बड़ी विपन्नता संपन्नता में-परिवर्तित हो जाती है इसलिए गरीबी का भय सर्वाधिक कंपाने वाला भय होता है। इसलिए यह पुस्तक लिखी गई है कि पहले आपको जीवन की एक मूलभूत समृद्धि हासिल करने का रास्ता सुझाया जाए- बाकी सब तो बाद में भी प्राप्त हो सकता है। यदि धन-दौलत की जरूरत उतनी अपरिहार्य न होती तो विश्व का इतिहास ही कुछ अलग होता- न भाई- भाई का कातिल होता और न माँ अपने बच्चों को बेचती। इसलिए उसका उपचार हर व्यक्ति का पहला उद्देश्य होता है।

स्त्री अपनी विपन्नता ज्यादा अच्छी तरह छिपा लेती है

यद्यपि स्त्री स्वभावतः कोमल और नजाकत वाली मानी जाती है परन्तु यह भी सत्य है कि प्रतीक्षा या बर्दाश्त करने का माद्दा जितना स्त्री में होता है उतना पुरुष में नहीं। कड़ी से कड़ी परिस्थिति में भी वह निर्वाह कर सकती है परन्तु पुरुष उसकी तुलना में जल्दी टूट जाता है। आप इस बात को एक उदाहरण से स्वयं समझ सकते हैं- आप शहरों में कहीं भी देखें, स्त्री भिखारियों की संख्या सदैव पुरुष भिखारियों से कम ही रहती है। कुछ लोग तर्क कर सकते हैं कि स्त्री के पास शरीर रूपी धन होता है जिसके जरिए वह जरूरी साधन पैदा कर सकती है, परन्तु यह सदैव और हर मामले में सत्य नहीं होता। असली कारण है स्त्री का पुरुष से ज्यादा उद्यमी होना। वह अपनी हर योग्यता का आखिरी कतरा तक लुटाकर कुछ न कुछ पैदा करती रह सकती है जबकि पुरुष उन्हीं परिस्थितियों में शीघ्र हथियार डाल देता है।

आलोचना का भय

इस भय का संचार मानव मन में कैसे हुआ उसका कोई स्पष्ट उत्तर नहीं है परन्तु इतना तो निश्चित है कि यह भय तब मानव मन में बैठने लगा होगा जब उसने सामाजिक रूप में एक साथ समूह में रहना प्रारंभ किया होगा। कुछ लोगों की मान्यता है कि उस भय की शुरुआत तब से हुई जब से 'राजनीति' एक पेशे के रूप में उभर कर आई। कुछ लोगों की यह भी मान्यता है कि जब स्त्रियों ने अपने पहनावे को दिखाने की शुरुआत की तबसे उस तरह की आलोचना की शुरुआत हुई।

जहाँ तक उस पुस्तक के लेखक का मत है, आलोचना का भय तब से मानव मन में बैठने लगा जब उसके मन में ईर्ष्या या डाह–का संचार हुआ। विज्ञापन की भाषा में कहा जाए तो यूँ कह सकते हैं कि आलोचना की शुरुआत उसकी कमीज मेरी कमीज से ज्यादा सफेद कैसे है? वस्तुतः आलोचना के भय के कारण ही फैशन की शुरुआत हुई। दूसरों से बेहतर लगने की चाह ने एक ऐसी प्रक्रिया का सूत्रपात किया जो नित–नवीनीकरण की ऑक्सीजन पर जीवित रह पाती है।

सिर्फ फैशन ही नहीं, मनोविज्ञान के महारथी मानते हैं कि आलोचना का भय ही

रीति-रिवाजों के नियम बनाता है। लोग रीति का पालन इसीलिए करते हैं कि दूसरों की आलोचना के केन्द्र न बनें। यद्यपि रीति का पूरा पालन हुआ कि नहीं, यह आलोचना का एक नया आयाम हो सकता है, जो एक अलग विषय है, फिर भी हर समाज रीति-रिवाज इसीलिए बनाता है। कभी-कभी आदमी अपने मन की बात भी इसीलिए छिपा जाता है, उसे नहीं तो आलोचना का सामना करना पड़ेगा। फिर भी आलोचना की हर व्यक्ति को इफरात ही मिलती है। व्यक्तिगत डाह, हीनता की भावना, स्वयं को ज्यादा सही दिखने की चाह आलोचना को जन्म देती है।

आलोचना-भय के लक्षण

यह भय भी गरीबी के भय की तरह व्यक्ति व्यापक है और उसके प्रभाव भी व्यक्तिगत विकास या आर्थिक विकास के लिए उतने ही विध्वंसकारी हैं जितने गरीबी के आलोचना भय के निम्नलिखित मुख्य लक्षण हैं:

बेहद सशंकित होने का भाव

इसका दर्शन बहुत भयभीत-सा रहना, घबराहट, बातचीत में झेंपूपन, अनजान लोगों से भेंट का भय हाथ-पैरों का बेवजह चलाना, आँखें फड़फड़ाने से प्रकट होता है।

आश्वस्ति का अभाव

ऐसे व्यक्ति सदैव आतुर, परेशान, जल्दी-जल्दी बोलने की आदत से आक्रान्त, स्मृति-खोने इत्यादि के शिकार रहते हैं।

ढुलमुल व्यक्तित्व

अनिर्णयात्मकता, चेहरे पर हवाई-सी उड़ान, सीधी बात न कह पाने की क्षमता, विषय को भटका देने की प्रवृत्ति और दूसरों की हां-में हां मिलाना, चाहे उनके तर्क से आश्वस्त हों या नहीं!

हीनता की भावना

आलोचना का भय सबसे ज्यादा उन्हीं लोगों को परेशान करता है। हीन भाव से ग्रसित होने के कारण ये लोग स्वयम् ही अपने आपको हीन-दीन समझते हैं, उस पर

यदि उनकी कोई आलोचना होती है तो ये बेहद घबरा जाते हैं। अपनी हीनता की भावना को यह बड़ी-बड़ी बातें और बड़बोलेपन की आड़ में छिपाना चाहते हैं, परन्तु ऐसा करने में ये और ज्यादा 'एक्सपोज़्ड' हो जाते हैं। उदाहरण के लिए मान लीजिए कि किसी व्यक्ति की अंग्रेजी कमजोर है। ऐसा व्यक्ति बातचीत में जरूर बड़े-बड़े अंग्रेजी के शब्दों का उच्चारण कर दूसरे पर प्रभाव डालने का प्रयत्न करेगा, परन्तु प्रायः शब्दों का गलत प्रयोग और गलत उच्चारण उसे और हास्यास्पद बना देगा।

फिजूलखर्ची

ऐसे व्यक्ति प्रायः जरूरत से ज्यादा धन खर्च अपनी हीन भावना को ढँकने का प्रयास करते रहते हैं। परन्तु उनकी हीन भावना तो कम नहीं होती, सिर्फ आर्थिक स्थिति विपिन्नतर होती जाती है। दूसरों पर हावी होने की प्रवृत्ति उन्हें अपनी कमजोरियों के कारण और गर्त में ढकेलती जाती है।

पहल की कमी

आगे बढ़कर मौकों का फायदा न उठा पाने की भीरूता, अपनी बात स्पष्ट क्रम से न कह पाने का डर, अपने विचारों के प्रति आश्वस्ति का अभाव, प्रश्नों का टालू जवाब देने का स्वभाव और हर काम में एक भौड़ापन उनके खास लक्षण बनते जाते हैं।

महत्त्वाकांक्षा का अभाव

मानसिक और शारीरिक आलस्य, निर्णय लेने में देरी करना, दूसरों के प्रभाव में जल्दी आ जाना, पीठ पीछे बुराई करना, तार को अपना 'प्राप्य' समझने का स्वभाव, थोड़े से विरोध पर ही मैदान छोड़ने का उद्यम करना, बातचीत में चाक-चौबंध न रहना प्रायः उनके लक्षण होते हैं जिनके सामने न कोई महत्त्वाकांक्षा होती है न कोई आगे बढ़कर अपना नाम बढ़ाने की चाह। पर दूसरों के दोषारोपण में ऐसे लोग बड़े निष्णात होते हैं।'

खराब-सेहत का भय

उसका सीधा सम्बन्ध भौतिक और सामाजिक विरासत में खोजा जा सकता है। यद्यपि अच्छी सेहत सभी को प्रिय होती है पर कुछ लोग अपनी बीमारी 'सूँघते' फिरते

हैं! जब खाँसी होते ही ये लोग इतने चिन्तित हो जाएंगे मानो टीबी या- न्यूमोनिया ने जकड़ लिया है। ऐसे लोग प्राय: अपनी बीमारी से आक्रान्त ही नहीं रहते, यदि कोई कह दे कि 'आपका स्वास्थ्य ठीक है, तो बुरा भी मान जाते हैं। अंग्रेजी में भय से ग्रसित लोगों के लिए शब्द 'हाइपोकेन्ड्रियाक' है जिसका मूल अर्थ है काल्पनिक बीमारी से ग्रसित लोग। ऐसे लोग ही नीम-हकीमों को रोटी देते हैं। बिना किसी रोग के दवाइयां खाना उनका स्वभाव होता है। शहर या देश में भी कोई महामारी फैले, यह उससे पहले संभावित शिकार होने के भय से अपने आपको रोक नहीं पाते।

वस्तुतः अपनी कोई कमी छिपाने के लिए ऐसे लोग बीमारी का बाना ओढ़े रहते हैं और सदैव दूसरों की सहानुभूति के पात्र बने रहना चाहते हैं। व्यापार या प्रेम में असफलता, आगे बढ़कर कोई काम न कर पाने का आलस्य इत्यादि इस भय की जड़ में होता है। ऐसे लोग बीमार तो पड़ना चाहते हैं पर मरना कतई नहीं चाहते। शारीरिक अक्षमता या बुढ़ापे का भय उनके इसी मृत्यु भय के साथ जुड़कर उसको और हास्यास्पद बना देता है। उनके खास लक्षण तो नीचे दिए गए हैं, वैसे उनको पहिचानना कोई मुश्किल काम नहीं है।

खराब-सेहत-भय से आक्रान्त लोगों के लक्षण

स्वतः- प्रेरणा

उनके अन्दर स्वत: प्रेरणा सदैव ऋणात्मक रूप में ही कार्यरत रहती है। अच्छे खासे शरीर में उनको बुखार का आभास हो सकता है क्योंकि 'अन्दर से ये स्वयं को बताते रहते हैं कि ''देह गरम हो रही है।'' ये हर तरह के इलाजों के साथ 'प्रयोग' करते रहते हैं और कभी-कभी तो अपनी कल्पित बीमारी का 'आनन्द' लेते रहते हैं।

काल्पनिक बीमारी का बाना ओढ़ना

ऐसे लोग हाइपोकेन्ड्रियाक कहलाते हैं। सबसे ज्यादा मजा उनको काल्पनिक रोगों और उनकी भयावहता के बारे में बात करके मिलता है। यह अपने स्नायु उतने कमजोर कर लेते हैं कि कभी-कभी तो काल्पनिक रोग उन्हें वाकई में ग्रास लेता है।

व्यायाम- विमुखता

ऐसे लोग कभी कोई व्यायाम नहीं करना चाहते क्योंकि लगता है कि व्यायाम से उनका रोग 'और बिगड़ जाएगा।' घर में पड़े रहना और दवाइयों के बारे में पढ़ना या चर्चा करना उनका प्रिय 'पास टाइम' या शगला होता है।

रोग प्रवणता

बुरी या खराब सेहत का भय उनको इतना सताता है कि उनके शरीर का रोगों के प्रति सहज प्रतिरोध भी कम हो जाता है और उनका शरीर वाकई में रोगों से ग्रसित होने लगता है। यदि सर्दी बढ़ी तो सर्वाधिक शीघ्रता से जुकाम-खाँसी-बुखार के शिकार हो सकते हैं। फिर बीमारी का भय उनके गरीबी के भय को और बढ़ा देता है क्योंकि उन्हें लगता है कि अब डॉक्टरों की फीस और दवाइयों का बिल उन्हें और गरीब कर देंगे। कभी-कभी तो ये अपने कफ़न-दफन के खर्चे को लेकर भी उदास हो सकते हैं, चाहे उनका रोग असाध्य भी न हो।

स्वयं पर तरस खाना

यह एक स्पष्ट लक्षण है जिसकी ज्यादा व्याख्या की आवश्यकता नहीं। मानसिक रूप से रोग ग्रसित होकर ये अपने काम से पलायन करते हैं और फिर कहते रहते हैं कि इस रोग के कारण मैं निकम्मा हो गया हूँ। 'कभी-कभी यह स्वयं पर तरस खाकर दूसरों की सहानुभूति अर्जित करना चाहते हैं क्योंकि उनको मालूम होता है कि यह दूसरों का ध्यान अपनी तरफ किसी और तरह तो आकर्षित नहीं कर सकते।'

संयम का अभाव

ऐसे लोग स्वभाव से बड़बड़ा कर काम करते हैं और कोई काम स्थिर-चित्त होकर नहीं कर सकते। संयम का तो अभाव ही रहता है। इसलिए प्रायः यह शराब इत्यादि का ज्यादा सेवन करते हैं और अपना स्वास्थ्य और भी बिगाड़ते रहते हैं। हर काम में 'तुरंत' चाहते हैं। यदि कोई दवाई एक-दो खुराक में अपना वांछित प्रभाव नहीं दिखा पाई तो यह तुरंत दूसरी दवाई लेना प्रारंभ कर देते हैं। दवाइयों के बारे विज्ञापन पढ़ना उनका प्रिय शगल होता है।

प्रेमी या प्रेमिका को खोने का भय

यह भय बहु–विवाह की प्रवृत्ति में विद्यमान रहता है। चूंकि वह दूसरों की प्रेमिकाओं को फोड़ने का प्रयत्न करते रहता है अतः उसको डर लगा रहता है कि कहीं उसका प्रतिद्वंद्वी भी ऐसा ही न कर रहा हो। उसी भय की अधिकता डाह या ईर्ष्या की जननी होती है। यह भय वैसे महिलाओं में ज्यादा पाया जाता है। इसीलिए 'सौतिया डाह' सहज पैदा होते हैं। यदि उसका पति किसी महिला से घनिष्ठता से बात भी कर ले तो उसको लगता है कि वह उसे छोड़ देगा।

प्रेमी या प्रेमिका को खोने के भय के लक्षण

डाह या ईर्ष्या

ऐसे व्यक्ति में इसकी भरमार होती है। सबसे पहले शक पैदा होता है और बिना उसकी संपुष्टि हुए भी यह विश्वास पर निकालने लगता है कि जरूर कुछ गड़बड़ है। ऐसा व्यक्ति बड़ी जल्दी तानें देने लगता है या अपने वफादार प्रेमी/प्रेमिका से भी बिना किसी ठोस कारण के रूठने लगता है। शक या संदेह करना ऐसे लोगों के स्वभाव का एक एकीकृत हिस्सा होता है।

छिद्रान्वेषण करना: सिर्फ प्रेमी–प्रेमिका के ही नहीं ऐसे व्यक्ति अपने मित्रों, संबंधियों, व्यापारिक सहयोगियों इत्यादि के जीवन में ताक–झांक कर उनकी बुराइयों का 'अन्वेषण' करते रहते हैं। यदि कोई बुराई न भी नजर आए तब भी उस तरह से उसे उजागर करने का प्रयास करेंगे कि कमियों का आभास होने लगे। यह बेवजह का छिद्रान्वेषण ऐसे लोगों की अपनी हीन भावना की तीव्रता को शान्त करने के लिए ही होता है।

जुएबाजी: जुएबाजी, चोरी, बेईमानी और ऐसे ही अनैतिक कामों का प्रयोग ये लोग उसके लिए करते हैं कि अपने प्रिय को धन या कीमती भेंटें देकर दूर जाने या खोने से बचा सकें। उनके मन में यह प्रबल धारणा रहती है कि वे शायद प्रेम को खरीद कर सुरक्षित रह सकते हैं। अपनी हैसियत से ज्यादा अपने प्रेमी/प्रेमिका पर पैसा लुटाने की आदत उन्हें परेशान ही करती है पर उससे वे बाज नहीं आ पाते।

इसी कारण अनिद्रा, घबराहट, अनिर्णयात्मकता, आत्म-संयम की कमी और चिड़चिड़ेपन के ये लोग जल्दी शिकार बन जाते हैं।

वृद्ध होने का भय

इस भय के दो प्रमुख स्रोत होते हैं। एक तो स्पष्ट ही है: वृद्ध होने पर असहाय, पर-निर्भर और इसलिए दीन-हीन या गरीब होना लाजिमी है, और दूसरे अपने विगत के अनुभव- जब उन्होंने स्वयं वृद्धों के साथ अच्छा बर्ताव नहीं किया था- इसलिए उन्हें अपनी करनी से डर लगता है क्योंकि उनका किया उनके सामने तो आएगा ही इस भय में सिर्फ गरीबी और असहायता ही आक्रान्त नहीं करती, बुरी सेहत की संभावना भी उस भय को और भयावह करती रहती है। उनको लगता है कि अभी तक जो उन्होंने पाया वह उनसे छूटने वाला है और फिर यह गरीब हो जाएंगे। अपने अहम् के कारण यह भय उन्हें बहुत सालता है। इसीलिए ज्यादातर लोग वृद्धावस्था को एक अभिशापित स्थिति ही मानते हैं। प्राय: ये लोग ऐसा कहते हुए मिल जाएंगे, "क्या करूँ, अब बुढ़ापा आ गया है। या अब मैं बूढ़ा हो गया हूँ।" ऐसा कहना ये बहुत पहले से ही- पचास के पेटे में आते ही- कहने लगते हैं। उनको यह कतई आभास नहीं होता कि वह अब ज्यादा बुद्धिमान और परिपक्व हो गए हैं। यह अपनी अक्षमता को इसी भय की आड़ में छिपाना चाहते हैं। लेकिन मन ही मन वे लोग इस अवस्था को पता बताने के लिए चुपचाप ऐसी क्रीमें और प्रसाधन का प्रयोग करते रहते हैं जो उनका बुढ़ापा छिपाए रखें। इस प्रवृत्ति की अति उन्हें कई बार उपहास और तिरस्कार का शिकार बनाती है परन्तु ये ऐसा करने से बहुल नहीं आते। शालीनता में-वृद्ध होना उन्हें कभी स्वीकार्य नहीं होता।

मृत्यु का भय

मृत्यु का भय हर जीवधारी की एक स्वाभाविक कमजोरी होती है। चाहे कितनी भी असहाय स्थिति हो जाए, मरना कोई नहीं चाहता। दिलचस्प बात यह भी है कि जैसे-जैसे आदमी सभ्य होता गया उसके मन में यह भय तीव्रतर होता गया। कारण स्पष्ट ही है- जैसे-जैसे वह सुख के नए साधन खोजता गया उसका जीवन ज्यादा सुखकर लगने लगा। इसीलिए उसकी सबसे बड़ी इच्छा यही रही कि कैसे मृत्यु को धता बताया जाए। सारे धर्मशास्त्र अमरता के कई नुस्खे बताते रहते हैं परन्तु कारगरता किसी की

भी सिद्ध नहीं हो पाई है। जबकि सत्य तो यह है कि आपकी मृत्यु से कभी मुलाकात नहीं होती। जब तक सांस चल रही है तब तक मृत्यु दूर ही है- जब शरीर में मृत्यु का प्रवेश होता है तब आप उसमें नहीं होते। फिर भी मृत्यु का भय सभी पर हावी रहता है। लाखों देवताओं और ईश्वरों की कल्पना इसीलिए की गई है- हर एक से उम्मीद की जाती है कि वह मृत्यु से बचाएगा। यही वह 'यक्ष-प्रश्न' है जो सभी को ज्ञात है कि मृत्यु से कोई नहीं बच सकता, परन्तु सभी ऐसे जीते हैं मानों वे कभी मरेंगे ही नहीं! सारी मानवता के विकास का एक ही लक्ष्य-बिन्दु है अमरता प्राप्ति। इसीलिए तरह-तरह की चिकित्सा पद्धति बनी और तरह-तरह के प्रयोग हुए। फिर जब लगने लगा कि मृत्यु अवश्यंभावी है और अपरिहार्य है तो मृत्यु के पश्चात् की स्थितियों की कल्पना होने लगी तथा स्वर्ग और नर्क का सृजन हुआ। स्वर्ग और नर्क मानव कल्पना का ही प्रतिफल हैं। कोई वास्तविक सत्ता नहीं। आज तक किसी ने स्वर्ग और नर्क नहीं देखा है- सिर्फ उनके बारे में पढ़ा भर है। लेकिन उनके बारे में शायद हर धर्म-समाज में उल्लेख मिलता है। वस्तुतः यह भय निराधार है। मृत्यु तो आएगी ही। जो पैदा हुआ है वह मरेगा ही। यह विश्व मृत्युलोक इसीलिए कहा जाता है क्योंकि यह सृष्टि का नियम है। कोशिश तो यह होनी चाहिए कि जब तक जिएं सुख में जिएं, साधन-संपन्न होकर, अमीर होकर जिएं। जीवन तो पदार्थ और ऊर्जा के संगम से बनता है, पदार्थ और ऊर्जा दोनों ही अलग-अलग अविनाशी हैं, परन्तु उनके संयोग से बना पिण्ड नाशवान है। क्योंकि वह दूसरे रूप में प्रकट होता है। सृष्टि का नियम परिवर्तन है। सिवाय ईश्वर के कोई भी अस्तित्व न अविनाशी है न अपरिवर्तनीय। फिर, मृत्यु चेतना का खात्मा नहीं मानो परिवर्तन है। इसीलिए उर्दू अरबी भाषा में मृत्यु के लिए एक शब्द 'इंतकाल' है, जिसका मूल अर्थ लोक-परिवर्तन या एक दुनिया से दूसरी दुनिया में पहुंचना। मृत्यु को चिर-निद्रा भी कहा जाता है। चिर-निद्रा अर्थात् लम्बी निद्रा- वह सुषुप्तावस्था जिसमें कुछ भी दुख-सुख का आभास नहीं होता, महसूस होता है एक अपरिवर्तनीय आनन्द। तो इससे क्या डरना?

मृत्यु- भय के लक्षण

ऐसे लोग सदा मृत्यु के बारे में सोचते रहते हैं। यह सोचते हैं कि उनके चले जाने से परिवार वाले कैसी प्रतिक्रिया देंगे, किस प्रकार उनके बीवी-बच्चे इस आघात को

सहेंगे। और ये बातें सोच-सोचकर वह कल्पना में भी आँसू बहाते रहते हैं। ऐसे लोगों के पास जीने का न कोई उद्देश्य या लक्ष्य होता है, न उत्साह। मृत्यु का भय जीतने का सबसे बड़ा हथियार एक ऐसी इच्छा पैदा करना है जिसको पूरा करने के लिए आपके जीवन में पुनः उत्साह का संचार हो। यदि आप अपने को व्यस्त रखेंगे तो ऋणात्मक विचार आएंगे ही नहीं। यदि आप बीमारी से जल्दी ग्रसित हो जाते हैं तो पहले आप बीमारी को दूर भगाना सीखें। संतुलित भोजन करें- व्यायाम करें और नित्य का अपना एक लक्ष्य रखें। याद रखें पहला सुख 'निर्मल काया' होता है। यदि आप इस कमजोरी में पार पा सके तो मृत्यु भय स्वतः ही समाप्त हो जाएगा।

इस संदर्भ में एक दृष्टान्त बड़ा रोचक सिद्ध होगा। एक बार मैं कुछ फांसी पाए गए कैदियों से साक्षात्कार करने गया। वे आठ थे और शीघ्र ही उन्हें फांसी होने वाली थी। मैंने सबसे पहले उस व्यक्ति का इन्टरव्यू लिया जिसको उस शाम को ही फांसी लगने वाली थी। जब मैं उसकी कोठरी में गया तो उसकी मुख-मुद्रा संतोष और आहल्लाद से पूर्ण थी। मुझे काफी आश्चर्य हुआ। मैंने सोचा: "यह आदमी जो कल की सुबह नहीं देखेगा, इतना निश्चिंत और प्रसन्न कैसे हो सकता है?" और कुछ बातें करने के बाद मैंने यही प्रश्न उसके सामने रख दिया। प्रश्न सुनकर वह मुस्कुराया और बोला: मेरा बीता हुआ हर दिन मेरी मौत के समान ही था। पता नहीं कैसे अपना पेट भरूंगा, अपने परिवार का पालन पोषण करूंगा और ऐसे ही कष्टसाध्य कर्त्तव्यों में मैं पिसता रहा। एक दिन भी चिन्ता रहित नहीं बीता। एक चिन्ता खत्म हुई तो उसकी जगह दो खड़ी हो गईं। अब जब मैं मर जाऊँगा, न कोई भागदौड़. न आपाधापी, न झगड़ा न फसाद- न कोई जिम्मेदारी, न कोई अपमान, न किसी कर्तव्य का बोझा। ऐसी स्थिति तो मुझे जीवन में कभी भी नहीं प्राप्त हो सकती। तो मृत्यु एक चैन और सुकून का नाम नहीं है क्या? मैं तो यही समझ रहा हूँ और इसीलिए निश्चिंत और प्रसन्न हूँ!"

चिन्ता की चिता

चिन्ता वस्तुतः चिता की पहली लकड़ी है। कुछ लोगों का चिंता करना और चिन्तातुर रहना स्वभाव बन जाता है। उसको 'बुढ़मस' का प्रतिफल भी कहते हैं- अर्थात् बूढ़े आदमी का स्वभाव। ऐसे लोग सबसे ज्यादा खुशी में भी कोई न कोई चिन्ता

तलाश ही लेते हैं। ऐसे लोग वही होते हैं जो अपना दिमाग आमतौर पर खाली रखते हैं- और खाली दिमाग तो शैतान का घर होना ही है। उनका चित्त बड़ा अस्थिर रहता है। उसका मूल कारण उद्देश्यहीनता या लक्ष्यहीनता हैं। चूंकि कोई निर्णय नहीं ले पाते तो उनके सामने कोई दिशा भी नहीं होती। कहते हैं कि जब बीसवीं शताब्दी के तीसरे दशक के उत्तरार्द्ध में भयंकर मन्दी का दौर आया था तब अमेरिका में दो नए प्रकार के रोग पैदा हो गए थे : 'फियरेंजा' और 'वरीआईटिस' जो भय और चिन्ता ('फियर' और 'वरी') शब्दों से बनाए गए थे। प्राय: लोग उन्हीं कल्पित रोगों या चिन्ता से ग्रसित रहते थे। साधन-विपन्नता में सिवाय चिंता करने के उनके पास कोई विकल्प भी नहीं रह गया था। याद रखें यदि चिन्ता की आग एक बार सुलगने लगी तो फिर यह चिता के साथ ही ठण्डी होती है। उससे जितनी जल्दी मुक्त हो सकें उतना ही अच्छा। उससे मुक्त होने का सबसे आसान तरीका है निर्णय लेना। आप अनिर्णय से जितनी जल्दी मुक्त होंगे उतनी ही शीघ्र आप चिन्ता से भी त्राण पा सकेंगे। सदा धनात्मक सोच रखें और यही सोचें कि जिसने अभी तक समस्याओं का समाधान करवाया है वह आगे भी करवाएगा। यदि ईश्वर को मंजूर न होता तो क्या आज तक आप जीवित या स्वस्थ रह पाते? जब जीवन में आपके अधीन कुछ भी नहीं है तो सदा उल्टा ही क्यों सोचा जाए? यह क्यों सोचा जाए कि कल मैं बीमार पड़ूंगा या मैं किसी दुर्घटना का शिकार हो जाऊँगा। यह क्यों न सोचा जाए कि कल मुझे 1 करोड़ की लॉटरी मिलेगी या लोग मेरा सम्मान करेंगे! ऐसा सोचना धीरे-धीरे आपके अवचेतन में यह विश्वास भरने लगेगा कि जो सबसे अच्छा है वह अभी हुआ नहीं और होने ही वाला है। अपने दिमाग को स्वयं नियंत्रित करना सीखें और जीवन को जीवन की तरह जिए, मौत की तरह नहीं। जब तक आप अपने विचारों पर नियंत्रण नहीं रखेंगे, उनका बार-बार गलत रास्ते पर जाना, आपके अवचेतन को भी विकृत कर देगा और फिर आप चिन्ता के उस यंत्रणा चक्र से कभी भी बाहर नहीं आ पाएंगे। आपका भविष्य आपकी करनी में बन्द है और करनी के संचालक आपके अपने विचार हैं। स्वयं पर विश्वास रखकर आगे बढ़िए और चिन्ता की आग को अपनी करनी के गंगाजल से शान्त कीजिए। आपकी परिस्थिति आपके अनुरूप तब ही ढलेंगी जब आप उन्हें उस तरफ ढालना चाहेंगे।

ऋणात्मक भावों के प्रभाव में आने की कमजोरी: शैतान का घर

यह कमजोरी पहले वर्णित छह भयों से ज्यादा खतरनाक है। यदि ऐसी कमजोरी आप में आ गई तो सफल होने की संभावना को ही भूल जाइए। यह भय नहीं वरन् भय से भी भयानक एक ऋणात्मक त्रुटि है जो व्यक्तित्व में इतनी गहरी पैठ बनाती है कि उसको पहचानना भी मुश्किल होता है।

ऋणात्मक भावों को मानस में भरने वाले आपके चारों तरफ बहुतायत से रहते हैं, वे हर कदम पर आपको 'अपना' कर आपको निरंतर हतोत्साहित करते रहेंगे। आपकी किसी भी योजना में वे इतनी खामियां निकाल देंगे कि आप उनकी असफलता के बारे में पूरी तरह आश्वस्त हो जाएंगे।

जीवन में जो सफल हुए हैं, जिन्होंने अतुल धन अर्जित किया है वे सदैव उनसे बचते रहे। क्या एडीसन और फोर्ड को इनको नहीं झेलना पड़ा था? क्या अंग्रेजी के प्रसिद्ध कवि शैली ऐसे ही ऋणात्मकता प्रभावों के कारण आत्महत्या तक करने पर उतारू नहीं हो गए थे? आप संसार के किसी भी महान व्यक्ति की जीवनी पढ़कर देखिए, आपको ज्ञात होगा कि उनको कितना विरोध और ऋणात्मक प्रभाव झेलना पड़ा था। आप निश्चिंत भाव से अपनी प्रकृति पर विचार करें- क्या आपके अन्दर भी ऐसे कीटाणु तो नहीं हैं? यदि हैं तो उनसे मुक्त होने के निम्नलिखित तरीकों पर गंभीरता से विचार करें।

कैसे पाएं इस शैतान से मुक्ति?

1. अपनी इच्छा-शक्ति में दृढ़ता लाएं। हर बात को यथावत् स्वीकारने की प्रवृत्ति से त्राण पाएं। अपनी इच्छा शक्ति की बार-बार परीक्षा लें। उदाहरणार्थ यदि आपने तय किया है कि रोज कम से कम दस पेज का लेखन करेंगे, तो ऐसा ही करने का प्रयत्न करें- चाहे कितनी भी व्याधा आएं। व्रत करना, थोड़ी हद तक हठी होना, उसके लिए आवश्यक है। यदि आपके रोजमर्रा के जीवन में अपने व्यायाम के लिए आधा घंटा निश्चित कर रखा है तो चाहे कहीं भी जाएं, कितने भी झंझट आएं, अपनी दिनचर्या जरूर पूरी कीजिए।

ऐसा ही कोई नियम कायम कीजिए और उस पर पूरी तरह अमल कीजिए ऐसा करने से आपकी अपनी इच्छाशक्ति में दृढ़ता आएगी।

2. उसको स्वीकार करने में कोई हिचक नहीं होनी चाहिए कि आप भी आम आदमी की भांति आलसी तथा ऋणात्मक प्रभाव में आने वाले व्यक्ति हैं। पहले अपनी कमी को स्वीकार कीजिए। फिर उसे दूर करने का प्रयत्न कीजिए।

3. उस ऋणात्मक प्रभाव की पहचान कीजिए जो आपके अवचेतन में पैठ बना रहा है। यह आसान नहीं क्योंकि यह प्रभाव बहुत गहरे में बैठता है। ऐसे लोगों से पीछा छुड़ाइए जो सदा असफलता और हार को दुहाई देते रहते हैं।

4. अपनी दवाइयों की अलमारी से सारी वे दवाइयां निकाल फेंकें जो किसी डॉक्टर ने नहीं बताई हैं वरन् आप 'ऐहतियातन' उनका सेवन करते रहते हैं- उनमें विटामिन की गोलियों तथा नींद की गोलियों की बहुतायत होती है। यदि आपको अनिद्रा की वाकई शिकायत है तो डॉक्टर से इलाज करवाएं। यदि सिर्फ आपको ऐसा शक है तो शरीर को इतना थका दें कि रात को बिस्तर पर लेटते ही आप खर्राटे लेने लगें।

5. उन लोगों का साथ करें जो स्वस्थ तथा धनात्मक सोच वाले हों, जिन्होंने जीवन में कुछ कर दिखाया है या कर दिखाने का हौंसला रखते हैं।

6. समस्याओं को कभी आमंत्रित न करें- उनकी आदत है कि वे आपको कभी निराश नहीं करती! जब वाकई में समस्या सामने खड़ी हो जाए तभी उसका निदान ढूंढ़ें।

7. अपने पर तथा अपने ईश्वर पर भरोसा रखें। याद रखें कि यदि ईश्वर नहीं चाहता तो आज आप शायद जीवित भी नहीं होते। आप यदि स्वस्थ शरीर के साथ विद्यमान हैं तो ऊपर आसमान में कोई तो ऐसा है जो आपकी सुरक्षा कर रहा है।

8. आसमान में कोई तो ऐसा है जो आपकी सुरक्षा कर रहा है चाहे भले ही वे आपके घनिष्ठतम मित्र या रिश्तेदार हों, ऋणात्मक विचारों वालों से तुरन्त किनारा करें।

आत्म-विश्लेषण को परखने के कुछ प्रश्न

1. क्या आपको प्राय: यह लगता है 'कि कुछ अच्छा महसूस नहीं हो रहा?' यदि ऐसे विचार आते हैं तो उनका मूल कारण जानने का प्रयत्न कीजिए।
2. जरा-जरा सी बात पर आप दूसरों की कमियां उजागर करने में आनन्द लेते हैं?
3. क्या आप बार-बार अपने काम में व्यंग्य करते हैं। यदि ऐसा है तो ऐसा क्यों होता है। गलती को तुरन्त सुधारें।
4. क्या आप बहस में ज्यादा व्यंग्यात्मक और आक्रामक हो जाते हैं?
5. क्या आप किसी खास व्यक्ति के साथ से जानबूझ कर बचते हैं? ऐसा है तो क्यों?
6. क्या प्राय: आप कब्ज की परेशानी झेलते हैं? उसका कारण बदपरहेजी है या कुछ और?
7. क्या प्राय: आपको जीवन निरर्थक और भविष्य आशाविहीन प्रतीत होता है?
8. क्या आपको अपना व्यवसाय पसन्द है? यदि नहीं तो किस कारण से?
9. क्या प्राय: आप खुद पर तरस खाते रहते हैं? क्यों?
10. खुद से आगे निकलने वालों के प्रति आपको ईर्ष्या महसूस होती है?
11. किसके बारे में आप ज्यादा समय सोचते रहते हैं: सफलता या असफलता?
12. उम्र के साथ आपका आत्म-विश्वास घट रहा है कि बढ़ रहा है?
13. क्या आप अपनी गलतियों में कोई सीख लेते हैं?
14. क्या आप अपने किसी परिचित या सम्बन्धी को, आपको चिन्ताग्रस्त करने की छूट देते हैं? तो क्यों?
15. क्या कभी-कभी आप स्वयं को आकाश में (खुशी के मारे महसूस करते हैं) और कभी हताशा की गर्त में?
16. आप पर सर्वाधिक प्रभाव किसका रहा है और क्यों?
17. आप जिन ऋणात्मक या हतोत्साहित करने वाले प्रभावों से बच सकते हैं क्या उनको भी बर्दाश्त करते रहते हैं?

18. क्या आप अपने रख-रखाव के लिए लापरवाह हैं-तो कब-कब ऐसा होता है और क्यों ?

19. क्या आपको अपनी समस्याओं को किसी जरिए से खत्म करना या भूल जाना आता है ? अर्थात् कोई ऐसा माध्यम है जिसमें आप-स्वयं को खोकर अपनी समस्याओं के प्रति विमुख हो सकते हैं।

20. यदि दूसरों को अपने बारे में निर्णय लेने की अनुमति आप देते हैं तो स्वयम् को 'मिट्टी का माधो' समझने को तैयार हैं ?

21. जब तक आपका स्वत:-उन्माद का भाव चिड़चिड़ा और तुनुक मिजाज नहीं बना देता तब तक आप अपना मन धो-पोंछ कर साफ करने का प्रयत्न नहीं करते।

22. जिन व्यवधानों या गड़बड़ी से आप बच सकते हैं उनको भी बर्दाश्त कर लेते हैं: क्या आपको क्रोध (स्वयम् पर) नहीं आता ?

23. क्या आप विभिन्न तरह के नशों का सहारा लेकर अपना गम कम करने की चेष्टा करते हैं ? आप अपनी इच्छा-शक्ति से अपना गम दूर करने का प्रयत्न क्यों नहीं करते ?

24. क्या कोई आपके 'पीछे-पड़ा' रहता है ? किन कारणों में ?

25. क्या आपका कोई बड़ा स्पष्ट उद्देश्य है जीवन में, यदि ऐसा है तो वह क्या है और कैसे आप उसे पाना चाहते हैं ? क्या योजना है ?

26. क्या बताए गए छह भयों में से किसी से आप भयभीत हैं ? यदि हाँ तो कौन-कौन से ?

27. क्या आपके पास कोई ऐसा सुरक्षा का साधन है जिसके द्वारा आप दूसरों द्वारा प्रदत्त ऋणात्मक प्रभाव से स्वयम् को बचा सकते हैं ?

28. क्या आप कभी स्वत: प्रेरणा के द्वारा अपने दिमाग की सोच को धनात्मक रखने का प्रयत्न करते हैं ?

29. क्या आप अपना निर्णय दूसरों के प्रभाव में बदल देते हैं ?

30. क्या आज आपने अपने ज्ञान-वर्धन या विचार-श्रृंखला में कुछ खास हासिल किया है ?

31. क्या आप अप्रिय परिस्थितियों से भागने का प्रयत्न करते हैं या उनका जिम्मेदारीपूर्वक जम कर सामना करते हैं?

32. क्या आप अपनी गलती या असफलताओं से कोई सबक सीखने का प्रयास करते हैं या समझते हैं यह आपका काम नहीं है?

33. क्या आप अपने तीन सर्वाधिक घातक अवगुण बता सकते हैं? यदि हां तो आपने उनको दूर करने के लिए क्या प्रयत्न किया है?

34. क्या आप अपने लोगों को प्रोत्साहन देते हैं जो अपनी चिन्ताएं आपको बताकर आपसे सहानुभूति अर्जित करना चाहते हैं।

35. क्या हमेशा आपकी उपस्थिति लोगों पर ऋणात्मक प्रभाव ही डालती है?

36. लोगों की किन आदतों से आप सर्वाधिक चिढ़ते हैं?

37. क्या आप अपनी स्पष्ट राय रखते हैं या दूसरों को उनमें परिवर्तन की छूट प्रदान करते हैं?

38. क्या आप अपनी ऐसी स्थिति बना पाते हैं कि ऋणात्मक प्रभाव आपको छू ही न सके?

39. क्या अपने व्यवसाय से आपको विश्वास और आशा की प्रेरणा प्राप्त होती है?

40. क्या आपके पास इतनी बलशाली अध्यात्मिक चेतना है कि आप हर प्रकार के भयों से अपने दिमाग को मुक्त रख सकें?

41. क्या आपकी धार्मिक मान्यता आपके दिमाग को धनात्मक रखने में सहायता करती है?

42. क्या आप लोगों की चिन्ताओं को बाँटना अपना कर्तव्य समझते हैं? यदि ऐसा है तो किसलिए?

43. क्या आप संगति के असर के सिद्धान्त के कायल हैं? तो आपने अपने मित्रों से क्या हासिल किया है?

44. क्या आप अपनी संगति और अपने द्वारा अनुभूत दुखों में कोई सूत्र जुड़ा समझते हैं? अर्थात् क्या आपकी संगति आपको ज्यादा दुख देती है।

45. क्या आपका कोई निकटतम मित्र आपके ऊपर ऋणात्मक प्रभाव छोड़ने के कारण जानी दुश्मन- सा प्रतीत होता है, या हुआ है?

46. आपके पास क्या पैमाना है यह तय करने का कि कौन आपका वाकई में सहायक है और कौन काम बिगाड़ने वाला?

47. क्या आपके घनिष्ठ मित्रगण आपसे मानसिक रूप में ज्यादा विकसित हैं या अविकसित?

48. अपने घंटों में कितना समय आप निम्नलिखित काम या गतिविधि में बिताते हैं:

(1) आपका व्यवसाय

(2) निद्रा

(3) खेलकूद और आराम/मनोरंजन में

(4) उपयोगी ज्ञान हासिल करने में

(5) बिल्कुल समय की बर्बादी में

49. आपके जान-पहचान वाले लोगों में कौन आपको :

(1) प्रोत्साहित करते हैं,

(2) आपको सावधान करते हैं,

(3) हतोत्साहित करते हैं,

(4) हर तरह से आपकी सहायता के लिए तत्पर रहते हैं।'

50. आपकी सबसे बड़ी चिन्ता क्या है? क्या कारण है आपके द्वारा इसे सहन करने का!

51. जब लोग बिना माँगे आपको अपनी सलाह देते रहते हैं तो आप उसे चुपचाप स्वीकार कर लेते हैं या उनका उद्देश्य विश्लेषित करने का प्रयत्न भी करते हैं?

52. आपकी सर्वाधिक अदम्य इच्छा कौन सी है, कि आप अभी उसको तय कर रहे हैं?

53. क्या यह इच्छा आपकी हर कामना या चाह के ऊपर है? अर्थात् उसके लिए आप कुछ भी करने को तैयार हैं?

54. आप उसे प्राप्त करने के लिए रोज क्या प्रयास करते हैं?

55. क्या आप अपनी राय जल्दी-जल्दी बदलते रहते हैं। यदि ऐसा है तो उसका क्या कारण है?

56. क्या आप कोई काम अधूरा नहीं छोड़ते हैं? जिसे प्रारम्भ कर दिया उसको पूरा करते ही हैं?

57. क्या आप दूसरों की व्यापारिक या व्यावसायिक प्रतिष्ठा, शैक्षणिक डिग्री या धन-दौलत के शीघ्र प्रभाव में आ जाते हैं।

58. क्या आप किसी की सामाजिक या व्यापारिक प्रतिष्ठा के कारण उसकी लल्लो-पप्पो करने से नहीं झिझकते?

59. आपके अनुसार आज जीवित सबसे महान व्यक्ति कौन है? वह किस माने में आपसे श्रेष्ठ है।

आपने इन प्रश्नों को पढ़ने और उत्तर देने में कितना समय खर्च किया है। [कम से कम एक दिन तो चाहिए उनका विश्लेषण कर ईमानदारी से उनका उत्तर देने के लिए]

यदि आपने उन प्रश्नों का पूरी ईमानदारी से जवाब दे दिया है तो आप अपने बारे में किसी भी अन्य व्यक्ति के मुकाबले ज्यादा जानते हैं। उन प्रश्नों को बार-बार पढ़ते रहिए और उनका उत्तर ईमानदारी से जांचते रहिए। कुछ महीनों के बाद आप स्वयम् चमत्कृत हो जाएंगे उस अतिरिक्त ज्ञान को प्राप्त कर जो आपने अपने बारे में उन प्रश्नों के उत्तर से पाया है। यदि कुछ प्रश्न ऐसे भी हों जिनका उत्तर आप नहीं दे पा रहे हों तो अपने घनिष्ठ मित्रों से उसका उत्तर प्राप्त करने में सहायता ले सकते हैं- खास तौर से उनसे जो आपकी झूठी खुशामद से कुछ भी नहीं पा सकते। यह अनुभव आपके लिए वाकई चमत्कारी सिद्ध होगा।

याद रखें... आप सिर्फ एक चीज पर ही अपना पूरा नियंत्रण प्राप्त कर सकते हैं- अपने विचारों पर। यह तथ्य आदमी को सर्वाधिक प्रेरणा प्रदान करता है और मानव में स्थित दिव्य चेतना का आभास कसता है। क्योंकि यह सुविधा सिर्फ मानव-मस्तिष्क के साथ ही संभव है। चाहे आप अपनी ठोस वसुधा (धन-संपत्ति) बिखरी पड़ी रहने दें पर अपने विचारों को सदैव व्यवस्थित रखना सीखें। यही वह दैवीय अधिकार मनुष्य को प्राप्त है जिसके जरिए वह अपनी नियति पर काबू पा सकता है। यदि आप अपने दिमाग पर नियंत्रण नहीं रख पाए तो आप किसी और पर नियंत्रण प्राप्त नहीं

कर पाएंगे। उसी के लिए तो आपको इच्छा-शक्ति नामक एक विशिष्ट भेंट ईश्वर ने प्रदान की है।

दुर्भाग्यवश जो लोग-जानबूझकर या अनजाने में, दूसरों के दिमाग में विष भरते रहते हैं उनके खिलाफ किसी भी संविधान में किसी कानून की व्यवस्था कहीं भी नहीं है। वास्तव में ऐसे लोगों के विरुद्ध कड़ा कानून होना ही चाहिए। ये एक दो को नहीं पूरी एक पीढ़ी को बिगाड़ सकते हैं या दिग्भ्रमित कर सकते हैं। यही ऋणात्मक दिमाग वाले लोग एडीसन के पास भी गए थे यह कहने को कि वह मानव-ध्वनि को बनाने वाली मशीन (ग्रामोफोन) की ईजाद कभी नहीं कर पाएगा क्योंकि ऐसा कोई भी नहीं कर सका है। परन्तु एडीसन ने उन्हें धत्ता बताकर अपना सपना साकार किया (ऐसे ही लोगों ने जार्ज वाशिंगटन या गान्धी से कहा था कि वे लोग शक्तिशाली ब्रिटिश साम्राज्य के सामने नहीं टिक पाएंगे। जब फोर्ड ने अपना पहला अटपटा-सा कार का मॉडल बनाया तो ज्यादा लोगों की राय थी, "यह चल नहीं पाएगी।" उसके उत्तर में फोर्ड का दावा था, "सारी दुनिया में एक दिन यही सवारी दौड़ा करेगी।" और उसकी बात बिलकुल सच हुई।

ये लोग क्यों सफल हुए? क्योंकि उनको स्वयम् पर विश्वास था और अपने मस्तिष्क पर पूरा नियंत्रण। यही फर्क ज्यादातर सफलता और असफलता के बीच रहता है। दिमाग पर नियंत्रण आत्म-संयम तथा आदत से बनता है। बात सीधी है: या तो आप अपने दिमाग पर नियंत्रण कीजिए नहीं तो आप उसके नियंत्रण में आ जाएंगे। उसको नियंत्रित करने का एक सीधा-सादा सिद्धान्त है- उसे सदा व्यस्त रखो एक विशेष योजना के अन्तर्गत जिससे आप अपना मनचाहा फल प्राप्त कर सकें। बिना उस नियंत्रण के आप न सिर्फ कुछ भी मनचाहा आजकल कर पाएंगे, वरन् आपके पास उपलब्ध एक शक्तिशाली औजार को भी बेकार कर देंगे।

ऐसे लोग बहाने बनाना नहीं जानते। वे जानते हैं कि दुनिया बहानों पर विश्वास नहीं करती- उसे तो ठोस उपलब्धि चाहिए। ज्यादातर लोग जो सफल नहीं होते, ऐसे-ऐसे बहाने गढ़ते हैं कि सुनने वाला उनसे सहानुभूति करने लगे। पर बहाने और सहानुभूति से क्या मिलेगा? 'मन का धन' भले ही कर लिया जाए, कठोर वास्तविकता तो सामने मुँह चिढ़ाती खड़ी रहेगी कि आप असफल रहे- आप युद्ध में हार गए।

एक मानव चरित्र विशेषज्ञ ने कुछ बहानों की एक फेहरिस्त तैयार की है जो ज्यादातर लोग अपनी असफलता का कारण बताने के लिए गढ़ते हैं (जबकि वे भी जानते हैं कि यह सच नहीं है) यही फेहरिस्त नीचे दी गई है। आप भी अपने बहानों का उनसे मेल कर देखें। जितने उनमें से आप कम कर सकें या काट सकें उतनी ही आपकी सफलता की संभावना बढ़ती जाएगी। और जितने बहाने आप उनमें जोड़ेंगे उतनी ही वह संभावना कम होगी।

आम बहाने

1. क्या करूँ... बाल बच्चों। परिवार के कारण..
2. काश मेरा भी 'सोर्स' होता...
3. काश थोड़ा वैसा होता तो...
4. मेरी पढ़ाई सही नहीं हो पाई...
5. नौकरी नहीं मिल पाई...
6. काश मेरी सेहत ठीक होती...
7. सम्भव ही नहीं मिला...
8. दिन ही कुछ गड़बड़ चल रहे थे...
9. काश लोग मुझे समझ पाते...
10. काश मेरी परिस्थिति बेहतर होती...
11. अगर मुझे फिर से यही जीवन जीने का मौका मिले...
12. यदि मुझे लोगों की बातों का डर न होता...
13. काश मुझे सही मौका मिला होता
14. यदि अब मौका मिले तो...
15. यदि कोई रुकावट न आई होती...
16. काश मेरी उम्र थोड़ी कम होती...
17. काश मैं साधन-संपदा होता...
18. काश मुझे सही लोग मिले होते...
19. काश मुझमें प्रतिभा होती...

20. यदि मैंने अपने मन का करने का साहस किया होता...
21. यदि लोगों ने मुझे परेशान न किया होता...
22. काश बच्चों की जिम्मेदारी न होती...
23. काश मेरा बॉस मुझे समझ पाता...
24. काश कोई सहायता कर देता...
25. काश मैं महानगर में पला-बढ़ा होता...
26. काश मैं उतना मोटा न होता...
27. काश मुझ पर कर्ज का बोझ न होता...
28. यदि मेरा परिवार उतना फिजूल खर्च न करने वाला होता...
29. यदि भाग्य मेरे विरुद्ध न होता...
30. काश मेरे सितारे सही होते...
31. काश यह मेरी नियति ही न होती...
32. काश मैं घाटा न खाता...
33. काश मेरा विगत उतना दूषित न होता...
34. यदि लोगों ने मेरी बात सुनी होती

उन सबके अलावा सबसे बड़ा कहना होता है: ''यदि मेरे पास साहस होता बताने को कि मैं क्या कर सकता हूँ...

तो मैं जरूर सफल होता!

यह ठीक है कि उनमें से बहुत से बहाने जायज भी लग सकते हैं पर सत्य यह है कि सफलता और असफलता का मूल कारण 'हम खुद ही होते हैं. दुनिया नहीं!'

इस तरह की बहानेबाजी करने का हमारे देश में पुराना चलन है और- उस प्रकार लोग अपनी असफलता का कारण बता कर खुद को झुठला देते हैं। यदि आपके अन्दर असफलता की गहरी चोट छिपी है तो उस पर मरहम न लगाइए। उसे कसकने दीजिए। तभी आप सफल हो पाएंगे। वे अपनी असफलता का कोई 'जायज' कारण ढूंढ़ कर बैठ जाते हैं, वह उसे दूर करने का आगे प्रयास भी छोड़ देते हैं। इसीलिए प्रसिद्ध ग्रीक

दार्शनिक प्लेटो की उक्ति है: ''सबसे बड़ी विजय खुद पर विजय प्राप्त करना और सबसे शर्मनाक हार भी खुद से ही हार जाना है।''

एल्बर्ट हबर्ड का कहना था: ''मुझे यह रहस्य समझ में नहीं आता कि कैसे बहाने बाजी से लोग खुद को मूर्ख बनाते रहते हैं जबकि उस झूठ का कष्ट उन्हें खुद ही झेलना पड़ता है।

अन्त में मैं यही कह कर अपनी बात खत्म करता हूँ कि, ''जीवन एक शतरंज की बिसात है जिसमें आपका विरोधी समय है। यदि चाल सही वक्त पर सही खाने में नहीं चली तो समय आपको हरा देगा। यह एक ऐसा विरोधी है जो आपके अनिर्णय से सबसे ज्यादा लाभान्वित होता है।''

याद रखिए... सफलता की मास्टर की है आपके मन में अदम्य इच्छा होना- सिर्फ ऐसे ही इच्छा करने से कुछ नहीं मिलने वाला यदि करोड़पति/अरबपति होना चाहते हैं तो इस इच्छा को आपके अवचेतन तक गहरी पैठ बनाने दीजिए, ... तब ही स्वत:प्रेरणा आपको रास्ता सुझाएगी और आप दृढ़ता से अपना सपना साकार कर सकेंगे।

* * *

www.ingramcontent.com/pod-product-compliance
Lightning Source LLC
LaVergne TN
LVHW040433051026
849517LV00002B/589
* 9 7 8 9 3 9 0 8 5 2 5 3 6 *